BASTEI
LÜBBE

Inhalt

Für die Mitarbeit an diesem Buch möchte der Autor J. Manson Valentine, Ph. D., dem Ehrenkurator des *Museums of Science* von Miami und Forschungsmitglied des *Bishop-Museums* von Honolulu, seinen besonderen Dank aussprechen. Dr. Valentine hat mit seiner langjährigen Erfahrung, seinen Entdeckungen und Theorien auf dem Gebiet der prähistorischen Archäologie zum Entstehen des Buches beigetragen. Auf Forschungsreisen in Mittel- und Südamerika, auf den Fidschi-Inseln, Hawaii, Neuseeland, Island, in Lappland, Nordafrika, auf den Kanarischen, Westindischen und den Bahama-Inseln ist er den Spuren verlorener Kulturen im Urwald, im Gebirge, in Höhlen und im Meer nachgegangen. Ein großer Teil der Fotografien in diesem Buch ist von ihm auf seinen Reisen aufgenommen worden. Viele davon werden hier zum ersten Mal veröffentlicht.

Ebenso dankt der Autor allen, die mit Rat, Hinweisen, Fachkenntnissen, Fotografien und Zeichnungen zu dem vorliegenden Buch beigetragen haben, insbesondere Professor Charles Hapgood und Dr. Ivan Sanderson, ferner den im Literaturverzeichnis Genannten. Der hier ausgesprochene Dank bedeutet jedoch weder, daß die erwähnten Persönlichkeiten den Theorien des Autors zustimmen, noch, daß sie sie ablehnen.

I
Rätselhafte Kulturen
der Vorzeit

---

*Stimmt das Bild vom Fortschritt der Zivilisation? — Eine
revolutionäre Frage: Gab es Kulturen, von denen wir nichts
wissen? — Höhlenmenschen-Astronomie — Ein 47 000 Jahre altes
Kupferbergwerk — Vom Flugzeug aus werden verschwundene Städte
entdeckt — Die Radiokarbondatierung erweitert die Vorgeschichte
der Zivilisation — Untergang einer frühen Kultur in den
Katastrophen der Eiszeit? — Legenden der Völker von Erdbeben,
Feuer und Fluten*

Der Mensch steht heute dank der hohen Entwicklung der Wissenschaft an der Schwelle der Erforschung und Eroberung des Weltraums mit bemannten Expeditionen zu den Planeten. In einer ähnlichen Situation befanden sich die Westeuropäer nach 1492, als Kolumbus bewiesen hatte, daß Reisen über den Atlantik möglich waren. Aber dank eben derselben Entwicklung der Wissenschaft steht der Mensch vielleicht auch fünf Minuten vor Harmagedon, dem Weltuntergang. Doch wie immer wir unsere Zeit und unser zukünftiges Geschick beurteilen mögen, durch unsere Erziehung und Tradition ist unser Geschichtsbild vom Gedanken des Fortschritts geprägt. Wir haben die Vorstellung, daß die menschliche Zivilisation sich im großen und ganzen von Anfang an vorwärts und aufwärts entwickelt hat, und zwar nach folgendem Muster: Sie begann in Mesopotamien und Ägypten, erreichte einen Höchststand auf den Gebieten der Religion, der Kunst und der Politik auf dem Weg über Palästina, Syrien und Griechenland, Organisation und Gesetzgebung gelangten im Römischen Reich zur vollen Entfaltung, und nach einem gewissen Rückschlag im Mittelalter folgte ein stürmischer Aufstieg mit der

Renaissance, der Entdeckung der Neuen Welt und der industriellen Revolution.

Das Bild der fortschreitenden Zivilisation schien auch bisher die wachsenden Fähigkeiten und Leistungen des Menschen von den frühesten Zeiten bis in die Gegenwart ausreichend zu erklären. Mit unseren wissenschaftlichen Methoden sind wir jedoch heute imstande, die Spuren unserer Vergangenheit genauer und umfassender zu erforschen. Dabei sind, besonders in den letzten Jahren, gewisse beunruhigende und verwirrende Dinge zutage getreten. Wer sich mit der Frühgeschichte des Menschen beschäftigt, sieht sich mehr und mehr vor eine einigermaßen revolutionäre Frage gestellt: Ist es möglich, daß es lange vor der geschichtlichen Periode des Menschen schon Zivilisation und Kulturen gegeben hat, von denen wir nichts wissen oder von denen wir nur ein schwaches Echo vernehmen? Wie ein rätselhafter fremder Ton mischt es sich oft in die Erscheinung der uns vertrauten alten Kulturen.

Ursprünglich waren die Vorstellungen von unserer Frühzeit stark vom Einfluß der Bibel abhängig. Was ihre Bücher an historischer Kenntnis vermitteln, ist jedoch verständlicherweise von einem sehr begrenzten Standpunkt aus geschrieben. Dadurch ergab sich ein etwas verzerrtes Bild der alten Kulturen. Einige wichtige, wie die der Hethiter und der Minoer, traten überhaupt nicht in Erscheinung, während andererseits wertvolle Hinweise auf sehr weit zurückliegende und sonst nicht bezeugte Kulturen durch die Bibel erhalten blieben.

Wir wollen uns jedoch hier nicht mit den Kulturen der Antike beschäftigen, die in der Bibel fehlen oder in späteren Darstellungen vernachlässigt wurden. Uns geht es hier um viel ältere vergessene Kulturen, von denen sich in der Antike nur noch Spuren erhalten haben. Es handelt sich um die Frage: Haben die alten Mayas, die Vorläufer der Inkas in Südamerika, die Erbauer der »Mounds« (Erdhügel) von Nordamerika, die erstaunlich kultivierten Höhlenmaler von Westeuropa und Nordafrika, die Ägypter der vordynastischen Zeit, die Bevölkerungsreste auf der Osterinsel und auf den Kanarischen Inseln — um nur einige Beispiele zu nennen — ihre Kultur selbst entwickelt, oder waren sie Träger einer Kulturüberlieferung aus der Morgendämmerung der Menschheit?

Wir verfügen heute über Methoden zur Datierung früher Kulturperioden, deren Ergebnisse unsere bisherigen Vorstellungen vom Beginn der menschlichen Zivilisation immer mehr ins Wanken bringen. Dazu tragen auch überraschende Funde bei, die immer wieder an weit voneinander entfernten Orten gemacht werden. Die Ruinen einer von Mauern umgebenen Stadt bei Jericho sind nach der Datierung fast 9000 Jahre alt und reichen damit nahe an eine Periode, in der das sagenhafte Atlantis existiert haben soll. Mit dem Datum der Ruinen von Jericho befinden wir uns bereits mehrere tausend Jahre vor der Erschaffung der Welt, die angeblich im Jahre 4004 v. Chr. stattfand, wie James Usher, der Erzbischof von Armagh in Irland, im Jahr 1650 »ausgerechnet« hatte. Dr. John Lightfoot, Vizekanzler von Cambridge und ein Zeitgenosse des Bischofs, wußte es noch genauer: »Der Mensch wurde vom Dreieinigen Gott am 23. Oktober 4004 v. Chr. um neun Uhr morgens erschaffen.« (Das Jahr 4000 hat übrigens immer noch einen gewissen unterschwelligen Einfluß auf unsere Vorstellungen vom Alter unserer Zivilisation.) Sogar noch 1857 unternahm Philip Henry Gosse den nicht weniger sonderbaren Versuch, den Zeitpunkt der Erschaffung des Menschen mit Hilfe von Fossilien zu bestimmen. Sie tauchten im neunzehnten Jahrhundert in immer größeren Mengen auf, und Gosse, ein hervorragender Kenner der Meeresbiologie, stellte die These auf, Gott habe die Fossilien ausgestorbener Tiere zur selben Zeit wie Adam und Eva erschaffen.

Wir haben zwar heute im Atomzeitalter eine genauere Kenntnis vom Alter unseres Planeten, wir können auch ungefähr den Anfang des Quartärs abschätzen, der Ära, in der vor etwa zwei Millionen Jahren das Epos des Menschen begann. Dennoch stimmt unsere landläufige Vorstellung vom Alter der Zivilisation seltsamerweise mit Ushers biblischem Termin für den Anfang des Menschen überein. Das läßt sich ganz einfach daher erklären, daß für uns Zivilisation und Geschichte erst mit der schriftlichen Überlieferung beginnen.

Aber auch diese Grundlage verändert sich ständig. Funde von Knochen aus der Altsteinzeit mit einem geschätzten Alter von 30 000 Jahren zeigen mit Werkzeugen eingegrabene Markierungen, die zunächst rätselhaft erschienen. Nach neueren Untersuchungen bezeichnen sie die Zyklen und Phasen des Mondes über einen langen Zeitraum, sind also eine Art von »Höhlenmenschen-Astronomie.« Die Tatsache, daß solche offensichtlichen Aufzeichnungen in Höhlen an verschiedenen Stellen Europas gefunden wurden, ist dazu angetan, unsere Vorstellung von den geistigen Fähigkeiten unserer höhlenbewohnenden Vorfahren merklich zu verändern.

Zeichen, die wie Buchstaben aussehen, oder wie Glyphen (Symbolzeichen), eine Vorform der Schrift, hat man in Frankreich und Spanien entdeckt. Die Datierung der Fundstellen ergibt ein Alter von 8 000 bis 10 000 Jahren; bis dahin wäre also die Verwendung von Schrift oder einer Symbolschrift zurückzudatieren. In Frankreich zeigen die Höhlenmalereien von Lussac Männer und Frauen einer prähistorischen Kultur in gutsitzender Kleidung von überraschend modernem Zuschnitt, die weit entfernt ist von den Fellen und Keulen, mit denen wir uns gewöhnlich die Höhlenbewohner vorstellen. (Leider sind die Malereien nicht zur öffentlichen Besichtigung freigegeben.) In einer Kupfermine in Rhodesien ist, wie die Datierung ergab, vor 47 000 Jahren gearbeitet worden. Woraus man folgern muß, daß die unbekannten Arbeiter einen Zweck verfolgten und eine Verwendung für das Kupfer hatten, das sie herausholten. Je weiter wir zurückgehen, desto mehr Anzeichen finden wir, daß eine Frühestkultur von noch unbestimmbarem Ausmaß vor den uns bekannten Kulturen des Altertums existiert haben muß.

Bei manchen Archäologen und Studenten war es lange beliebt, die spöttische Frage zu stellen, warum es von einer angeblich so hoch entwickelten Kultur keine konkreten Zeugnisse gebe, warum von so viel Zivilisation nicht einmal eine Uhr, ein Füllfeder-halter oder ein Feuerzeug bei Grabungen aufgetaucht sei. Wie eine Antwort auf diese Sticheleien vom Fach wirken einige verblüffende Funde der letzten Jahre. Aus ihnen läßt sich schließen, daß die Menschen der Frühzeit die Elektrizität gekannt und benutzt haben, daß ihnen die Entfernung der Planeten, ihr Gewicht und Volumen bekannt war, daß sie ein realistisches Bild von der Erde hatten und eine gewisse Vertrautheit mit den Landmassen der Antarktis Tausende von Jahren, ehe sie offiziell »entdeckt« wurden. Aus den Funden ergeben sich ferner gute Kenntnisse in der Herstellung von Landkarten und in der sphärischen Trigonometrie, die Fähigkeit, mikroskopische Linsen zu schleifen, der Gebrauch von computerähnlichen Apparaten und andere völlig unvermutete wissenschaftliche Kenntnisse.

Es ist fast so, als hätten Menschen, die früher einmal hier waren, in Monumenten, Bauten und anderen Dingen verschlüsselte Botschaften hinterlassen. Vielleicht sollten sie späteren Erdbewohnern, die imstande wären, sie zu entziffern, hilfreiche Anleitungen — oder manchmal auch Warnungen — übermitteln.

Einige dieser Monumente sind noch vorhanden, doch ihre wahre Bedeutung ist oft schwer zu erkennen. Das bekannteste Beispiel dafür ist wohl die Cheopspyramide in Ägypten. Je mehr wir sie erforschen und nachmessen, desto mehr scheint ihr Charakter sich zu verändern. War sie wirklich nur ein riesenhaftes Grabmal, wie der reisende griechische Historiker Herodot im Altertum annahm? Oder war sie noch etwas anderes — ein Wahrzeichen des Meridians für Astronomen und Kartographen, das später als solches nicht mehr erkannt wurde? War sie eine kolossale Uhr für die Tag- und Nachtgleiche, die den Millionen Bauern am Nil die Zeit für Bepflanzung und Ernte anzeigte? War sie ein gigantischer Tresor für das Wissen einer älteren Rasse, der lange vor unserer geschichtlichen Zeit das Gewicht der Erde, ihre Entfernung zur Sonne und das astronomische Jahr bekannt war? Wurden in ihr mathematische, geographische und kartographische Kenntnisse niedergelegt und ein System von Standardmaßen, wie es bisher niemand in vorgeschichtlicher Zeit vermutet hätte?

Die Große Pyramide ist ein Monument der Frühzeit, das uns erhalten geblieben ist. Sie ist als Bauwerk leicht wahrzunehmen (immerhin ist sie 145 Meter hoch), ihre wahre Bedeutung zu erfassen ist wahrscheinlich weniger leicht. Doch es gibt auf der ganzen Welt hier und dort noch andere, schwerer erkennbare Monumente. Einige sind so groß, daß man glaubt, sie könnten nicht von Menschen geschaffen sein, weshalb man sie für natürliche Erdformationen hält. Dazu gehören der *Panecillo* außerhalb von Quito in Ekuador, der lange Zeit als ein natürlicher Berg angesehen wurde, doch ist er offensichtlich einst von Menschen errichtet worden. Das gilt wahrscheinlich auch für viele andere scheinbar natürliche Gebilde in Mexiko, Peru, Brasilien, Europa, Zentralasien und sogar auf den Pazifischen Inseln.

Die Methoden und Hilfsmittel, die heute den Archäologen zur Verfügung stehen, sind den oft mit sehr viel Inspiration und Sorgfalt unternommenen Grabungen der Vergangenheit technisch weit überlegen. Das neue Arsenal der Hilfsmittel umfaßt vielerlei: die Verwendung von Flugzeugen und Luftaufnahmen, um Fundstätten ausfindig zu machen; Radar, Minensuchgeräte und das Zäsium-Manometer für Bodenuntersuchungen; Kleinstunterseeboote und modern ausgerüstete Taucher für Unterwassererkundungen; eine mit Hilfe von Dechiffriermethoden erweiterte Kenntnis alter Sprachen und ihrer Beziehungen; gänzlich neue Verfahren, Kunstwerke zu reinigen und wiederherzustellen, und schließlich Verfahren zur Datierung der Funde, deren wichtigste die Radiokarbonmethode ist.

Seltsamerweise verdankt die Archäologie viele erfolgreiche neue Suchmethoden auch den Mitteln moderner Kriegführung. Im Ersten und Zweiten Weltkrieg haben Luftwaffenpiloten verschiedentlich Fundstätten gesichtet, die dann später erforscht werden konnten. Durch Aufklärungsflüge wurden im Mittelmeerraum mehrere antike, heute unter Wasser liegende Häfen entdeckt, darunter die versunkene Hafenstadt Tyrus. Der Verlauf der Straßen und Kanäle der verschwundenen etruskischen Stadt Spina konnte bei Venedig unter dem Marschland, das sie seit Jahrhunderten bedeckte, beim Überfliegen erkannt und sogar fotografiert werden. Die versunkene Stadt Baiae, eine Art römisches Las Vegas, dazu zahlreiche vom Dschungel überwucherte Maya-Städte in Mittelamerika sowie Ruinen aus der Vorinkazeit in Südamerika verdanken ihre Wiederentdeckung dem Flugzeug. Ein einziges Beispiel zeigt, welch überraschendes Bild der Vergangenheit man von der Luft aus gewinnen kann. In Iran wurden bei Persepolis innerhalb von dreizehn Flugstunden vierhundert unvermutete alte Stätten gesichtet. Luftaufnahmen eines benachbarten Areals zeigten durch nur von oben her sichtbare Geländestrukturen den genauen Plan einer Stadt, den eine archäologische Expedition über anderthalb Jahre lang aufzunehmen versucht hatte.

Instrumenten des Krieges verdanken wir also letzten Endes die Lokalisierung und Wiederentdeckung zahlreicher Reste alter Kulturen, deren Verfall nur zu oft von Krieg und Eroberung herrührt. Es wirkt fast wie eine Wiederholung des Kreislaufs von Fortschritt, Krieg, Zerstörung und Neubeginn, den wir in der Geschichte so oft beobachten bis in die jüngste Zeit hinein.

Die archäologische Erkundung erstreckt sich heute nicht nur auf die Oberfläche der Erde und ihre tieferen Schichten, sie bezieht auch den Grund von Seen, Flüssen, die unter Wasser liegenden Sockel von Kontinenten und Inseln mit ein und zuweilen sogar die Tiefsee. Dabei tauchen neben Anzeichen menschlichen Daseins immer mehr Spuren bisher »unregistrierter«, namenloser Kulturen auf, von denen wir wenig oder gar nichts wissen. Auch die Gründe ihres Verschwindens kennen wir nicht. Das Geheimnis vertieft sich noch, wenn wir diese Relikte, die angeblich von primitiven Völkern stammen, betrachten.

Welche Erklärung gibt es für die Ebene von Nazca an der Küste von Peru, wo eine Wüste auf einer Fläche von mehreren hundert Quadratkilometern mit rätselhaften Markierungen bedeckt ist? Sie sehen aus wie ein kosmischer Plan mit Diagrammen, Symbolen und Tierfiguren, sind aber nur von der Luft aus erkennbar. Es liegt nahe, an einen kulturellen Zusammenhang mit anderen seltsamen Zeichensetzungen zu denken. Da ist der *Great Zodiac* (Große Tierkreis) von Glastonbury in England, dessen Steine in einem Umkreis von 48 Kilometer Umfang ausgelegt sind; da sind die langen Reihen regelmäßig gesetzter Riesensteine von Carnac in der Bretagne und die Menhire von Stonehenge auf der Ebene von Salisbury. Sogar die geheimnisvollen »Mounds« von Nordamerika, im Tal des Mississippi und an vielen anderen Orten, könnten damit in einem gewissen Zusammenhang stehen. Diese mächtigen Erdhügel und Erdpyramiden bilden Kreise, Vierecke in Kreisen, Vielecke, Rhomboide, Ellipsen, einige stellen Tiere dar, darunter eine riesige Schlange. Die meisten dieser Formen sind vom Erdboden aus schwer zu erkennen, erscheinen jedoch klar und deutlich, wenn man sie von oben her sieht.

Ein weiteres Rätsel sind die gewaltigen Steinmauern von Tempeln aus der Vorinkazeit auf den Hochflächen und Bergen der Anden. Man weiß nicht, auf welche Weise die Erbauer Granitblöcke von mehreren hundert Tonnen Gewicht in diese Höhe emportransportieren konnten, und ebenso unerklärlich ist, wie sie diese Blöcke mit den verschiedensten Flächen und Winkeln nach einem undurchschaubaren Muster haargenau aneinandergefügt haben.

Seit der Erfindung der Radiokarbondatierung, die leider auf Gestein nicht anwendbar ist, konnte das annähernde Alter vieler »unerklärlicher« Relikte mit Hilfe datierbarer Bestandteile ermittelt werden. Die Ergebnisse waren zuweilen erstaunlich, meist zeigten sie ein viel höheres Alter an, als man bis dahin angenommen hatte. (Für den *Zodiac* von Glastonbury ergaben sich 15 000 Jahre!) Allmählich reichen die Daten für Perioden menschlicher Kultur immer weiter zurück. Längst ist Bischof Ushers Jahr 4004 für die Erschaffung der Welt weit überschritten. (Seltsamerweise liegen die Anfänge der Schrift bei Sumerern und Ägyptern etwa um diese Zeit.) Ja, nach einer ganzen Anzahl von Datierungen müßte der Beginn der Zivilisation in oder sogar vor die letzte Eiszeit zurückverlegt werden.

Es gibt vielerlei Verfahren, mit denen man das Alter von Bauten, Kunstwerken und anderen menschlichen Erzeugnissen bestimmen kann. Als das brauchbarste hat sich zur Zeit die Radiokarbondatierung erwiesen. Sie beruht, kurz gesagt, darauf, daß alle organischen Stoffe die Hälfte des in ihnen enthaltenen radioaktiven Kohlenstoffs (C_{14}) durch Zerfall im Lauf von jeweils 5 600 Jahren verlieren. Wenn man Materialproben in einem Reaktor zerlegt und danach die Bestandteile bestimmt, läßt sich daraus eine ungefähre Anzahl von Jahren für das Alter berechnen, mit einer Abweichung nach oben und unten von in der Regel 280 Jahren. Der einzige Nachteil der Prozedur liegt darin, daß sie das Testmaterial zerstört. Wenn wir uns die Jahreszahlen vergegenwärtigen, die in Darstellungen der Geschichte des Altertums für den Zeitraum vor Christi Geburt zu finden sind, kann uns ein Blick auf eine Reihe von Radiokarbondatierungen sehr nachdenklich machen (vgl. Tabelle S. 16).

Einige dieser Daten hatte man schon früher angenommen, sie wurden durch die Radiokarbondatierung nur bestätigt, aber andere erweitern die Vorgeschichte des Menschen in geradezu schwindelerregendem Maße nach rückwärts. Das 47 000 Jahre alte Kupferbergwerk zum Beispiel besagt sehr deutlich, daß unsere prähistorischen Ahnen gar nicht so tierisch primitiv waren, wie wir angenommen haben.

In den vielen Jahrtausenden nach dem Auftreten des erfindungsreichen und künstlerisch begabten Cromagnon-Menschen könnte es einen Zeitraum von mehreren Jahrhunderten der Kultur und Zivilisation gegeben haben. Es wäre viel gewonnen, wenn wir ihn irgendwie zeitlich fixieren könnten. Eine unbestimmte Erinnerung an sein Ende ist uns vielleicht in Form von Legenden erhalten geblieben, die sich fast bei allen Völkern des Altertums finden. Viele berichten von einer großen Flut, in der alles unterging. Und es gibt die verschiedensten Erzählungen davon, wie die Menschheit (meist als Strafe für ihre Verderbtheit) durch Fluten, Feuer, Erdbeben, Vulkanausbrüche oder Eis vernichtet wurde. Man kann die in diesen Legenden enthaltenen

Warnungen vor göttlichem Zorn vielleicht als Mittel einer Priesterkaste erklären, Moral und Gehorsam aufrechtzuerhalten. Aber die Legenden selbst sind so auffallend und so weit verbreitet, daß man sie mit gutem Recht als Erinnerungen der menschlichen Rasse an gewaltige Veränderungen der Erdoberfläche betrachten darf. In ihnen spiegeln sich offenbar die Kataklysmen der Eiszeit, furchtbare Vulkanausbrüche und alles verschlingende

	Annäherndes Alter in Jahren	Mögliche Abweichung
Altar, Stonehenge, England	1 846	± 275
Pyramiden Mounds, Silbury Hill, Avebury, England	4 115	± 95
Werkzeugfund in Westiran	100 000	
Bewohnte Städte, Star Carr, England	10 000	
Höhlenmalereien, Lascaux, Frankreich	16 000	± 900
Schriftrollen vom Toten Meer, Qumran, Israel	2 005	± 275
Ruinen einer ummauerten Stadt, Jericho, Jordanien	8 800	
Brandgrab-Hügel, Tara, Irland	4 000	
Knochen mit »Kalender«-Markierungen, Dordogne, Frankreich	30 000	
Mohenjo-Daro-Ruinen, Indien	5 500	
Flöte, Paracas, Peru	8 000	
Äxte, Kalambo Falls, Malawi	56 300	
Sandalen, Oregon, USA	9 053	± 350
Baumwollgewebe, Huaca Prieta, Peru	4 515	
Eisenbergwerk, Ngwenya, Swaziland	43 000	
Mystery Hill, New Hampshire, USA	2 970	

Fluten, als Bergketten sich emporwölbten und Länder im Meer versanken.

Wenn man von Indien nach Amerika und wieder zurück die Erde umkreist, findet man bei allen alten Völkern dasselbe Grundmuster der Legenden. Da ist von wiederholten Katastrophen die Rede, welche die Menschheit fast vollständig ausgelöscht hätten. Nur wenige Überlebende habe es auf Erden gegeben, die dem allgemeinen Untergang dadurch entkamen, daß sie sich in Höhlen verbargen, Zuflucht auf hohen Bergen suchten oder in Booten oder Archen schwammen. Meist bestanden die Überlebenden aus einem erwählten Mann, den eine oder mehrere Frauen begleiteten, manchmal auch ganze Familien, und manchmal auch eine Auswahl von Tieren verschiedener Art, je nach dem Gebiet, in dem die Legende verbreitet war. Überall kehrten die Überlebenden auf die Erde zurück, um ganz von neuem den schweren Aufstieg zur Zivilisation zu beginnen.

In der jüdisch-christlichen Überlieferung wie auch im Vorderen Orient ist die Katastrophe eine weltweite Sintflut, während die indischen Legenden von einer ganzen Serie von Kataklysmen berichten. Hier hat Vishnu, der erhaltende Gott, die Menschen im Laufe der Zeit neunmal vom Untergang errettet und wird sie schließlich auch vom zehnten erretten. Im alten Mexiko glaubten die Tolteken, die Welt sei dreimal fast zugrunde gegangen, und fügten diese Perioden in ihren Kalender ein, den später die Azteken übernahmen. Nach dem Kalender der Tolteken war das erste Erdzeitalter das der Wasser-Sonne, an dessen Ende die Erde überflutet wurde, das zweite Zeitalter war das der Erd-Sonne, in dem Erdbeben die Welt zerstörten, das dritte war das der Wind-Sonne, in dem kosmische Stürme die Vernichtung brachten. Wir befinden uns noch im vierten Zeitalter der Feuer-Sonne, das durch eine furchtbare, allumfassende Feuersbrunst enden soll — eine recht zeitgemäße Vermutung, die auch von manchen unserer Propheten eines Weltuntergangs durch Atomexplosionen geteilt wird.

Die Theorie wiederkehrender Katastrophen, nach denen die

kulturelle Entwicklung mehr oder weniger von neuem beginnen mußte, war in der Antike Allgemeingut. Sie wurde in vielen Schriften erwähnt und besprochen. Wohl die beste Darstellung findet sich bei dem griechischen Philosophen Plato, der sie in seinem Dialog *Timaios* behandelt. Plato beschreibt den Besuch seines berühmten Vorfahren, des Athener Gesetzgebers und Philosophen Solon, in Ägypten im Tempel der Neith zu Saîs. Er erzählt, wie Solon dort mit den Priestern über die Vorzeit und ihre Berechnung nach den alten Geschlechtsregistern der Griechen sprach. Da ergriff einer der Priester, ein »hochbetagter« Mann, das Wort zu einer langen Ausführung über die ältesten Zeiten, über die Bedeutung schriftlicher Aufzeichnungen und die immer wiederkehrenden Katastrophen auf Erden. Was Plato vor mehr als 2300 Jahren schrieb, vermittelt uns heute ein lebendiges Bild von den Vorstellungen der Antike von ihrer Vorzeit — einer Antike vor der Antike — und von der periodischen Wiederkehr der Kultur.

Wie im *Timaios* berichtet wird, sagte der ägyptische Priester: »O Solon, Solon, ihr Hellenen seid nichts als Kinder, und es gibt keinen Hellenen, der wirklich alt ist . . . An Geist seid ihr alle jung . . ., denn ihr habt keine Vorstellungen, die aus alter Überlieferung stammen, und kein Wissen, das vom Alter ergraut ist. Und ich will dir sagen, warum das so ist. Die Menschheit ist schon mehrmals vernichtet worden — und es wird auch wieder geschehen — meistens durch Feuer und Wasser, aber auch durch viele andere Ursachen.

Auch bei euch wird erzählt, daß einst Phaëton, der Sohn des Helios, die Rosse vor seines Vaters Wagen spannte und, weil er nicht imstande war, sie auf den Weg seines Vaters zu lenken, alles auf Erden verbrannte und selbst von einem Blitzstrahl getötet wurde. Nun, das ist eine Sage, aber sie bedeutet in Wirklichkeit eine Abweichung der die Erde umkreisenden Himmelskörper und ein großes, alles vernichtendes Feuer auf Erden, das sich nach langen Zeiträumen wiederholt. Wenn das geschieht, sind die Bewohner der Gebirge und hochgelegener, trockener Gebiete mehr von der Vernichtung betroffen als diejenigen, die an Flüssen oder am Meer wohnen. Vor diesem bewahrt uns der Nil, unser Retter in aller Not.

Wenn hingegen die Götter die Erde durch eine Überflutung mit Wasser reinigen, bleiben bei euch die Hirten und Schäfer im Gebirge am Leben, während diejenigen von euch, die in Städten wohnen, von den Flüssen ins Meer geschwemmt werden. Aber in unserem Land strömt weder zu dieser Zeit noch sonst irgendwann das Wasser von oben her auf die Felder, es steigt regelmäßig von unten herauf empor. Aus diesem Grunde bleiben alle Dinge bei uns erhalten und werden als die ältesten angesehen ... Was je in unserem Land oder in eurem oder in einer anderen Gegend, von der wir Nachricht haben, geschah, ist, wenn es edel, groß oder auf andere Art bedeutend war, von alters her aufgezeichnet worden und wird in unseren Tempeln bewahrt. Ihr hingegen und andere Völker seid gerade erst bis zur Schrift und der Entwicklung staatlichen Lebens gelangt, wenn, nach der üblichen Frist, die Wasserfluten vom Himmel euch wie eine Seuche überfallen und nur die Ungebildeten und der Schrift Unkundigen übriglassen. Daher müßt ihr immer wieder wie Kinder von neuem beginnen und wißt nicht, was bei uns oder bei euch in alten Zeiten geschah.

Darum sind eure Geschlechterverzeichnisse, von denen du mir berichtet hast, lieber Solon, nicht viel mehr wert als Kindermärchen; denn ihr wißt nur von einer Hochflut, während es deren doch so viele gegeben hat ...«

II
Verborgene Botschaften
aus der Vergangenheit

*Die Wissenschaft fragt: Wo bleiben die Funde? — Entdeckte
Kolumbus Amerika mit Hilfe alter Karten? — In Konstantinopel
taucht die Kopie einer prähistorischen Karte auf — Sie zeichneten
die Antarktis korrekt ohne das Eis — Eine elektrische Batterie
in Form einer Vase — Das Rätsel der Höhlenbeleuchtung —
Abbildungen ausgestorbener Tiere — Astronomische Markierungen —
Ein Flugzeugmodell aus Gold? — Indische Anweisungen zum Bau
fliegender Wagen — Ein Computer für die Sterne aus der Ägäis*

Gibt es irgendeinen greifbaren Beweis für die Existenz einer
oder mehrerer Kulturen vor dem Beginn unserer eigenen ge-
schichtlich überlieferten Zivilisation? Bedenken wir, wie weit die
Ergebnisse und Folgerungen der neuen archäologischen Methoden den »Zeitvorhang« zurückgeschoben haben, hat es bestimmt
Zeit genug für verschiedene Zivilisationen gegeben, die als Vor-
spiel zu unserer eigenen existiert haben könnten. Sie waren zweifellos von der unseren verschieden und hatten ihren Schwer-
punkt vielleicht auf Gebieten, die unserer Aufmerksamkeit bis
jetzt entgangen sind. Wenn wir jedoch die theoretische Möglichkeit einer entwickelten Zivilisation in einer Periode der Steinzeit
oder vor dem Schmelzen der letzten Eisfelder erwägen, müssen
wir uns fragen, ob irgend etwas davon die Zeiten überdauert haben könnte, um es dann im Licht der heutigen Wissenschaft zu
untersuchen. Bei dem in Frage kommenden Zeitraum einer Vergangenheit von 8000 bis 15 000 Jahren wäre es allerdings fast ein
Wunder, wenn überhaupt noch etwas vorhanden wäre.

Sir Charles Lyell, ein englischer Gelehrter und Kenner der frühen Menschheitsgeschichte, hat im neunzehnten Jahrhundert den

Standpunkt des »Establishments« sehr klar zum Ausdruck gebracht, als er gewisse Ansichten seiner Zeitgenossen über prähistorische Kunstwerke kommentierte:

»Müßten wir nicht statt plumper Tongefäße und Steinwerkzeuge, die so unregelmäßig geformt sind, daß ein ungeübtes Auge an ihnen kaum ein Muster entdecken kann, Skulpturen finden, die in ihrer Schönheit die Meisterwerke von Phidias oder Praxiteles übertreffen? Müßten wir nicht Schienenwege und Telegraphenstangen ausgraben, von denen die besten Ingenieure unserer Tage noch etwas lernen könnten, oder astronomische Instrumente und Mikroskope, deren Konstruktion alles bisher in Europa Bekannte überragt? Und müßten wir nicht noch andere Anzeichen für die Vollkommenheit einer Kunst und Wissenschaft entdecken, wie sie das neunzehnte Jahrhundert noch nicht gesehen hat? Dann würde sich herausstellen, daß die Triumphe genialen Erfindergeistes noch viel weiter reichen, als die späteren Gegenstände geschaffen wurden, die wir nun der Eisen- und Bronzezeit zuordnen. Vergeblich würden wir unsere Vorstellungskraft anstrengen, um die Bedeutung und mögliche Verwendung solcher Relikte zu erraten — Maschinen, um vielleicht in der Luft zu navigieren oder die Tiefe des Ozeans zu untersuchen oder um mathematische Probleme zu lösen, die weit über die Bedürfnisse und Begriffe unserer zeitgenössischen Mathematiker hinausgehen.«

Die Bemerkungen von Sir Charles gehen von dem traditionellen und recht logischen Argument aus: Wenn es eine entwickelte Zivilisation vor der unsrigen gegeben hat, weshalb haben wir nichts Konkretes gefunden? Irgend etwas, das den Kunstgegenständen und der Technik unserer Zeit wenigstens nahekommt — warum nicht sogar eine Armbanduhr, ein Feuerzeug oder ein Transistorradio?

Vielleicht hatten aber unsere prähistorischen kulturellen Vorfahren eine andere Form der technischen Entwicklung, die wir bisher noch nicht deuten konnten. Inzwischen sind nämlich höchst ungewöhnliche Entdeckungen gemacht worden. Ein paar davon könnte Sir Charles fast als eine direkte Antwort auf seine

Fragen betrachten, doch ist es jetzt entweder im Zustand vollkommenen Wissens oder vollkommenen Desinteresses. Auf jeden Fall sind seine geistigen Erben mit dem Problem konfrontiert, ihr Bild vom Wissensstand und der Entwicklung in der frühen Menschheitsgeschichte zu revidieren. Merkwürdige Kunstgegenstände und Abschriften von Dokumenten sind zutage gekommen, häufig an recht unwahrscheinlichen Orten. Man hat diese Funde in die Museen gebracht und sie dort katalogisiert; aber erst als man sie nach Jahren erneut untersuchte, wurden einige davon in ihrer tatsächlichen Bedeutung erkannt.

Wenn wir die Entwicklung wissenschaftlicher Kenntnisse in der Vergangenheit betrachten und sehen, wie sie sich in den Jahrhunderten vor der Renaissance eher verminderten als vermehrten, erscheinen uns diese Dinge in einem neuen Licht. Es ergreift uns das eigenartig vertraute Gefühl: »Hier war schon jemand« — eine kultivierte Rasse oder Rassen lange, ehe unsere Geschichte begann. Man gewinnt den Eindruck, daß vieles von unserem heutigen Wissen über die Welt schon früher bekannt war und dann vergessen oder in historischer Zeit zurückgedrängt wurde, bis die Wiederentdeckung dieses Wissens in der Neuzeit begann, vielleicht von 1453 an, als Konstantinopel fiel, der letzte Hort der alten Kultur.

Hinterließ diese prähistorische Rasse irgendwelche Spuren oder Botschaften außer einigen zyklopischen Mauern und Gebäuden, weit über die Erde verstreut und ins Meer versunken, deren Bau wir uns heute nicht ohne den Einsatz moderner Maschinen erklären können? Vielleicht haben wir einige solcher »Botschaften« zur Hand, entweder in Form von Kunstgegenständen oder als Abschriften von Manuskripten und Landkarten, denn die Originale hätten sich gewiß schon längst in ihre Bestandteile aufgelöst. Diese »Botschaften« waren nicht eigens für die Nachfahren gedacht, denn wir müssen uns vergegenwärtigen, daß uns die Vergangenheit zwar alt erscheinen mag, den damaligen Menschen aber war sie Gegenwart. Sie machten ihre Aufzeichnungen für den eigenen Gebrauch oder zum Ruhm von Königen und Kaisern, die sich um »ihren Platz in der Geschichte sorgten. Doch für uns stellen sie eine Art von Nachricht oder Botschaft dar, und wenn man sich an die Interpretation wagt, scheinen sie folgendes zu sagen: »Eure Zivilisation ist nicht die erste der Welt, und die Kulturen, die Ihr als Wurzeln betrachtet, sind nicht der wirkliche Beginn. Vor Tausenden von Jahren wußten wir bereits Dinge, die Ihr erst kürzlich entdeckt habt — Die Form und die Größe der Welt und ihre Beziehung zum Kosmos. Wir hatten Teleskope, Linsen, Computer, mathematische Kenntnisse und einen Begriff von der Matherie. Wir bereisten eine jüngere Welt, als die

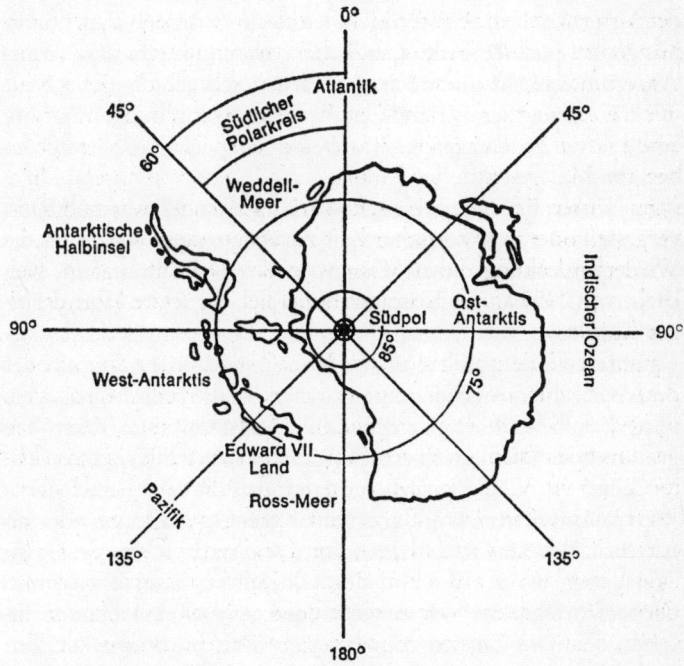

Kartenskizze der Antarktis ohne die Eiskappe. Die Landgebiete sind durch eine Wasserstraße getrennt.

großen Eisfelder noch den Norden bedeckten und die Meere der südlichen Polarkontinente noch schiffbar und Teile des Landes eisfrei waren. Wir haben detaillierte Landkarten der von uns besuchten Kontinente hinterlassen, die in den darauffolgenden Jahrhunderten in Vergessenheit gerieten. Nach unserem Verschwinden bewahrten die jüngeren Rassen einiges von unseren Erkenntnissen. Dieses Wissen hat Euch geholfen, Eure eigene Welt zu bauen, die jetzt von der Gefahr der Zerstörung bedroht ist.«

Botschaften aus der fernen Vergangenheit kommen zu uns in verschiedenen Formen. Sie sollten zunächst im Lichte der übermittelten Kenntnisse betrachtet werden. Manches ist falsch interpretiert oder bisher noch nicht entdeckt worden; aber andere Dinge, beispielsweise alte Landkarten, haben uns aus dem fernen Altertum erreicht und höchstwahrscheinlich geholfen, die Neue Welt zu entdecken. In anderen Worten: Kolumbus könnte mit Hilfe dieser Landkarten eines unbekannten Zeitalters gewußt haben, wohin er segelte.

Kolumbus hat vermutlich alte Landkarten oder Abschriften alter Landkarten zur Verfügung gehabt, die von den Seefahrern des Altertums benutzt wurden, von den Kretern, Phöniziern, Karthagern, Griechen und Römern, vielleicht sogar von noch früheren Weltreisenden. Kopien dieser Landkarten sind kürzlich aufgefunden worden; andere existierten bereits, wurden aber nicht in ihrer tatsächlichen Bedeutung erkannt — als Teile früher Weltkarten, aufgezeichnet mit den Kenntnissen der sphärischen Trigonometrie. Dies zu einem Zeitpunkt, ehe die Trigonometrie entdeckt wurde und man herausfand, daß die Welt rund war.

Diese Landkarten wurden offenbar von Generationen von Seefahrern gebraucht und abgezeichnet. Sie sind viel besser als die Weltkarten der Antike und des Mittelalters. Vom Blickwinkel der Seefahrer aus müssen sie vorhanden gewesen sein, denn sie lieferten eher die Chance zum Überleben als pittoreske Berichte. Die Originale, nach denen diese Karten gezeichnet wurden, sind wahrscheinlich beim Brand und der Plünderung der großen Bibliothekszentren der Antike vernichtet worden oder verlorengegangen. Einige Abschriften jedoch tauchten nach dem Fall von Konstantinopel wieder auf.

Einen Vergleich dieser Kopien von Kopien mit modernen Karten in bezug auf ihre Breiten- und Längengrade sowie auf ihre Entfernung zwischen bekannten Punkten hat Professor Charles Hapgood angestellt und mit frappierenden Einzelheiten in seinem Buch *Maps of the Ancient Sea Kings* (Karten der alten Seekönige) dargelegt. Danach scheint sich folgendes zu ergeben: Die Kartographen, die diese Karte zeichneten, waren nicht allein mit der »bekannten« Welt vertraut, sondern mit der Welt schlechthin. Sie waren imstande, die Küstenlinien der beiden amerikanischen Kontinente, die Berge Südamerikas und die Küsten sowie das Landesinnere der Antarktis anzugeben. Dies geschah Jahrhunderte, ehe die betreffenden Gebiete offiziell entdeckt wurden.

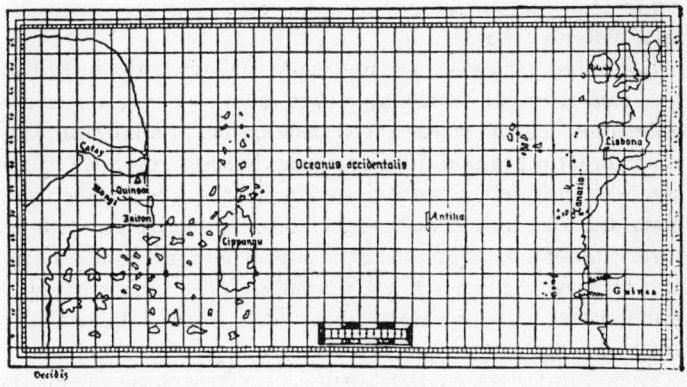

Die Weltkarte des Paolo Dai Pozzo Toscanelli von 1474. Sie entstand aufgrund früherer Darstellungen und Berichte von anderen Reisenden. Kolumbus hat sie mit Sicherheit gekannt, höchstwahrscheinlich sogar auf seiner Reise mit sich geführt. Toscanellis Briefe an Kolumbus sind erhalten geblieben und geben ein lebendiges Bild von der lebhaften Diskussion der Fachleute vor den Entdeckungsreisen.

Noch unglaublicher erscheint es, daß, besonders in der Karte des Piri Reis von Istanbul aus dem Jahre 1513, topographische Einzelheiten des antarktischen Kontinents richtig dargestellt sind, obwohl sie unter einer mehr als tausend Meter dicken Eisschicht liegen, und dies vermutlich seit Jahrtausenden.

Erster Brief des Toscanelli an Kolumbus
»Dem Christoph Columbus entbietet der Naturforscher Paolo seinen Gruß! Ich nahm Kenntnis von Deinem wundervollen und großartigen Begehr, eine Fahrt dorthin, wo die Gewürze wachsen, zu unternehmen. Als Antwort auf Deinen Brief sende ich Dir die Abschrift eines anderen Briefes, den ich einst vor dem kastilischen Krieg an einen Freund und Vertrauten des Königs von Portugal geschrieben habe in Beantwortung des Schreibens, das er auf Veranlassung Sr. Majestät an mich gerichtet hatte. Auch schicke ich Dir eine gleiche Seekarte, wie ich sie ihm zugeleitet habe. Hiermit dürfte Deine Bitte erfüllt sein.«

Zweiter Brief des Toscanelli an Kolumbus
»Deinen Brief und die mir zugesandten Gegenstände habe ich empfangen und große Genugtuung darüber empfunden. Ich habe Kenntnis genommen von Deinem hochherzigen und großartigen Plan, auf dem Wege nach Westen, den die Dir gesandte Karte anzeigt, zu den Ländern des Ostens zu segeln. Besser hätte er sich mit Hilfe einer runden Kugel klarmachen lassen. Es freut mich, daß Du mich richtig verstanden hast. Der genannte Weg ist nicht nur möglich, sondern wahr und sicher.«

Einige Weltreisende kannten die Gestalt der Erde, wußten, ihren Weg zu finden, und zeichneten Karten von Amerika und dem Karibischen Meer mehr als zweitausend Jahre, ehe Kolumbus bewies, daß die Neue Welt existierte. Gleichfalls fuhren die Weltreisenden in die Antarktis und zeichneten Karten, viele Jahrtausende vor Captain Cooks »Beweis« im achtzehnten Jahrhundert, daß die Antarktis nicht existiere.

Das Erscheinen des antarktischen Kontinents auf den Weltkarten vor der Zeit seiner Entdeckung kann durch die Arbeitsweise der Kartographen des 15. Jahrhunderts erklärt werden. Sie füllten die damals unbekannten Teile der Welt aus und verwandten als Unterlage Karten aus alten Zeiten. Häufig führte dies zu einem ungewöhnlichen Ergebnis. Die noch nicht bekannte Welt, die man immer wieder von den Karten des Altertums abzeichnete, wurde korrekter dargestellt als jene Gebiete, mit denen die Kartographen mehr oder minder vertraut waren. Die Mercator-Landkarte aus dem Jahr 1538 zeigt die noch wenig bekannte Westküste Südamerikas richtiger als seine Karte von 1569, obwohl die Westküste inzwischen genauer erforscht worden war. Einer der Hauptgründe für Captain Cooks Suche nach dem antarktischen Kontinent war die Tatsache, daß dieser auf so vielen Landkarten auftauchte. Cooks Trugschluß, die Antarktis existiere nicht, verdankt er natürlich dem Umstand, daß er nicht weit genug nach Süden segelte.

Man fragt sich, weshalb ein Mensch mit den wissenschaftlichen Leistungen des Claudius Ptolemaeus, Kustos der Bibliothek von Alexandrien im zweiten nachchristlichen Jahrhundert und Verfasser der berühmten und in der Antike hochgeschätzten *Geographica*, so korrekte Landkarten zur Verfügung haben konnte, ohne sie zu benutzen. Die Antwort lautet vermutlich, daß er diese Karten für interessante Vermutungen hielt, aber zu dem Schluß gelangte, sie wären falsch. Seine eigenen Landkarten basierten auf der »Schrittzähler«-Methode der römischen Legionen, die Entfernungen zwischen Punkten abliefern. So konnte man zwar Breitengrade messen, aber in Ermangelung eines Chronometers nicht die Längengrade bestimmen.

Die Piri-Reis-Karte von 1513 zeigt laut ihrem Kartographen Piri Reis, einem ehemaligen türkischen Seeräuber und späteren Admiral, offenbar nur einen Teil der Welt. Sie fußt auf Landkarten aus einer Zeit Jahrhunderte vor Ptolemaeus, die besser waren als die des alexandrinischen Geographen.

Die Wiederentdeckung der Piri-Reis-Karte ist einer erstaunli-

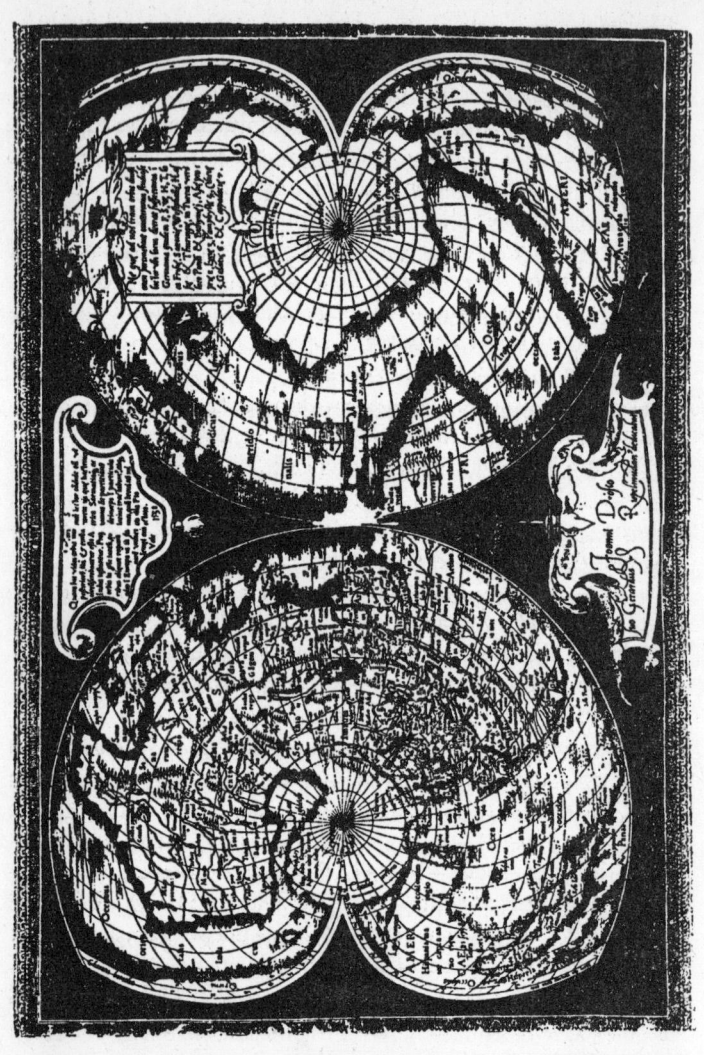

Mercators Weltkarte, Löwen 1538. Sie zeigt die Erde in zwei Projektionen, geteilt am Äquator, in Doppelherzen aufgerollt.

chen Serie von Zufällen zu verdanken. Die alte Karte, aufgezeichnet auf einer Gazellenhaut, wurde 1929 gefunden, als man den
Ballast der Jahrhunderte im Harem des Topkapi-Palastes von
Istanbul, ehemals Konstantinopel, aufräumte. Dies geschah einige
Jahre, nachdem die Türken unter Mustafa Kemal den ehemaligen
Sultan von seinen Pflichten, Palästen und seinem Harem »befreit«
hatten. Die Karte erschien zunächst nur als interessante, alte Darstellung der Küsten von Spanien, Afrika und Südamerika, aber
ein unerwarteter schriftlicher Hinweis auf Kolumbus ließ aufhor-
chen. Man dachte an die »verlorene Karte«, die Kolumbus auf seiner ersten Atlantik-Überquerung benutzt hatte. In bezug auf die
Karibischen Inseln stand da zu lesen:

»Dies wird berichtet, daß es ein Ungläubiger aus Genua, namens Colombo war, der diese Orte entdeckt hat. Nämlich es fiel
ein Buch in die Hände des besagten Colombo, und er fand in diesem Buch geschrieben, am Ende des westlichen Meeres, das heißt
auf seiner westlichen Seite, lägen Küsten und Inseln und es gebe
dort alle Arten von Metall und kostbare Steine . . .«

Nicht allein, daß diese Karte Bezug auf Kolumbus nahm, sie
zeigte auch, im Gegensatz zu anderen jener Zeit, die Längengrade
korrekt an. Kopien dieser Landkarte gelangten in die Bibliotheken in aller Welt und wurden von der internationalen Presse besprochen. Der amerikanische Außenminister, Henry L. Stimson,
las davon in der *London News* und, vielleicht, weil man in den
Vereinigten Staaten mit gewissen Besitzansprüchen an Kolumbus
denkt, bat er die türkische Regierung, der Sache nachzugehen.
Nach der verlorenen Karte des Kolumbus und dem fehlenden
Teil — oder den Teilen — der Piri-Reis-Karte erfolgte eine vergeb-
liche Suche, vermutlich im wiedererstandenen Harem, doch bald
ließ man die Angelegenheit auf sich beruhen. Damals übersah
man eine scheinbar nebensächliche Bemerkung des Piri Reis, daß
er nämlich bei der Anfertigung seiner Karte alte Dokumente und
Weltkarten benutzt hatte, von denen er sagte, sie seien in den
»Tagen Alexanders, des Herrn der beiden Kaps«, gezeichnet worden und zeigten »das bewohnte Viertel der Welt«. Offenbar wa-

ren einige Landkarten der allgemeinen Zerstörung im Altertum entgangen und wurden danach von arabischen und türkischen Seefahrern und später auch von den Europäern benutzt. Diese Seekarten übermittelten eine Botschaft, doch sollte es noch einige Zeit dauern, bis sie erkannt wurde.

Eine weitere Kopie der Karte wurde dem *U.S. Navy Hydrographic Office* in Washington von einem türkischen Marineoffizier überreicht und gelangte schließlich auf den Schreibtisch von Captain Arlington Mallery. Er war Archäologe und Fachmann für alte Landkarten, besonders für die umstrittenen Karten von Grönland und dem Nördlichen Ozean, die endgültig bewiesen (zumindest den Skandinaviern, wenn auch nicht den romanischen Völkern), daß die Wikinger Amerika entdeckt hatten.

Als Mallery die Piri-Reis-Karte erhielt, war er durch einen seltsamen Zufall gerade dabei, eine Ausgabe des *Geographic Journal* zu studieren. Dargestellt wurde das Eisgebirgsprofil Grönlands. Auf derselben Seite fand sich eine Beschreibung der polaren Eiskappen der Arktis und Antarktis, und beide wurden miteinander verglichen. Mallery beschäftigte sich daraufhin mit der südlichen Küstenlinie der Piri-Reis-Karte und kam zu dem Ergebnis, daß diese die Küste von Königin-Maud-Land genau an der richtigen Stelle zeigte. Auch die Buchten und Inseln waren eingezeichnet, jedoch ohne das Eis, das sie heute bedeckt.

Der Archäologe, Historiker und Kartograph Professor Charles Hapgood hat mehrere Jahre daran gewandt, diese und viele andere maritime »Straßenkarten« des Altertums, sämtlich Kopien von alten Originalen, wissenschaftlich zu untersuchen. Eine völlige Übereinstimmung von Kartenteilen mit modernen Landkarten ließ den Schluß zu, daß diese Originale technische Kenntnisse voraussetzten, von denen selbst die Renaissance noch nichts wußte. Das Chronometer wurde zur Bestimmung der Längengrade erst ab 1780 verwandt, ganz zu schweigen von den Schwierigkeiten, Bodenuntersuchungen in der Antarktis vorzunehmen.

Wenn man den erhaltenen Teil der Piri-Reis-Karte betrachtet, fällt die seltsame Verlängerung der Küste Südamerikas auf, deren

Form ansonsten richtig dargestellt ist. Dieser scheinbare Widerspruch ist tatsächlich ein Beweis für die Gültigkeit der alten Karte, denn hier wurde der Versuch gemacht, auf einer flachen Oberfläche die runde Form der Erde darzustellen. Die Karte nimmt dabei als Ausgangsmeridian den von Syene (Assuan) in Ägypten an. Jede morderne sphärische Projektion auf eine Ebene würde etwa dieselbe Verzerrung bewirken. Es ist erstaunlich, daß die

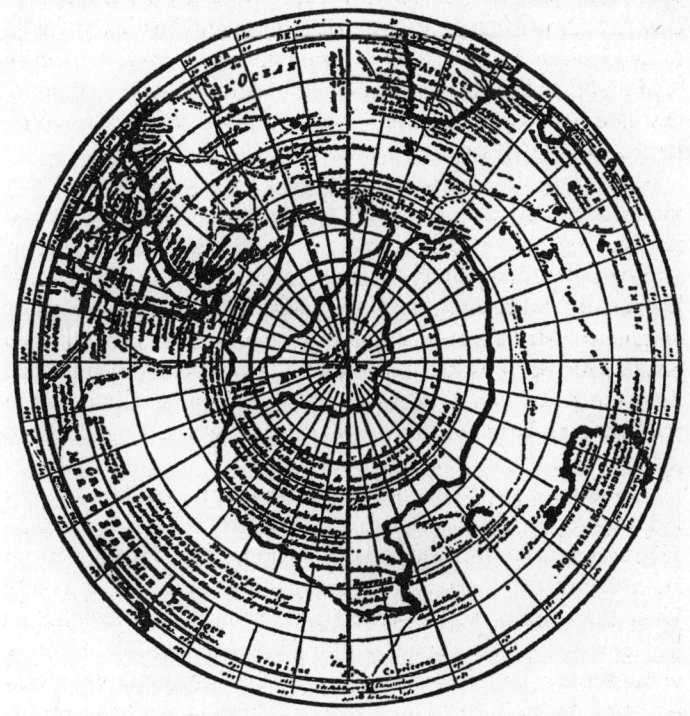

Karte der Antarktis, von Philippe Buache in Paris im Jahr 1737 nach alten Vorlagen gezeichnet. Sie zeigt die Teilung der Landgebiete durch einen Meerarm, die erst 1958 mit Hilfe von Schallmeßgeräten festgestellt wurde.

Kartographen im Altertum nicht allein die Küste der Antarktis kannten, sondern auch mit den Gesetzen der sphärischen Projektion vertraut waren, wobei wir nicht wissen, wie viele Male die Karte ungenau abgezeichnet wurde.

Teile der antarktischen Küste erscheinen auf ihr so überraschend genau, daß man vor einem Rätsel steht. Professor Hapgood bat den *Westover Air Force Base* um eine Beurteilung seiner Schlußfolgerungen bezüglich der Piri-Reis-Karte unter Berücksichtigung der neuesten Kenntnisse aus Luftaufnahmen. Die Antwort lautete: ». . . die geographischen Details im unteren Teil der Karte stimmen auf bemerkenswerte Weise mit den Ergebnissen des seismographischen Profils überein, das die schwedisch-britisch-norwegische Expedition 1949 über der Eiskappe aufgezeichnet hat. Dies deutet darauf hin, daß die Küstenlinie in die Landkarte aufgenommen wurde, ehe das Eis sie zudeckte. Die Eiskappe hat in diesem Gebiet gegenwärtig eine Stärke von ungefähr 1500 Metern. Wir haben keine Ahnung, wie die Angaben der Karte in Übereinstimmung mit dem im Jahr 1513 anzunehmenden geographischen Wissen gebracht werden können.«

Obwohl die alten Seekarten mit Zeichnungen von Meerjungfrauen, Ungeheuern und Wind blasenden Engelsgesichtern verziert sind, kann man aus ihnen doch entnehmen, daß die Kartographen des Altertums entweder genaue Kenntnisse von der Erde hatten oder unglaublich gut raten konnten. Eine der Karten, die der französische Gelehrte Philippe Buache 1737 zeichnete, zeigt einen Wasserweg durch die Antarktis, der sie — bei Fehlen des Eises — zweigeteilt erscheinen läßt. Diese Teilung ist indes erst im geophysikalischen Jahr 1958 bekannt geworden. Mit Hilfe moderner Schallmeßgeräte ist es heute möglich, festzustellen, daß ohne das Eis die östliche Antarktis von der westlichen getrennt wäre. Im Verlauf der Linie der transarktischen Berge würde das Meer einen großen Teil des Marie-Byrd-Landes in das subglaziale Byrd-Becken einbeziehen und eine Verbindung der Ross-See mit der Wedell-See bilden.

Obgleich die Antarktis wie eine einzige Eismasse aussieht, wissen wir heute — oder nehmen es im Vertrauen auf unsere Geräte an —, daß der Kontinent in Wirklichkeit aus zwei gigantischen Inseln besteht. Wie aber konnten die Kartographen der von Buache benutzten alten Karten dies wissen, Hunderte, vielleicht Tausende von Jahren, ehe die Antarktis offiziell »entdeckt« wurde?

Ein Teil der Orance-Finné-Weltkarte von 1532 zeigt den erst 1818 entdeckten antarktischen Kontinent mit Flüssen dort, wo heute Gletscher sind. Die Karte des Ibn ben Zara vom Mittelmeer und der Ägäis scheint in bezug auf die Küstenlinien genau zu stimmen, verzeichnet aber außer den bekannten Inseln eine Reihe von Inseln, die nicht existieren — jedenfalls existieren sie heute nicht mehr über dem Wasser wie vielleicht noch am Ende der letzten Eiszeit, als der Wasserspiegel der Welt wesentlich niedriger war. Die letztere Annahme wird dadurch gestützt, daß die Karte allem Anschein nach die zurückweichenden Eisfelder in Mitteleuropa, England und Irland wiedergibt. Eine türkische Landkarte von 1559, die des Hadji Ahmed, macht einen weiteren Ausflug in die ferne Vergangenheit. Sie zeigt nicht allein die Westküste der beiden amerikanischen Kontinente, sondern deutet offenbar eine Landverbindung zwischen Sibirien und Alaska an. Woraus sich schließen läßt, daß die Quelle für Hadji Ahmeds Karte wahrscheinlich vom Ende der letzten Eiszeit stammt, als die Vorfahren der Indianer mit einer Reihe von Tieren über die spätere Beringstraße zogen. Den Anhängern der Theorie von der »asiatischen Abstammung« der Amerikaner müßte diese Karte willkommen sein.

Professor Hapgoods Darstellung ist anregend und einleuchtend, zumal man selbst durch sachgemäßen Gebrauch der Vergleichstafeln von Längen- und Breitengraden sowie der geometrischen Projektionen die Angaben überprüfen kann. Eine Art Do-it-yourself-Verfahren, das zu recht überzeugenden Ergebnissen führt. Um es in Professor Hapgoods Worten zu sagen: »Zur Zeit der Griechen war die Mathematik der technischen Entwicklung voraus. Es gab kein Instrument, um Längengrade leicht und richtig zu bestimmen. Die Piri-Reis-Karte und andere jedoch, die wir immer wieder studiert haben, deuten darauf hin, daß ein derartiges Instrument einst existiert hat und von Menschen benutzt wurde, die die Größe der Erde fast richtig bestimmten. Sie scheinen mit den beiden Amerikas recht vertraut gewesen zu sein und die Küsten der Antarktis aufgezeichnet zu haben.«

Im *Popul Vuh,* einer Chronik der Mayas, die ihre ältesten Überlieferungen aufzeichnet, findet sich eine merkwürdige Anspielung auf eine frühere Weltkultur. Es heißt dort: ». . . die erste Rasse, fähig der Allwissenheit, untersuchte die vier Ecken des Horizonts, die vier Punkte des Himmelsgewölbes und die runden Kreise der Erde.«

Manchmal bringt das Auftauchen eines einzigen kleinen Gegenstandes unsere Vorstellungen von der technischen Entwicklung verschwundener Zeitalter ins Wanken. Ein solches Gefühl ähnelt dem Schock, den wir empfinden würden, wenn wir einem Feuerzeug oder einer Taschenlampe aus der Antike begegneten. Meistens ist der Gegenstand zusammen mit anderen gefunden, in irgendein Museum gebracht und mit dem Hinweis »ritueller Gegenstand« versehen worden — oder auch in schöner Offenheit mit der sinnigen Bezeichnung »Kunstgegenstand, Gebrauch unbekannt«.

Archäologen und Amateurarchäologen (leider hat das Wort »Amateur« in den archäologischen und geschichtlichen Bereichen einen unliebsamen Beigeschmack bekommen) haben sich oft Gedanken über diese nicht identifizierten Objekte gemacht und manchmal sogar Funde auf sehr überraschende Art bestimmt.

Ein deutscher Ingenieur, Wilhelm König, wurde 1936 für ein Kanalisationsprojekt von der Stadt Bagdad verpflichtet. Er hatte im dortigen Museum einige flache Steine und Vasen mit der Bezeichnung »rituelle Gegenstände« bemerkt und sich entsprechende Gedanken gemacht. Später fand er in einem zerfallenen, ungefähr 1700 Jahre alten Gebäude eine Vase mit einem inneren Zylinder aus Kupfer, der innen mit Asphalt überzogen war. In seinem Bericht schreibt er: »Ein dicker Asphalt-Stöpsel war in den oberen Teil des Zylinders hineingepreßt. In der Mitte des Stöpsels befand sich ein massives Stück Eisen.« Tatsächlich war dies eine elektrische Batterie.

Wir wissen nicht, ob eine solche Konstruktion einen allgemeineren Gebrauch der Elektrizität zu einer Zeit andeutet, von der wir fast sicher sind, daß sie die Elektrizität noch nicht kannte, oder ob es sich hier um ein Verfahren zur Vergoldung von Schmuck handelt, wie es damals und auch später im Vorderen Orient angewandt wurde. Jedenfalls ist der Hinweis auf einen eventuellen Gebrauch der Elektrizität Tausende von Jahren vor Benjamin Franklin und seinem Drachen höchst beruhigend.

Die Möglichkeit, daß man in Mesopotamien einst mit Hilfe von Elektrizität Schmuck zur Verschönerung der Frauen herstellte, läßt daran denken, welche Rolle »der Weiblichkeitswahn« in der Entwicklung der Zivilisation gespielt hat. Die erste Mine der Menschheitsgeschichte, die man kennt, ist die 43 000 Jahre alte Eisenmine von Ngwenja, in der man offenbar Hämatit förderte, ein Erz, das zur Herstellung kosmetischer Präparate verwendet wurde.

Ein Fund, der ebenfalls an Galvanisierung denken läßt, stammt aus der Prä-Inka-Kultur der Chimus im alten Peru. Ausgrabungen in Chan Chan an der Küste förderten herrliche Kunstgegenstände aus Kupfer zutage. Sie waren mit Gold oder Silber plattiert oder bestanden aus vergoldetem Silber. Es ist schwer vorstellbar, wie dies ohne Elektrolyse geschehen konnte, obwohl man auch vermutet hat, daß ein anderes Verfahren angewandt wurde, bei dem Gold- oder Silberdämpfe von dem geschmolzenen Metall aufstiegen und sich mit dem Kupfer verbanden. Es ist wichtig, sich zu vergegenwärtigen, daß diese wie auch immer geartete Technik von einer früheren Kultur stammte als jene, die die spanischen Konquistadoren vorfanden. Zur äußersten Zufriedenheit der Spanier verwandte die spätere Kultur solides Gold und Silber für die Kunstgegenstände.

Ob die Elektrizität in irgendeiner fernen Epoche jemals Beleuchtungszwecken diente, wissen wir nicht. In den Beschreibungen von Salomos Tempel (siehe Robert Charroux *Historie Incon-*

nue des Hommes; deutsche Ausgabe »Phantastische Vergangenheit«) findet sich ein seltsamer Hinweis, daß man offenbar mit ihren Wirkungen vertraut war. Es heißt, der Tempel hätte 25 lange, spitze Eisenstangen auf seinem goldenen Dach gehabt und Ableitungen ins Wasser, die zu den Zisternen führten. Eine andere Anspielung auf Blitzableiter kommt aus dem Jahr 400 v. Chr. von dem griechischen Arzt Ktesias. Er erwähnt den Gebrauch von »Metallschwertern« in Ägypten, die mit der Spitze nach oben in den Boden gestellt wurden, um die Wirkungen von Unwettern abzuwehren.

Man kennt die herkömmlichen Beleuchtungsquellen alter und prähistorischer Zeit: Holzfeuer, Fackeln, Kerzen, Öllampen und Pechkrüge. Ein gewisses Geheimnis aber bleibt. Wie John Pfeiffer es in bezug auf den Gebrauch von Feuer ausdrückt, »gingen vor ungefähr 750 000 Jahren die Lichter an«, und seitdem hat man alle Möglichkeiten durchprobiert, einschließlich der indirekten Beleuchtung in der klassischen Welt und der Verherrlichung des Lichts im alten Orient. Einige Fragen aber bleiben unbeantwortet. Wir rätseln, wie die unterirdisch ausgemalten und behauenen Gänge zu den ägyptischen Gräbern, besonders die exakt ausgeführten Passagen unter der Großen Pyramide von Giseh in Ägypten, ohne irgendwelche wirkungsvollen Beleuchtungsmöglichkeiten entstehen konnten, um so mehr, da die niedrigen Decken keine Anzeichen der damals bekannten Lichtquellen aufweisen.

Man denkt an ein ähnliches Geheimnis in den Ruinen aus der Zeit der Inkas und davor in Südamerika. Auch dort sieht man an den niedrigen Decken und Durchgängen keine Rußstellen. Zudem tauchen seit einigen Jahrhunderten — bis in unsere Gegenwart — immer wieder Berichte von unentdeckten Indianern auf, die an den oberen Nebenflüssen des Amazonas leben sollen, in einem weiten Gebiet unter einem grünen Meer von Urwaldbäumen, das vielleicht so unerforscht ist wie kaum ein anderer Teil der Welt. Es wird erzählt, dort wohnten verlorene »weiße« Stämme noch immer in riesenhaften Städten, von denen nachts seltsame Lichter aus Steinfelsen leuchteten. Der englische Forscher Oberst Fawcett und auch andere vermuteten dort Überreste einer alten Kultur, die neben anderen Kenntnissen das verlorengegangene Wissen von einer uralten Beleuchtungstechnik bewahrt hatte. In den zwanziger Jahren war Fawcett auf der Suche nach einer dieser legendären verschollenen Städte, als er verschwand. Nachdem mehrere Expeditionen ihn vergeblich zu finden versuchten, wurde er schließlich selbst eine Legende.

Nord-, Süd- und Mittelamerika sowie die Inseln im Karibischen Meer sind ein äußerst ergiebiger Boden für Dinge, die man als Botschaften der Vergangenheit bezeichnen könnte. Allerdings läßt sich das Alter dieser Vergangenheit kaum genauer bestimmen, weil geschichtliche Dokumente fehlen und weil viele der Kunstgegenstände, die wir zur Hand haben, aus kostbaren Metallen, Stein und Ton bestehen und daher mit der Radiokarbonmethode nicht datiert werden können. Einen faszinierenden Ansatzpunkt für die Archäologie, der trotz der Ungewißheit bezüglich des Alters bedeutsam ist, bietet die Darstellung ausgestorbener Tierarten. Man sieht sie in Form von Mounds (Erdhügeln) und riesigen Stein-Statuen, findet sie in Malereien auf Tongefäßen, in Felsen eingemeißelt, als Halbreliefs in Tempeln oder als kleine Plastiken.

In den Vereinigten Staaten kann man im *Elephant Mound* von Wisconsin von oben herab die Gestalt eines Elefanten oder Mammuts erkennen, während ein Gebilde, das dem Kopf eines Elefanten mit erhobenem Rüssel sehr ähnlich sieht, in den Ruinen von Palenque zu finden ist. Außerdem gibt es »Elefanten-Masken« unter den Bildwerken der Azteken. In Kolumbien hat man beim Bau eines Flughafengeländes in der Nähe von Cali auf goldenen Scheiben eingravierte Zeichnungen von Elefanten gefunden. Dabei erinnert man sich, daß es in der Nähe von Bogota einen Elefanten- oder Mastodon-»Friedhof« gibt, der wahrscheinlich aus einer Zeit vor dem Auftreten des zivilisierten Menschen stammt. In Brasilien hat man lebensähnliche Darstellungen vom Rhinozeros auf den Felsen des Amazonasgebiets gefunden und auch eingemeißelte Zeichnungen von einem Tier, das wie ein Dinosaurier aussieht. Felsen und Klippen, zu Gebilden geformt, die Löwen, Flußpferden und anderen für die Gegend ungewöhnlichen Tieren ähneln, gibt es auf dem Marcahuasi-Plateau in Peru. In Tiahuanaco fand man Töpfereien von unbestimmtem Alter (Schätzungen über die Tihuanaco-Zeit schwanken zwischen 3 000 und 12 000 Jahren) mit guten Darstellungen des ausgestorbenen Toxodons. Es war ein dem Flußpferd ähnelndes Tier prähistorischer Zeit. Man möchte fast annehmen, daß die Menschen, die das Tier so gut abbildeten, es vielleicht auch gesehen haben könnten.

Ein außergewöhnliches und mysteriöses System von Bodenmarkierungen existiert im Nazca-Tal von Peru, nördlich und südlich der Stadt Nazca, rund 400 Kilometer südlich von Lima. Dieses System besteht aus einer Reihe von parallel sowie kreuz und quer laufenden Markierungen, die Straßen und Entwürfen zu wegweisenden Pfaden ähneln. Lange wurden sie als »Inka-Straßen« bezeichnet, doch sind sie anders als das Straßensystem der Inkas und führen zu keinem bestimmten Ziel, sondern bilden einen Irrgarten aus Trapezoiden, Drei- und Rechtecken, verwenden auch andere geometrische Formen oder sind einfach gerade Linien. Andere Pfade wiederum, erblickt man sie von oben, bilden die Umrisse riesenhafter Vögel, Spinnen, Schildkröten, Jaguare, Affen, Schlangen und Fische. Auch ein Wal ist dabei, und neben Darstellungen unbekannter Dinge findet man die gigantische Gestalt eines Menschen. All dies wurde vielleicht vor 15 Jahrhunderten von einem unbekannten Volk, lange vor den Inkas, geschaffen. Man hob Gräben in der harten Erde aus, kratzte Ornamente auf Felsen ein und baute, je nach Bodenbeschaffenheit, kleine fortlaufende Wälle. Schon früher waren riesige in den Stein gehauene Zeichen an Bergwänden in der Nähe aufgefallen, aber die Bedeutung der »Linien« oder »Straßen« von Nazca wurde erst klar, als man das Gelände im Verlauf von Untersuchungen über Bewässerungsmöglichkeiten aus der Luft sah. Die Linien lassen sich vom Boden kaum ausmachen. Fährt man durch Nazca auf

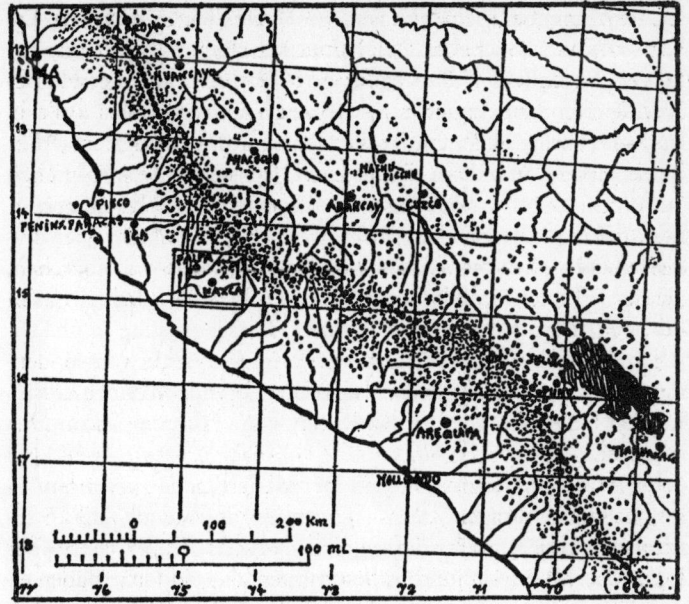

Das Gebiet der gigantischen Nazca-Bodenzeichnungen im südperuanischen Hochland der Pazifikseite. Frühe Zeugnisse exakter astronomischer Beobachtungskunst. (Nach Maria Reiche.)

dem Pan-American-Highway, kommt man über eine Menge solcher Straßen, sieht aber fast nichts.

Aus der Luft jedoch ist das Bild völlig anders. Diese erstaunliche Ansammlung von Mustern und Figuren wirkt nur von oben, und nach all den Jahrhunderten sind die Gebilde noch genau erkennbar.

Die Linien und großen Bilder bedecken eine Fläche von fast 100 Kilometer Länge und manches Mal, rechnet man die Markierungen auf den bachbarten Hügeln und Bergen hinzu, von mehr als 16 Kilometer Tiefe. Die geraden Linien zeigen nirgends eine Krümmung, als habe man eigens darauf geachtet, was unerklärlich ist, bedenkt man die Größe, den Ort und den Zeitpunkt der Ausführung. Die Art indes, wie diese Linien fortgeführt werden, ist nicht weniger geheimnisvoll. Manches Mal enden sie nach einigen Metern, und dann wieder kann man sie mehrere Kilometer verfolgen, und stets bleiben sie schnurgerade, während sie über — oder durch — Berge springen.

Man hat viel darüber geschrieben und Spekulationen angestellt, daß diese Linien »prähistorische Landeplätze« für Piloten von anderen Planeten gewesen sein könnten. Dieser Ausflug in phantastische Bereiche findet seltsamerweise sein Gegenstück in der Tradition des alten Peru, und zwar in der Legende von der Göttin Orejona, die in einem großen Schiff vom Himmel gekommen sein soll.

Die von Dr. Paul Kosok und Dr. Maria Reiche vorgenommenen Untersuchungen liefern eine weniger aufregende, aber noch immer faszinierende Erklärung. Während Dr. Kosok die mysteriösen Linien an Ort und Stelle untersuchte, stand er zufällig auf einem Hügel am Ende einer langen Linie, von der weitere abzweigten. Es war am 22. Juni, zur Zeit der winterlichen Sonnenwende unter dem Äquator. Als die Sonne unterging, berührte sie den Horizont gerade auf jener Linie, auf der Kosok mit seiner Frau stand. Dieser bemerkenswerte Zufall veranlaßte ihn, auch die anderen Linien auf astronomische Bedeutung hin zu untersuchen. Die Ergebnisse zeigten, daß viele der Linien für Astronomen lesbar waren. Sie bezogen sich allem Anschein nach auf die Bahnen der Planeten, auf Sonne und Mond und stellten Berechnungen der Sonnenwende sowie der Tag- und Nachtgleiche dar. Durch weitere Untersuchungen des Geländes fand Frau Dr. Reiche noch mehr Einzelheiten, die ihre Vermutung bestätigten. Sie setzte sogar ein mutmaßliches Datum (500 n.Chr.) für die »Herausgabe« dieses »größten Astronomie-Buches der Welt« an, indem sie die jährliche Abweichung bestimmter Sterne von den in der Wüste markierten Pfaden berücksichtigte.

Hatte man diese überdimensionalen Astronomie-Tabellen mit der Absicht angelegt, daß sie jemand von oben sehen konnte? Wenn es so ist, haben die Erbauer wahrscheinlich an die Götter gedacht, die versöhnt und daran erinnert werden sollten, nicht allein Sonne, Mond, Planeten und Sterne in ihren Bahnen zu halten, sondern auch für die Gestaltung des Klimas zu sorgen. Vielleicht stellten die Riesenfiguren die Sternbilder der Tierkreiszeichen und andere Sterngruppen dar.

Das alte Amerika betrachtete es nämlich als seine oberste Pflicht, alles zu tun, um die himmlischen Mächte in Gang zu halten. Stämme und Völker fühlten sich für das richtige Funktionieren des Kosmos verantwortlich. Mittelpunkt der Inka-Kosmologie war *Intihuatana* — der »Anlegeplatz der Sonne«, eine Steinmarkierung, in die ein von der Sonne geworfener Schatten während der Sonnenwende genau hineinfiel. Die ältesten amerikanischen Kulturen haben sich am intensivsten mit astronomischen und mathematischen Berechnungen beschäftigt. Erst später neigten die Azteken dazu, sich das himmlische Wohlwollen durch eine ständig steigende Anzahl von Menschenopfern zu erkaufen, eine Währung, die, wie sie später merken mußten, nicht akzeptiert wurde.

Riesenhafte Konstruktionen, das Werk kulturell hochstehender Völker, die bereits vor der Entdeckung Amerikas verschwunden waren, existieren auch in anderen Teilen des Landes. Etwa 300 Kilometer weiter südlich findet man Tausende von ähnlichen Figuren — auch Sterne sind dabei — auf Felsen und Klippen eingemeißelt. Ebenso sieht man in Kalifornien am Colorado Darstellungen, die viele Morgen Land bedecken und aus Reihen und Haufen kleiner Steine bestehen. Die Technik ähnelt sehr der von Nazca und weist auch gigantische Menschenfiguren auf. Man hat diese Anlage den Irrgarten von Mojave genannt, aber die überlebenden Mojave-Indianer streiten jede Verbindung ab. Ein großer Teil der Anlage wurde beim Bau einer Eisenbahn in den achtziger Jahren des vorigen Jahrhunderts zerstört.

Vielleicht ist der »Kandelaber« der Anden das gewaltigste dieser

Zeichen. Es handelt sich um ein 240 Meter breites Relief auf einer hochragenden Felswand in Paracas, Peru, in der Bucht von Pisco. Dieses Riesenwerk, noch weit vom Pazifischen Ozean aus zu sehen, ähnelt einem Kandelaber, einem Dreizack oder einer Heugabel und scheint wie ein gigantisches Wegzeichen nach Nazca zu weisen. Als die spanischen Eroberer es erstmals erblickten, hielten sie es für ein Himmelszeichen — ein Bild der Dreieinigkeit — und verstanden es als Ermutigung, die einheimische Bevölkerung zu besiegen, zu christianisieren und — zu versklaven.

Bei genauer Untersuchung der Riesenskulptur fanden die Spanier ein langes Seil an der mittleren Gabel und Anzeichen dafür, daß weitere Seile an den zwei Außenarmen befestigt gewesen waren. Das Ganze schien einen Apparat zu bilden, dessen Verwendungszweck man allerdings nicht ergründen konnte.

Robert Charroux schlägt in seinem bereits erwähnten Buch eine Erklärung vor, die von dem Peruaner Beltran Garcia stammt. Dieser glaubt, der »Kandelaber« könnte vielleicht ein Instrument zur Messung der Gezeiten gewesen sein oder auch ein »System, versehen mit Gegengewichten, Leitern und Seilen an Flaschenzügen, das als ein gigantischer und präziser Seismograph funktionierte, der tellurische Wellen und Erdbeben nicht allein von Peru, sondern von der ganzen Erde registrierte . . .«.

Andere Beobachter haben wahre Höhenflüge zu phantastischen Bereichen unternommen und aus dem »Kandelaber« von Paracas einen Wegweiser für prähistorische Weltraumfahrer gemacht, der zu den »Landebahnen« von Nazca zeigte.

Wie ein seltsames Echo solcher Mutmaßungen wirkt ein angeblich etwa 1000 Jahre alter, in Südamerika gefundener, goldener Gegenstand. Er ähnelt einem modernen Flugzeug und tauchte eines Tages in der Sammlung goldener Kunstgegenstände der *Banco de Columbia* auf. Als der Fund in den Vereinigten Staaten ausgestellt wurde, erregte er die Aufmerksamkeit des Biologen und Archäologen Dr. Ivan Sanderson. Der nicht identifizierte Gegenstand sah aus wie eine Motte oder ein anderes Insekt, hätte aber auch ein flacher Fisch sein können, aber als Dr. Sanderson ihn unter einem starken Mikroskop betrachtete, dachte er eher an Technik als an Naturwissenschaft.

Als Biologe war Dr. Sanderson mit dem Anblick vertraut, den Insekten oder Fische hätten bieten müssen. Er inspizierte den interessanten Gegenstand und fand, daß er bis ins kleinste Detail einem Flaschenzug ähnelte und nicht im mindesten den der Wissenschaft bekannten Fischen, Vögeln und Insekten. Die Enden der dreieckig geformten Flügel beispielsweise erinnerten stark an Querruder oder Höhenruder. Der Körper des Gebildes wies keinen Kopf an der dafür vorgesehenen Stelle auf, dafür aber eine rechteckige Vorderseite wie ein »altmodischer Rolls-Royce«. Der Schwanz war nicht einfach gerade wie der eines Fisches, sondern ähnelte dem Leitwerk moderner Flugzeuge. Handelte es sich aber bei dem Fund um ein Flugzeug, so konnte eine Vertiefung an der Stelle, an der normalerweise das Cockpit liegt, den Sitz andeuten.

Sachkundige Ingenieure lieferten weitere Hinweise. Zu ihnen zählte J. A. Ulrich, ein deutscher Pilot und Raketen-Ingenieur. Man hatte Ulrich verschwiegen, worum es ging, doch als er das mysteriöse goldene Ding sah, dachte er sofort an eine F-102. Er bemerkte, daß sich die Tragflächen ein wenig neigten, wie es bei schnell startenden Maschinen der Fall ist, und meinte, daß die Form des Flugzeuges »nur mit drei Buchstaben beschrieben werden kann: j - e - t«. Ihm fiel das konventionelle Leitwerk auf«, und er hielt gewisse Einzelheiten am Ende des Modells eher für Bremsklappen als für Höhenruder. Darin stimmte es mit der schwedischen SAAB überein.

Da man das Alter von Gold nicht genau bestimmen kann, ist es gut möglich, daß das winzige Flugzeug ein »Eindringling« ist, also versehentlich oder mit Absicht den Funden einer früheren Epoche zugesellt wurde. Viele moderne Erfindungen tauchen nämlich in primitiven Nachbildungen auf. Beispielsweise bei den Eingeborenen von Neu-Guinea, die glauben, sie seien im Zweiten Weltkrieg von Göttern besucht worden, die in fliegenden Schiffen vom Himmel herabkamen und Geschenke brachten. Sie versuchen noch immer, die Götter zurückzulocken, indem sie primitive Modelle von Flugzeugen, Landebahnen und Flugzeughallen anfertigen. Ein anderes Beispiel sind Skulpturen an »alten« Tempeln von Bali. Sie stellen Holländer dar, die entweder Auto fahren oder die Eingeborenen verprügeln (zu einer Zeit, als es noch möglich war, die einheimische Bevölkerung zu schlagen).

Das Thema des Fliegens taucht in alten Mythen und Legenden immer wieder auf. Ikarus, der Kreter, flog, wie die Sage erzählt, mit seinen wächsernen Flügeln zu nahe an die Sonne heran. Man denke an Elija mit seinem Feuerwagen und an den Babylonier Endiku, der gen Himmel getragen wurde und danach berichtete — vom heutigen Standpunkt der Raumfahrt aus übrigens recht zutreffend —, das Land habe wie Brei ausgesehen und das Meer wie ein Tümpel. Dann gibt es auch noch die Göttin Orejona (oder Orellana), die fliegend nach Tiahuanaco kam. In den indischen *Mahabharata* werden fliegende Wagen mehrmals erwähnt. All dies beweist jedoch nur, daß die Menschen sich vorstellten, in längst vergangenen Zeiten sei das Fliegen möglich gewesen. Eine Serie von Instruktionen, die man mit Staunen liest, findet sich in der indischen *Samarangana Sutradhara*. Dort wird dargelegt, wie man seine eigene *Vimana* baut, einen der fliegenden Wagen der Hindus. Diese Do-it-yourself-Anleitung überrascht in ihren Details: »Stark und haltbar muß der Körper geformt werden, wie ein großer fliegender Vogel, aus leichtem Material. Hineinstellen muß man die Quecksilber-Maschine mit dem eisernen Heizapparat darunter. Durch die im Quecksilber ruhende Kraft, die den treibenden Wirbelwind in Bewegung setzt, kann ein Mann da drinnen auf wunderbare Weise eine große Entfernung am Himmel zurücklegen.

Ebenfalls kann man durch Anwendung des beschriebenen Verfahrens eine Vimana so groß wie den Tempel für den Gott-in-Bewegung bauen. Vier starke Quecksilber-Behälter müssen eingebaut werden. Wenn diese durch geregeltes Feuer aus den Eisenbehältern erhitzt werden, entwickelt die Vimana durch das Quecksilber die Kraft des Donners. Und erscheint sogleich wie eine Perle am Himmel.

Mehr noch; wenn diese eiserne Maschine mit richtig geschweißten Scharnieren mit Quecksilber gefüllt und das Feuer in den oberen Teil geleitet wird, entwickelt sie Kraft mit dem Gebrüll eines Löwen . . .«

Ein greifbarer Hinweis auf eine bisher nicht vermutete technische Entwicklung in der Vergangenheit ist vom Meeresgrund der Ägäis ans Licht gekommen. Dort ruhte ein Gegenstand rund 2000 Jahre und schlummerte dann noch ein weiteres halbes Jahrhundert in einem Museum. Schließlich erkannte man die Bedeutung des Fundes — es war ein Computer für die Sterne.

Das Meer, insbesondere das klare Wasser des Mittelmeers und der Ägäis, hat sich als Fundgrube für Archäologen erwiesen. Das meiste, das in alter Zeit hineinfiel, hineingeworfen wurde oder darin versank, ist noch immer da.

Im Jahr 1900 fanden griechische Schwammtaucher unweit der Insel Antikythera eine herrliche, versunkene Schiffsladung griechischer Statuen, vielleicht eine Beute aus Griechenland auf dem Wege nach Rom.

Unter den Bronzeplastiken, die mit erheblichen Schwierigkeiten und nach einigen Unfällen von den Tauchern geborgen wurden, waren Teile von Bronze und Holz. Sie waren aneinandergeklebt oder geschweißt und wurden zunächst für noch nicht identifizierte Teile der Statuen oder ein Kinderspielzeug gehalten, denn einige Einzelheiten wirken wie Räder. Man tat die Teile beiseite und wollte sehen, wohin sie »paßten«. Wie sich herausstellte, paßten sie nirgendwo hin, waren aber trotzdem bemerkenswerter als die schönsten Kunstwerke. Nachdem nämlich das Holz getrocknet war, wurde ein Gangmechanismus mit einer Beschriftung und Gebrauchsanweisung sichtbar, was zu verblüffenden Resultaten führen sollte.

Es bedurfte einiger Jahre, bis das Geheimnis enthüllt war, und viele Archäologen gingen ans Werk. Professor Stais kam als erster auf die Bedeutung des Gegenstands — Dean Merrit ordnete die Schrift dem ersten vorchristlichen Jahrhundert zu. Derek de Solla Price und George Stamires untersuchten das Zifferblatt und den

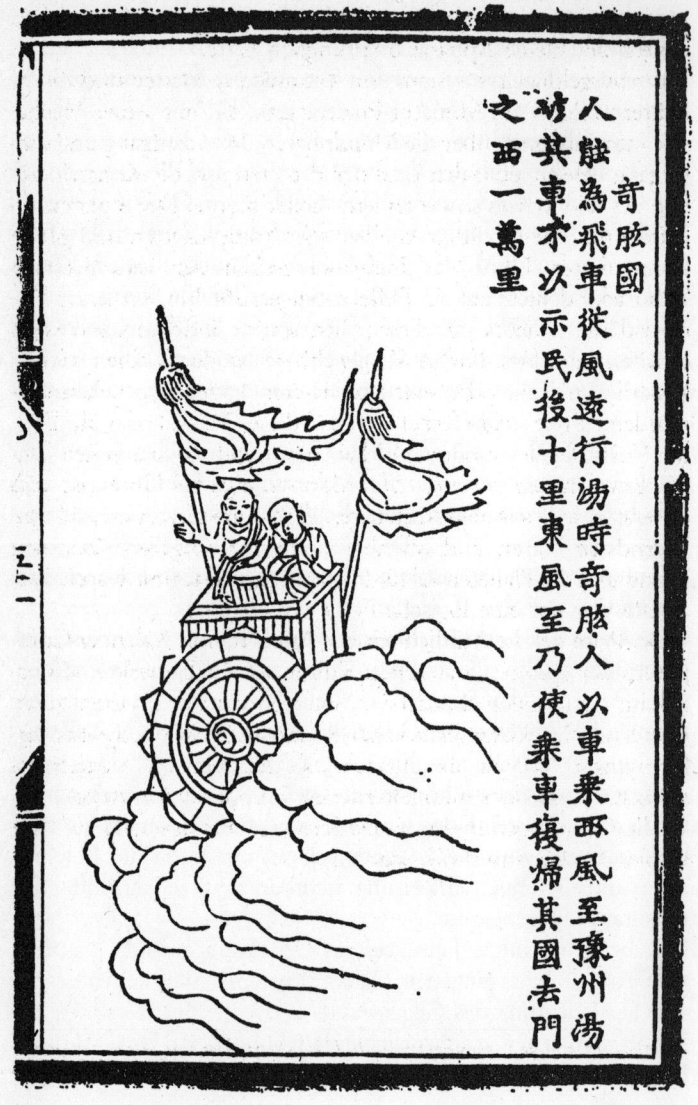

奇肱國人能為飛車從風遠行湯時奇肱人以車乘西風至豫州湯破其車不以示民後十里東風至乃使乘車接帰其國去門之西一萬里

46

Mechanismus und erlangten so die letzte Gewißheit, welchen Zweck der kleine Apparat ursprünglich hatte.

Ein ausgeklügeltes System von Zahnrädern, Platten und Zifferblättern bildete ein Miniatur-Planetarium, das mit seiner Mechanik Informationen über die Mondphasen, Mondaufgang und -untergang lieferte, über den Lauf der Planeten und die Konstellationen des Tierkreises sowie anderer heller Sterne. Der Apparat arbeitete nach den Prinzipien einer sehr komplizierten und genial konstruierten Uhr. Das Ineinandergreifen der verschiedenen Zahnräder deutete auf ein Differentialgetriebe hin. Professor Price erklärte: »Nichts, das diesem Instrument ähnelt, ist anderswo erhalten geblieben. Nichts Vergleichbares ist durch einen wissenschaftlichen Text oder eine literarische Andeutung bekanntgeworden.« Price stellte ferner fest, daß dieses Modell oder ähnliche die Vorläufer der modernen Planetarien und mechanischen Uhren gewesen sein könnten. Das Merkwürdige bei Uhren ist, daß die ersten, jene aus dem Mittelalter, die kompliziertesten und umfassendsten waren und offenbar mehr für Angaben über den Mond und die Planeten als für Zeitangaben bestimmt waren. Das zweite war nur eine logische Folge des ersteren.

Dr. Price fiel die Ähnlichkeit des Apparats mit Kalender-Computern der späteren arabischen Kultur auf. Er bemerkte: »Es erscheint wahrscheinlich, daß die Tradition von Antikythera zu einem Komplex wissenschaftlicher Kenntnisse gehörte, die uns verlorengingen, welche die Araber aber kannten . . . weiterentwickelten und dem mittelalterlichen Europa übermittelten, wo sie die Grundlage für eine ganze Serie von Erfindungen auf dem Gebiet der Uhrentechnik wurden . . .«

Ältestes Bild von den sagenhaften Tschi-Kung-Menschen und ihren fliegenden Wagen. Aus einer chinesischen Enzyklopädie des Jahres 1430 n. Chr.

Ein Teil des Fundes von Antikythera liegt noch auf dem Meeresgrund, der so tief ist, daß zur Zeit an eine erfolgreiche Bergungsaktion noch nicht zu denken ist. Die Weltozeane und Meere aber sind voller Verheißungen für die Archäologen. Denn das Meer, die »weindunkle Straße«, von der Homer sprach, war tatsächlich ein Verkehrsweg, die große Fernstraße der Antike. Vielleicht werden eines Tages noch ungewöhnlichere Dinge aus dem Meer geborgen. Vielleicht findet man nicht nur Statuen und andere Kunstgegenstände, sondern ganze Städte und am Ende gar Hinweise auf eine Zivilisation, die den uns bekannten lange vorausging.

III
Wissen, das verlorenging

Die Zerstörung der alten Bibliotheken — Bücherverbrennungen
von China bis Südamerika — Hatten die Babylonier Teleskope? —
Swift beschreibt die Marsmonde vor ihrer Entdeckung — Woher
kannte Dante das Kreuz des Südens? — Die Inder erfanden die Null
— Die Mayas berechneten das Sonnenjahr — Plato wußte, wo
Amerika liegt — Das »griechische Feuer« wirkte wie Napalm —
Geschäftspost auf Tontafeln — Eine antike Mähmaschine —
Gehirnoperationen im Altertum — Eine Linse aus Ninive —
Ein prähistorisches Baggermodell aus Panama — Schriften, die
wir nicht entziffern können — Geknotete Schnüre zur Bericht-
erstattung — Kannten die Inder die Beschaffenheit der Materie?

Man hat errechnet, daß beträchtlich weniger als zehn Prozent
der antiken Chroniken auf uns gekommen sind. Bedenkt
man jedoch die dazwischen liegende Zeit und die Schwierigkeit,
solche Dokumente zu konservieren, dann nimmt die Anzahl der
vorhandenen Berichte schon wunder. Viele der Aufzeichnungen
haben uns erreicht, weil sie in Stein gehauen, auf Grabsteine gemeißelt oder auf die Wand von Gräbern gemalt, in Tontafeln ge-
backen oder auf Siegel geprägt waren. Häufig sind es Lobpreisun-
gen und Erinnerungen, selten Bemerkungen über soziale Verhält-
nisse, und gerade diese würden einen besseren Einblick in die
Vergangenheit gewähren. Für solche Informationen öffnen sich
indes oft unvermutete Quellen.

Ein großer Teil der antiken Literatur wurde durch Brand zerstört — entweder absichtlich oder zufällig. Die alten »Bücher« waren in Wirklichkeit lange Rollen aus Papyrus oder Pergament, die
in den Bibliotheken einiger Metropolen und in Palästen aufbewahrt wurden. Man konnte solche Dokumente für die eigene

Sammlung abschreiben, falls man dazu die Erlaubnis erhielt und einen ausreichend gebildeten Sklaven hatte, um eine solche Arbeit zu verrichten. Dadurch wurde die Anzahl der Ausgaben beschränkt und die Urschrift ein von Verlust und Zerstörung bedrohtes Meisterwerk.

Viele Bibliotheken der Antike wurden niedergebrannt oder geplündert. Persepolis, die Hauptstadt des Perserreiches, wurde angesteckt, als Alexander der Große die Stadt eroberte. Die Bücher der Phönizier und Karthager wurden in der Bibliothek von Karthago 146 v. Chr. von den Römern vernichtet. Später wurden Rom und andere Städte des zusammenbrechenden Römischen Reichs und wiederholt auch Konstantinopel geplündert.

Ein großer Verlust wertvoller Bücher geht zu Lasten Julius Cäsars bei der Eroberung von Alexandria. Da er selbst Schriftsteller war, lehnte er eilig die Verantwortung ab und kreidete den Büchersturm der einheimischen Bevölkerung an, weil sie ihm Widerstand geleistet hatte. Die Bibliothek von Alexandria erholte sich von dieser Zerstörung und wurde noch einmal Zentrum der Gelehrsamkeit und Hort der Bücher aus den Ländern des Mittelmeers. Bis Omar, der dritte Kalif des Islams, Millionen von Bücherrollen zur Heizung der städtischen Bäder verbrennen ließ. (Der Vorrat reichte sechs Monate.) Das war im Jahr 636 n. Chr., als sein General Amru Alexandria eroberte. Der Kalif soll gesagt haben: »Entweder stimmen diese Bücher mit dem Koran überein oder nicht. Stimmen sie mit ihm überein, dann ist der Koran allein genug; ist dies nicht der Fall, dann sind die Bücher verderblich. Laßt sie deshalb verbrennen.«

Bücher wurden nicht nur im Verlauf siegreicher Feldzüge vernichtet. Viele wurden von den übereifrigen Christen der Frühzeit zerstört, oft auf den ausdrücklichen Befehl der Bischöfe und mit einem Eifer und Argumenten, die denen Omars ähnelten, obwohl sie ihm einige Jahrhunderte zuvorkamen.

Auch aus anderen, verständlicheren Gründen wurden alte Dokumente vernichtet. Beispielsweise verwandte man sie für neue Schriften, radierte oder kratzte Passagen aus und schrieb über den ursprünglichen Text hinweg. Dies geschah besonders im frühen Mittelalter, als neues Schreibmaterial immer knapper wurde. In Ägypten wurden Manuskripte sogar zur Verpackung von Mumien benutzt, ein grausiges, aber recht wirksames Verfahren, durch das einige alte Chroniken gerettet worden sind.

Neben der Zerstörung von Dokumenten in der Welt des Mittelmeers und des Vorderen Orients im Verlauf kriegerischer Ereignisse, im Siegestaumel und aus Fanatismus finden wir in China den einmaligen Fall, daß eine Einzelperson die schriftlich überlieferte Vergangenheit auslöschte, um sich selbst unsterblich zu machen. Das war, als Schi Huang-ti, der Einigungskaiser der Tsin-Dynastie (nach der wir China benennen), auf den Gedanken kam, die chinesische Geschichte solle mit ihm beginnen. Im dritten vorchristlichen Jahrhundert ordnete er (213 v. Chr.) die Verbrennung aller Bücher an (auch der Schriften von Konfuzius). Gelehrte, die sich weigerten, wurden zu der ungewohnten und oft gefahrvollen Arbeit am Bau der Großen Mauer abkommandiert. Der Kaiser ließ nur noch Bücher über Medizin, Landwirtschaft und Zauberkunst gelten. Da die Wissenschaft in China schon sehr früh einen hohen Stand erreicht hatte, wissen wir nicht, was dabei alles an Kenntnissen und Hinweisen verlorenging.

Gewisse medizinische Praktiken indes, die aus jenen alten Zeiten stammen wie die Akupunktur, werden heute noch in China angewandt. Bestimmte Stellen des Körpers werden mit langen Nadeln gestochen, um das Gleichgewicht von Yang und Yin, der positiven und negativen Kräfte im Körper, zu erhalten.

Der Kompaß könnte ein Beispiel für wissenschaftliche Erkenntnisse sein, die als Zauberei eingestuft wurden, während ihre tatsächliche Bedeutung vergessen und erst später wiederentdeckt wurde. Chinesische Zauberer verwandten polierte Eisenerznadeln, die balancierend in der Schwebe gehalten wurden, um die Zukunft vorauszusagen. Sie dienten nicht allein der Zauberkunst, sondern auch der Richtungsbestimmung von Schiffen und Landfahrzeugen, da die Zeiger genau nach Norden und Süden wiesen.

Der Südpol wurde von den alten Chinesen als Hauptpol betrachtet (vielleicht in Erinnerung an frühere Reisen).

Es ist nicht geklärt, ob die alten Chinesen das Schießpulver im eigenen Land entwickelten oder diese Erfindung aus einer älteren Quelle übernahmen, wie dies bei den frühen Bewohnern von Indien der Fall war. Der Gebrauch von Explosivstoffen im Fernen Osten scheint sehr viel älter, als man ursprünglich annahm, und diente offenbar nicht dem Vergnügen, sondern der Kriegführung. Eine Art von Sprengkörpern wurde von den Indern gegen Alexander den Großen eingesetzt, und auch die Chinesen wehrten sich mit Explosivraketen gegen Überfälle von Mongolen und Turkvölkern. Tatsächlich hat das kaiserliche China der letzten Dynastie sogar einmal eine Schlacht gegen moderne Eroberer gewonnen. Vor fast zweihundert Jahren wurde ein früher russischer Vorstoß in den Osten zurückgeschlagen. Gewiß hatten die Russen Gewehre und die Chinesen nur Pfeil und Bogen, Schwert und Speer, aber sie besaßen auch Raketen.

Laut jüngsten Berichten beschäftigen sich die chinesischen Wissenschaftler heute nicht nur mit den alten Schriften Chinas, um geschichtliche Lücken zu schließen, sondern auch um zu sehen, ob wissenschaftliche Erkenntnisse aus den alten Texten zu gewinnen sind. Sie sind, wie es damals üblich war, in mehr oder minder verschlüsselter Form geschrieben, weil die Kaste der Gelehrten die Überlieferung des von ihr kontrollierten Wissens geheimhalten wollte. Analoge Untersuchungen alter arabischer Schriften finden in Rußland und den arabischen Ländern statt. Möglicherweise könnten sich dabei interessante Hinweise auf Raketen, Explosivstoffe und chemische Versuche ergeben, die aus älteren Quellen in die großen Moslemzentren von Cordova, Granada, Kairo und Bagdad gelangt sind. Man würde dadurch, wie es bei der Piri-Reis-Karte der Fall ist, Aufschluß über den Stand der Wissenschaften in einer fernen Vergangenheit erhalten, vielleicht auch Einsichten gewinnen, die für die zukünftige Entwicklung Bedeutung haben.

Die Vernichtung alter Chroniken nahm ihren Fortgang mit

der Entdeckung und Eroberung der Neuen Welt, als allenthalben eifernde Priester die Schriften der Indianer, die sie für Teufelswerk hielten, in Flammen aufgehen ließen. So geschah es auch in Yucatan, wo Bischof Diego de Landa die Vernichtung aller auffindbaren Maya-Handschriften veranlaßte. Da sie auf Borkenpapier geschrieben waren, brannten sie trefflich. Wahrscheinlich wurde dadurch eine Möglichkeit zur Entzifferung der vielen in Stein gemeißelten Glyphen und der drei Bücher beseitigt, die dem Brand entgingen — die Zahl erhöhte sich übrigens versuchsweise auf vier, als 1971 aus »vertraulichen« Quellen ein weiteres Buch auftauchte.

Seltsamerweise interessierte sich Bischof de Landa später für eben jenes Material, das er vernichtet hatte, und begab sich an die Erforschung der erhalten gebliebenen Schriften. Als Frucht seiner ziemlich konfusen Studien entwickelte er mit Hilfe einiger Mayas, die ihm verwirrt alles bestätigten, was er hören wollte, ein erfundenes Alphabet der Mayaschrift. (Tatsächlich besteht sie nicht aus Buchstaben, sondern aus Bildzeichen, einer Art von Hieroglyphen, von denen wir auch heute noch nur einige wenige entziffern können.) Dieses Phantasie-Alphabet hat erheblich zur Verwirrung der Forscher im neunzehnten Jahrhundert beigetragen. Beispielsweise, als es von zwei französischen Wissenschaftlern zur Übersetzung von Teilen einer der erhaltenen Maya-Handschriften — des *Codex Troano* — herangezogen wurde. Mit seiner Hilfe gelangten Brasseur de Bourbourg und Auguste Le Plongeon zu der Auffassung, daß die von ihnen studierten Textstellen das Versinken des »Landes der Lehmhügel, Mu . . . im Ozean, zusammen mit 64 Millionen Bewohnern . . . vor 8060 Jahren . . .« beschrieben. Man wird dabei an einen Ausspruch erinnert, den der Historiker Robert Silverberg bei ähnlicher Gelegenheit machte: ». . . es hat die Faszination einer Wahnvorstellung, wie eine monströse Brücke, die aus Zahnstochern konstruiert ist . . .«

Es ist zwar nur ein sehr geringer Teil vom Wissen alter Zeiten auf uns gekommen. Vieles davon können wir nicht lesen, und das

Lesbare ist wieder und wieder mit Fehlern und Auslassungen abgeschrieben worden. (Die Seekarten des Altertums scheinen nach jeder Abzeichnung weniger korrekt). Trotzdem sind geheimnisvolle und rätselhafte Zusammenhänge unübersehbar, die wie ein roter Faden in allem auftauchen, was für uns von der Wissenschaft der Vergangenheit greifbar ist.

Eine Seite aus dem Manuskript de Landas mit dem Maya-Alphabet, dessen Entzifferung noch der Entdeckung harrt. Ziffern und kalendarische Daten konnten teilweise schon gedeutet werden.

Mancherlei weist darauf hin, daß das Altertum astronomische und andere wissenschaftliche Kenntnisse besaß, für die unseres Wissens damals die Voraussetzungen fehlten. Nach unserer Vorstellung vom Stand der technischen Entwicklung jener Zeit war keine Möglichkeit vorhanden, die entsprechenden Beobachtungen zu machen. Noch erstaunlicher ist, daß diese Kenntnisse aus einer äußerst frühen Periode zu stammen scheinen, daß sie den Völkern anscheinend schon zu Beginn ihrer kulturellen Entwicklung bekannt waren, als hätten sie das Wissen von Anfang an besessen und nicht erst langsam erworben.

Aus einer ganzen Reihe von Einzelheiten geht klar hervor, daß die Babylonier und andere frühe Völker sehr viel mehr von der Astronomie wußten als die Völker, die in all den Jahrhunderten bis zur Renaissance nach ihnen kamen. Anscheinend wurde dieses Wissen sehr früh erworben, vererbt und weitergegeben, oft in Form von Legenden, und tauchte dann hier und dort an unerwarteten Stellen auf und zu Zeiten, in denen es logischerweise gar nicht hätte vorhanden sein können. Zum Beispiel hält man es für unwahrscheinlich, daß die Babylonier so etwas wie unsere modernen Teleskope besaßen, aber ohne Fernrohr hätten sie bestimmte astronomische Details, die in ihren Schriften vorkommen, nicht sehen, beobachten und aufzeichnen können.

Rawlinson, einer der besten Kenner der alten Kulturen Mesopotamiens, war überrascht, als er bei den Babyloniern völlig unvermutete Kenntnisse von den Planeten entdeckte. Er meint, es sei »ganz offensichtlich, daß sie die vier Satelliten des Jupiter beobachteten«, und es gebe »gute Gründe anzunehmen, daß sie . . . die sieben Satelliten des Saturn gekannt haben . . .«

Babylonische Bücher in Keilschrift auf gebrannten Tontafeln erzählen von den »Hörnern der Venus«, die wir als »Phasen« der Venus bezeichnen und die ohne Teleskop nicht zu sehen sind. Das Sternbild, das noch immer, wie in alter Zeit, den Namen Skorpion trägt, sieht einem Skorpion nicht besonders ähnlich. Doch eine gewisse Ähnlichkeit ergab sich, wenn man durch ein Fernrohr blickte. Dann wurde ein Komet sichtbar, der den

»Schwanz« des Skorpions bildete. Seltsamerweise wurde das Sternbild auch von den Mayas als »Skorpion« bezeichnet. Dies läßt entweder auf eine gemeinsame Tradition schließen oder darauf, daß die frühen Mayas den Kometenschwanz von ihren solide gebauten, exakt ausgerichteten Urwaldobservationen ausmachen konnten.

Wissenschaftliche Erkenntnisse wandern zuweilen in Form von Legenden durch die Jahrhunderte. Die Babylonier und ihre Vorgänger, die Sumerer, sowie noch frühere Völker beobachteten die Form und monatliche Wiederkehr bestimmter Sternbilder und benannten sie nach Menschen, Dingen und Tieren. So entstand die Bezeichnung Tierkreis. An die symbolische Bedeutung, die sich mit den Tierkreiszeichen und den Sternbildern selbst verband, glauben heute noch viele Menschen.

In den verschiedensten Museen werden Tontafeln aus Mesopotamien in beträchtlichen Mengen aufbewahrt. Einige hatten die Brände der Eroberer vernichtet, andere wurden nur noch härter gebrannt und haben die Städte und Kulturen, die sie hervorgebracht hatten, überdauert. Teile der Bibliothek des assyrischen Königs Assurbanipal befinden sich heute im Britischen Museum in London. Dieser Bücher sammelnde König soll einst zu einer Gruppe von Gelehrten gesagt haben: »Es gab . . . in der Wüste . . . vor langer Zeit mächtige Städte, von denen selbst die Mauern verschwunden sind. Aber wir haben noch Aufzeichnungen in ihrer Sprache auf unseren Tafeln . . .«

Noch sind viele der Tontafeln aus dem kaiserlichen Palast von Ninive nicht übersetzt, teils mangels qualifizierter Übersetzer und zum Teil, weil das vorhandene Material sich vorwiegend mit Mathematik und Astrologie zu beschäftigen scheint. So ist ganz ungewiß, was die Keilschrift der unübersetzten Tafeln vielleicht noch an überraschenden Informationen enthalten mag.

Es ist eigentlich unbegründet, den Wert dieser Aufzeichnungen wegen ihres astrologischen Inhalts herabzusetzen. Denn Astrologie bedeutet »Kenntnis der Sterne« und Astronomie »Gesetz der Sterne«, und für die Bewohner Mesopotamiens waren beide Disziplinen genau dieselbe Wissenschaft. Vielleicht haben die Menschen am klaren Himmel der Wüstennächte erstmals den Lauf des Mondes, der Sterne und der Planeten verfolgt und Betrachtungen über ihren Einfluß angestellt. Diese Wissenschaft hat schließlich das Zahlen- und Zeitsystem, die Einführung des Kalenders, die Schrift und die höhere Mathematik inspiriert und hervorgebracht. Ein babylonisches Astronomiebuch erzählt uns, daß »die Sterne die Gestalt von Tieren annehmen«, damit man sie besser erkennen und behalten könne. Als die Kultur sich zurückentwickelte, sah man in ihnen wirklich Tiere, Helden oder Götter.

Eine in der Antike bekannte Sage berichtet von Uranus, der seine Kinder gegessen und danach wieder ausgespien hat. Die grausige Sage zeugt von einer sachkundigen Beobachtung. Mit modernen Fernrohren fand man heraus, daß Uranus tatsächlich regelmäßig seine Monde verdeckt, die dann wieder auf der anderen Seite sichtbar werden. Irgendwelche Beobachter hatten dies jedoch schon einige Jahrtausende zuvor mit einem Apparat wahrgenommen, der offenbar leistungsfähig genug für solche Feststellungen war.

In der Renaissance, als die Wissenschaft zu neuer Blüte gelangte, fragten sich manche Gelehrte erstaunt, woher die Alten ihre Kenntnisse hatten. Sir Walter Raleigh, der bekannte englische Forscher und Seefahrer, wunderte sich in seiner 1616 abgeschlossenen Weltgeschichte, wie die Autoren der Antike von den Phasen der Venus hatten wissen können, die erst kurz zuvor von Galilei entdeckt worden waren.

Ein weiterer und besonders auffälliger Anachronismus findet sich bei Jonathan Swift. In *Gullivers Reisen* beschreibt er im Jahr 1726 unerklärlicherweise die »Sterne« oder »Satelliten« des Mars, die erst 1877 entdeckt wurden. Er macht sogar genauere Angaben: ». . . einige Astronomen . . . haben ebenfalls zwei kleinere Sterne oder Satelliten entdeckt, die um den Mars kreisen, wobei der innere vom Mittelpunkt des Hauptplaneten genau um das Dreifache seines Durchmessers und der äußere um das Fünffache entfernt ist; der erste umkreist ihn in einem Zeitraum von zehn

Stunden, der zweite in einem von einundzwanzigeinhalb . . . was offenbar zeigt, daß sie vom selben Schwerkraftgesetz regiert werden, das auch die anderen Himmelskörper beeinflußt.«

In seinem umstrittenen Buch *Worlds in Collision* (Welten im Zusammenstoß) verweist Professor Immanuel Velikovsky darauf, daß die so nebenbei in *Gullivers Reisen* vermittelte Information beinahe korrekt ist. Swift hat wahrscheinlich seine Angaben nicht erraten, sondern eine Legende oder Tradition verschütteter wissenschaftlicher Erkenntnisse herangezogen.

Thales von Milet, der griechische Wissenschaftler und Astronom, dem auch die Entdeckung der Dampfkraft zugeschrieben wird, soll laut Herodot eine Sonnenfinsternis vor ihrem tatsächlichen Eintreten am 25. Mai 585 v. Chr. richtig vorausgesagt haben. Um den Zeitpunkt einer Sonnenfinsternis zu bestimmen, müssen zuvor drei Beobachtungspunkte festgelegt werden, die 120 Längengrade auseinanderliegen. Bedenkt man, wie begrenzt das Weltbild zur Zeit der Thales-Voraussage angeblich war, wo lagen seine drei Punkte, und auf welche Weise erhielt er von ihnen die nötigen Daten?

Eine rätselhafte Stelle in Dantes *Göttlicher Komödie* läßt den Schluß zu, daß er vom Kreuz des Südens wußte oder gehört hatte. Das war lange Zeit, ehe Forschungsreisen die europäischen Seefahrer mit dem Sternbild vertraut machten, das nach der Überquerung des Äquators sichtbar wird. Folgende sechs Zeilen finden sich am Anfang des Purgatoriums:

Io mi volsi a man destra e posi mente
All' altro polo, e vidi quattro stelle.
Non viste mai fuor ch' alla prima gente.
Goder parea il ciel lor fiamelle:
O settentrional vedovo sito
Pio che privato sei din veder quelle!

Ich wandte mich nach rechts und blickte zum
anderen Pol, und ich sah vier Sterne,

nie vorher wahrgenommen, außer von den ersten Menschen.
Der Himmel schien von ihren Flammen zu glänzen;
O verwitwetes Land des Nordens,
das solch eines Anblicks beraubt ist.

Die Stelle verblüfft nicht allein durch die Erwähnung eines unbekannten Phänomens und der »ersten Menschen«. Man fragt
sich, warum Dante in seinem Meisterwerk astronomisches Wissen vermitteln wollte. Oder waren vielleicht solche Fragmente
antiker Gelehrsamkeit der gebildeten Elite vertraut, die sein Pu-
blikum ausmachte? Außerdem stimmt es wirklich, daß das Kreuz
des Südens vor vielen Jahrtausenden in der nördlichen Hemisphäre zu sehen war. Hat Dante das gewußt? Wenn ja, wie sein Hinweis auf die »ersten Menschen« vermuten läßt, woher wußte er,
daß es noch immer in der südlichen Hemisphäre zu sehen war?
Für die Schriftsteller des Altertums war der rote Planet Mars
der Kriegsgott. Homer und Vergil wiesen eigens darauf hin, daß
zwei Streitgenossen seinen Wagen durch den Himmel zogen, denen man die Namen »Phobos« und »Daimos« — Furcht und
Schrecken — gegeben hatte. Dies ist ein Beispiel aus der Literatur,
wie Wissen in Form einer Legende ausgedrückt wird. Als Asaph
Hall im Jahr 1877 schließlich die Monde des Mars entdeckte,
nannte er sie passenderweise nach den wilden Rossen des Kriegs-
gottes. Es war eine dankbare Geste der Gegenwart für ein wieder-
gefundenes Wissen der Vergangenheit.
Seltsamerweise finden wir an den frühesten Anfängen der Weltgeschichte eine besonders intensive Beschäftigung mit der Mathematik und die Fähigkeit, mit sehr großen Zahlen zu rechnen.
Und es fällt auf, daß diese Talente später von den uns vertrauten
Kulturen der Griechen und Römer vernachlässigt wurden. Unser
eigenes Konzept der Geometrie und Trigonometrie stammt zwar
von den Griechen Pythagoras, Euklid, Hippokrates und anderen;
sie haben jedoch wahrscheinlich von den Ägyptern gelernt, deren
Baumeister schon lange das Hypotenusenquadrat und andere geometrische Daten kannten. Aber am Rechnen mit großen Zahlen

waren die Griechen nicht interessiert. Was die Römer und ihre Mathematiker betrifft, so ist die Vermutung geäußert worden, ihr relativ unbeholfenes Rechensystem sei eine der vielen Ursachen ihres Untergangs gewesen. Es habe versagt, als Geld, Güter, Handel und Einwohnerzahl in dem Riesenreich immer höhere Anforderungen der Berechnung stellten. Die Null wurde von den Römern nicht verwendet, obwohl sie seit Jahrhunderten bekannt war. Ohne die Null aber läßt es sich, um es milde auszudrücken, schlecht rechnen.

Die Babylonier, die Simultangleichungen lösen konnten, waren mit der Null vertraut und konnten ohne Schwierigkeiten mit Zahlen umgehen, die für uns 15 bis 20 Stellen hätten. Solche Zahlen dienten zur Kalkulation von Daten und Zeitangaben kosmischen Umfangs.

Außer dem Zehner- und Zwanzigersystem lehrten uns die Babylonier oder deren Vorgänger das Zwölfer- und Sechzigersystem, das nicht allein für Minuten, Stunden, Monate und Jahre geeignet ist. Es bietet auch bei der Division größere Vorteile als das Dezimalsystem, denn es lassen sich mehr Zahlen durch zwölf als durch zehn teilen.

Die Bedeutung der Zahl Zwölf ging den Astronomen in vorgeschichtlicher Zeit wahrscheinlich durch die immer wiederkehrenden zwölf Sternbilder des Tierkreises auf. Die Erkenntnis, wie wichtig und außerordentlich nützlich die Zwölf ist, muß den ersten Astronomen, die den nächtlichen Himmel beobachteten, das Gefühl gegeben haben, die Götter hätten ihnen eine Botschaft gesandt.

Die Null ist das Geheimnis höherer Mathematik. Die Völker der Frühzeit kannten die Null, doch ging dieses Wissen wieder verloren, als die einzelnen Kulturen sich zurückentwickelten. Die Babylonier ließen eine Stelle für die Null frei (eine sehr geschickte Art, um das »Nichts« auszudrücken), aber mit der Zeit verschwand die Null von der mathematischen Bildfläche, ein Rückschritt, der auch in China zu verzeichnen ist. Die alten Inder, denen man die »Erfindung« der Null zuschreibt, verwandten sie weiterhin, bis sie durch die Araber zurück in den Vorderen Orient und schließlich nach Europa gelangte.

Auf der Indien genau entgegengesetzten Seite der Welt aber wurde die Null jahrtausendelang in den Städten und Observatorien der Mayas benutzt. Die Mayas waren wahrscheinlich die hervorragendsten Astronomen im alten Amerika, obwohl sich offenbar alle seßhaften Stämme und Völker dort eifrig mit dem Studium des Himmels beschäftigten. Von allen alten Völkern haben die Mayas — oder vielleicht ihre Vorgänger, die Olmeken — das Sonnenjahr am genauesten berechnet. Unsere eigene Kultur kennt seine exakte Länge erst seit relativ kurzer Zeit, sie beträgt 365,2422 Tage. Mit Hilfe von Techniken und Kalkulationen, die wir uns bis heute noch nicht völlig erklären können, errechneten die Mayas das Sonnenjahr auf 365,2421 Tage — errichten also eine Zahl, die nur geringfügig von der heutigen Berechnung abweicht.

Das Sonnentor von Tiahuanaco in Bolivien. Es ist aus einem einzigen Block von mehr als zehn Tonnen Gewicht gearbeitet.

Eine ähnlich bemerkenswerte astronomische Leistung ist vielleicht das aus einem einzigen Block gehauene, zehn Tonnen schwere Tor auf dem 3900 Meter hohen Andenplateau von Tiahuanaco in Bolivien. Es steht heute einsam da und führt zu keinem erkennbaren Ziel mehr. Auf dem oberen Teil des Tores ist ein Fries von Bildzeichen eingemeißelt, die sich, wie man glaubt, auf Positionen des Mondes zu verschiedenen Zeiten, auf die Tag- und Nachtgleichen und die Sonnwenden beziehen. Da die wirklichen und scheinbaren Bewegungen des Mondes angedeutet sind, haben die Künstler, die den Fries entwarfen, offenbar die Erdumdrehung gekannt. Das Alter von Tiahuanaco hat man noch nicht ermitteln können. Selbst die Aymara-Indianer, die dort von den spanischen Eroberern vorgefunden wurden, wußten nicht, wer — außer den Göttern — das Riesentor errichtet haben könnte.

Schon in sehr alter Zeit war die Kenntnis von der annähernden Kugelform der Erde bis in die fernsten Gegenden gelangt. Eine frühe Hinduschrift, die *Surya Siddhanta,* beschreibt die Erde als einen Planeten, bei dem es die Relativität zu beachten gilt: ». . . Überall auf der Kugel glauben die Menschen, ihr eigener Platz sei oben. Aber da es sich um eine Kugel in der Leere handelt, warum sollte es ein Oben und Unten geben?«

Aus alten Aufzeichnungen der Inder geht hervor, daß ihnen die meisten Teile der Welt vertraut waren, selbst so exotische und abgelegene Gebiete wie Irland.

Den Hieroglyphen-Inschriften von Sakkara zufolge lernten die Kinder im alten Ägypten, daß die Welt rund ist. Der griechische Physiker *Eratosthenes* hat im dritten vorchristlichen Jahrhundert den Winkel der Sonne um die Mittagszeit in Syene und Alexandria gemessen und danach den Umfang der Erde geschätzt — er hat sich nur um einige hundert Kilometer geirrt. Die meisten Messungen alter Seekarten waren nur möglich, wenn man von der Kugelgestalt der Erde gewußt hat.

Vielleicht findet sich sogar in Platos Dialog *Timaios* ein Hinweis auf den amerikanischen Kontinent. Kritias, einer der Gesprächsteilnehmer dieser vor ungefähr 2400 Jahren niederge-

schriebenen Unterhaltung, schickt sich an, Atlantis zu beschreiben, und macht dabei eine ungemein fesselnde Bemerkung, die
sich auf Amerika beziehen könnte. Er sagt: ». . . in jenen Tagen
konnte man das atlantische Meer noch befahren; es lag nämlich
eine Insel vor der Meerenge, die Ihr die Säulen des Herakles
nennt: die Insel war größer als Lybien und Asien zusammen und
war der Weg zu anderen Inseln, und von diesen Inseln konnte
man auf das ganze gegenüberliegende Festland fahren, das den
wirklichen Ozean umschließt; denn dieses Meer, das innerhalb
der Meerenge des Herakles liegt, erscheint nur wie eine Bucht mit
engem Eingang; aber das andere ist der wirkliche Ozean, und das
ihn umgebende Land wird mit Recht ein Festland genannt . . .«

Platos Hinweise auf das versunkene Atlantis sind noch immer
faszinierend für die Forschung und reizen zu Spekulationen, aber
der Kontinent, den er auf der anderen Seite des »wirklichen Ozeans« erwähnt, ist tatsächlich vorhanden. Zweitausend Jahre vor
Kolumbus muß er ihn gekannt und von ihm gehört haben.

Kolumbus war von einigen Versen im zweiten Akt der »Medea«, die Seneca rund 1500 Jahre zuvor geschrieben hatte, so faszi-
niert, daß er sie abschrieb und oft darauf zurückkam. Obwohl Seneca in seiner »Medea« nicht so ausführlich wird wie Plato, macht
der Auszug nachdenklich:

Venient annis saecula seris
Quibus oceanus vincula rerum
Laxet et ingens pateat tellus
Tethisque novos detegat orbes
Nec sit terris ultima Thule.

Es heißt, daß in späterer Zeit Jahrhunderte kämen,
in denen der Ozean die Bande der Dinge löst,
da werde die ungeheuere Weite der Welt offenstehen
und das Meer neue Länder enthüllen
und Thule nicht mehr das Ende der Welt sein.

Die Vermutung, daß unbekannte Kontinente jenseits des angeblichen Endes der Welt existierten, war eine Quelle der Inspiration für Kolumbus. Er hat seine geplante Reise mit lobenswerter und verständlicher Umsicht vorbereitet und viele klassische Andeutungen und Theorien über die wirkliche Gestalt der Erde gesammelt.

Selbstverständlich meinten in der Antike nicht alle Griechen und Römer, die Erde sei flach. Sie glaubten auch nicht alle an Apoll und seinen Sonnenwagen, an die genau bestimmten Eingänge zum Hades und andere schöne Phantasievorstellungen in bezug auf den Kosmos. Die Nachdenklichen unter den Hindus glaubten ebensowenig, daß die Welt flach sei und von vier gigantischen Elefanten auf dem Rücken einer noch größeren Schildkröte gestützt werden müsse, wie wir an den Weihnachtsmann, Comic-Helden oder den Osterhasen glauben. Wenn wir in alten Schriften Hinweise auf die Monde des Jupiter und Uranus, auf die Ringe des Saturn und Angaben über die Marsmonde finden, kann das gewiß nicht alles »erraten« sein, irgend jemand muß es gesehen haben. Und wenn bei Dante das Kreuz des Südens beschrieben und bei Plato von einem Kontinent mit angrenzenden Inseln jenseits des Atlantischen Ozeans berichtet wird, müssen wir annehmen, daß irgend jemand in vorgeschichtlicher Zeit Reisen in diese Gegenden unternommen hat.

Aus den astronomischen und geographischen »Voraussagen« in älteren Schriften kann man schließen, daß sich in ihnen frühere und weitreichendere Kenntnisse erhalten haben. Gewisse technische Verfahren und Gegenstände jedoch, von denen wir Berichte oder bildliche Darstellungen besitzen, geben der Vergangenheit einen seltsam modernen Hauch.

Napalm beispielsweise erscheint uns als eine äußerst moderne Waffe, aber das »griechische Feuer« der Kriegsschiffe im antiken Byzanz, hergestellt mittels einer Spezialformel aus Naphta und Schwefel oder aus Petroleum und Salpeter, hatte eine ähnliche Wirkung wie Napalm. Die Verbindung war unempfindlich gegen Wasser, brannte noch, wenn Wellen auf die Schiffe schlugen, und brannte selbst noch auf dem Meer, in das die Überlebenden von den brennenden feindlichen Schiffen sprangen. Dieser chemische Kampfstoff wurde entweder in verschlossenen Gefäßen mit Selbstzündung durch Katapult oder Raketen auf die feindlichen Schiffe geschleudert oder durch bronzebeschlagene Flammenwerfer gepumpt. Byzantinische Seefahrer waren häufig mit tragbaren Flammenwerfern ausgerüstet, die sie wie eine Pistole mit sich führen konnten.

Einige der verblüffenden Erfindungen des Archimedes von Syrakus (287-212 v. Chr.) stammen vielleicht aus der Zeit, die er zu Studienzwecken in der Bibliothek von Alexandria verbrachte. Zu diesen Entdeckungen zählen eine Verbesserung der Schraubenpumpe, ferner ein geniales System von Hebeln, Rollen und Greifern, um schwere Gewichte zu heben, mit dem bei der Belagerung von Syrakus römische Galeeren im Hafen umgekippt und versenkt wurden. Und schließlich gehörte dazu ein Gerät, das durch Brechung von Sonnenstrahlen Schiffe in Brand setzen konnte.

Die »Neuerungen« der antiken Welt dienten nicht alle der Kriegführung. Der Palast von Kreta (2500 v. Chr.) hatte fließendes Wasser und Wasserspülung in den Toiletten, die in herrlichen Räumen mit Wänden voller Fresken eingebaut waren. Die Bilder zeigten Delphine und nackte Mädchen, die über riesige Stiere sprangen — vielleicht eine Vorstufe des Stierkampfs. Babylonische Geschäftsleute hatten ihre Büros in großen Backsteingebäuden und diktierten ihren Sekretären Briefe, die auf Tontafeln geschrieben wurden. Die Tonumschläge dieser Briefe sind gelegentlich ungeöffnet gefunden worden; die Geschäftspost war noch darin. Heißes Wasser kam im alten Rom vom Hahn aus Boilern, und allgemein benutzt wurden Thermosbehälter, die Speisen und Getränke von Wasseruhren ablesen, die den Tag und die Nacht in 12 und nicht in 24 Abschnitte teilten. Riesige Steinblöcke wurden von gewaltigen Kränen auf die Bauten gehoben. Als Antriebskraft dienten Sklaven, die in miteinander verbundenen Tretmühlen strampelten.

Den Stand der medizinischen und chirurgischen Praxis des Altertums hat erst das neunzehnte Jahrhundert wieder erreicht oder überschritten. Manche Gehirnoperationen der Ägypter kann man sich bis heute noch nicht erklären oder nachzuahmen versuchen. Ein paar Reste der fortschrittlichen antiken Medizin lebten im Mittelalter im Untergrund fort als Geheimmittel der Magie und der sogenannten Hexen; beispielsweise der Gebrauch von Spinnweben (Penicillin) zur Behandlung von Wundinfektionen. Alte Chroniken aus Indien berichten von plastischer Chirurgie, von Gehirnoperationen und Kaiserschnitten. Man erfährt von Kräuterkuren zur Regenerierung von Vitalität, Gedächtnis, Zähnen, Sehkraft und Teint — ein Thema, das heute nicht weniger interessiert als damals.

In den beiden letzten vorchristlichen Jahrhunderten wurde die Bibliothek von Alexandria das große Forschungszentrum der klassischen Welt. Der griechische Wissenschaftler Hero schrieb ein Werk über Ingenieurtechnik und konstruierte eine »Werkzeugmaschine« zur Herstellung von Schrauben sowie verschiedene hydraulische Apparate. Er war auch in geschichtlicher Zeit der erste, der Dampf als Antriebskraft verwendet hat. In einer Welt jedoch, in der es Sklaven genug gab, wurde diese Erfindung nicht ausgewertet.

In Alexandria hat auch der große Archimedes studiert, der die archimedische Schraube erfunden haben soll. Es gibt jedoch Anhaltspunkte dafür, daß die Ägypter schon Jahrhunderte vorher Schrauben verwendet haben, und diese Erfindung kann zu dem Fundus an Wissen gehört haben, der in Alexandria zur Verfügung stand.

Ktesibios, ein anderer Wissenschaftler aus Alexandria, entwickelte ein Brandbekämpfungsgerät mit einer doppelt wirkenden Pumpe. Der Apparat war besonders nützlich in Städten, in denen die überbelegten Mietshäuser sich bei Feuersbrünsten als wahre Menschenfallen erwiesen. Die übervölkerten Großstadtviertel, eine Folge der Ausnutzungstaktik der Hausbesitzer, bringen wiederum eine eigentümlich moderne Note ins Bild. Rom versuchte eine teilweise Sanierung dieser Zustände mit einem Bauverbot für Mietshäuser, die eine bestimmte Höhe überschritten.

Die Bewohner des riesigen Römischen Reichs kannten indirekte Beleuchtung, »unzerbrechliche« Wände und Fußböden aus glasierten Fließen, Wand- und Fußbodenheizung und in Byzanz sogar Ölheizung für die großen Badeanstalten. Das Aquädukt-System der Römer mit seinen Ventilen und Pumpen war so zweckmäßig und so solide gebaut, daß es in der Renaissance erneuert und erweitert wurde und heute noch in Gebrauch ist. Es lieferte Wasser rasch und in solchen Mengen, daß eine ganze Arena in den Pausen zwischen den Spielen überflutet werden konnte, um Seeschlachten auszuführen.

Kurz vor der Zeit, da das Römische Reich auseinanderfiel und Europa nahezu in die Barbarei zurücksank, war die »Modernisierung« so weit gediehen, daß sogar Mähmaschinen verwendet wurden — vielleicht ein Beispiel dafür, daß Not erfinderisch macht, denn die Sklaven wurden damals immer knapper. In den uns erhaltenen Chroniken sind solche Einzelheiten nicht erwähnt, wurden am Ende auch gar nicht der Erwähnung wert befunden, und man hätte derlei auch nicht vermutet, wenn nicht vor einigen Jahren in Frankreich zwischen römischen Resten eine Skulptur mit der Darstellung einer solchen Mähmaschine auf-

Darstellung einer Mähmaschine der römischen Antike. Steinrelief, Trier, Landesmuseum.

getaucht wäre. (Im vierten Jahrhundert n. Chr. hat der römische Schriftsteller Palladius in seinem Werk über Landwirtschaft diese Mähmaschine beschrieben. Auf deutschem Boden ist in Trier ein Relief mit einer Darstellung der Maschine mit angespanntem Pferd, einem Lenker und einem weiteren Helfer gefunden worden. Siehe Armin und Renate Schmid *Die Römer an Rhein und Main*. Anm. d. Übers.)

Möglicherweise hat die Antike auch Verfahren gekannt, die später in Vergessenheit gerieten. Wir wissen beispielsweise, daß Eisen und Stahl rosten, wenn sie den Elementen längere Zeit ausgesetzt werden. Wir wissen auch, daß die Ägypter im Altertum Eisen verwendet haben; doch wurde dort niemals erhaltenes Eisen gefunden, bis das unberührte königliche Grab des Pharao Tut-ench-Amun geöffnet wurde.

In Indien gibt es jedoch Eisen, das mehr als tausend Jahre lang den Elementen ausgesetzt war und trotzdem nicht gerostet ist. Im Hof des Qutb Minar in Delhi steht die Ashoka-Säule, ein Pfeiler aus gegossenem Eisen, ungefähr neun Meter hoch, der im zehnten Jahrhundert von den Moslem-Eroberern Indiens aus seiner Verankerung in Muttra gerissen und nach Delhi gebracht wurde. Zuvor hatte die Säule mehr als sechshundert Jahre in ihrem Tempel in Muttra gestanden. Auf der Spitze war ein *Garuda,* jene Vogelgestalt, die der Gott Vischnu bei einer seiner wiederkehrenden Rettungen der Menschheit angenommen haben soll. Der *Garuda* und die anderen Säulen, die vielleicht dort gestanden haben, sind längst verschwunden, womöglich in Schwerter der Moslem-Eroberer eingeschmolzen worden. Ungewöhnlich an der erhaltenen Säule ist der Umstand, daß sie nach sechzehn Jahrhunderten noch immer nicht die geringste Spur von Rost zeigt. Das läßt sich vielleicht mit der Verwendung eines geheimen metallurgischen Beiprodukts oder einem entsprechenden Verfahren erklären. Auf alle Fälle erinnert die Säule wieder einmal an alte Techniken, die mit den Jahren vergessen wurden.

(Man nimmt heute an, daß die Säule aus Meteoreisen besteht; es ist chemisch so rein, daß es nicht rostet. Die Frage stellt sich nun anders: Woher kannten die Inder diese Eigenschaft des Meteoreisens, da sie es für eine Säule verwendeten, die Bestand haben sollte? Anm. d. Übers.)

Obwohl man im Altertum den Himmelskörpern Namen von mythologischen Gestalten, Göttern und Helden gab (die ja auch noch immer gebräuchlich sind), haben sich die frühen Beobachter offensichtlich mehr mit der Wissenschaft als mit der Mythologie beschäftigt. Da sie Kenntnis von Erscheinungen hatten, die man mit bloßem Auge nicht wahrnehmen kann, ist zu vermuten, daß einst eine Art Fernrohr bekannt war und später vergessen wurde. Plutarch behauptet, Archimedes habe optische Instrumente verwendet, »um die Größe der Sonne festzustellen«. Obwohl wir solche Instrumente aus alten Zeiten nicht gefunden haben, besitzen wir doch kleinere Gegenstände, die beweisen, daß die Antike über Vergrößerungsgeräte verfügte.

Bereits im Jahr 1853 wurde der *British Association for the Advancement of Science* ein solcher Gegenstand von Sir David Brewster übergeben. Es handelte sich um eine optische Linse, die dem Entwicklungsstand des neunzehnten Jahrhunderts vollkommen entsprach. Ungewöhnlich war nur die Tatsache, daß diese Linse in den Ruinen von Ninive, der Hauptstadt des assyrischen Reichs, ausgegraben worden war, aus einer um 600 v. Chr. datierten Schicht. Soviel man damals wußte, wurden geschliffene Linsen erst 19 Jahrhunderte später erfunden. Man stellte zwar die Authentizität des Fundes nicht in Frage, zweifelte aber doch, ob die vorgebliche Linse tatsächlich eine war und nicht eher ein Schmuckstück oder Dekorationsstück. Jedenfalls war man überzeugt, daß die Assyrer den Gegenstand, der zufällig einer Linse glich, nicht zu optischen Zwecken verwendet hätten. Der Fund aus den Ruinen von Ninive blieb ohne Erklärung und landete schließlich mit Juwelen und anderen Dingen im Britischen Museum.

Seitdem sind verschiedentlich alte Linsen gefunden worden. In Lybien, dem Irak, in Mexiko, Ekuador und selbst in Mittelaustralien. Eine konkav geschliffene Linse aus Obsidian wurde bei Esmeraldas in Ekuador aus dem Meer geborgen, und winzige Konkavspiegel, in einem unbekannten Verfahren geschliffen und wahrscheinlich als Vergrößerungsgläser verwandt, wurden in La Venta in Mexiko ausgegraben. Man schreibt sie der Olmeken-Kultur zu, die gegenwärtig als die älteste Mexikos angesehen wird.

Diese technischen Hilfsmittel sind vielleicht eine Erklärung für die feine Verarbeitung von Metall und Halbedelsteinen in den amerikanischen Kulturen vor Kolumbus. Hyatt Verill hat über das Geheimnis sinniert, »... wie die alten Kulturvölker Amerikas ihre verblüffenden Leistungen zustande brachten und derartig erstaunliche Arbeiten in Metall und den härtesten Steinen ausführten. Wie sie winzige Perlen aus zisel iertem Gold drehten — oft aus mehreren Teilen bestehend — nicht größer als ein Stecknadelkopf; wie sie Topas, Amethyst, Granat, Achat, Bergkristall und andere kostbare Steine schnitten, polierten, perforierten und schliffen; wie sie sprödes Obsidian zu dünnen, polierten Ringen verarbeiteten . . .«

Man muß sich vergegenwärtigen, daß die Kulturen der Indianer lange vor der Eroberung Amerikas ihre Höhepunkte hatten. Fast scheint es, als hätten diese Völker von einem Höchststand aus begonnen.

Ein treffendes Beispiel für Wissen, das verschüttet wurde, betrifft die Kenntnis oder mangelnde Kenntnis vom Rad. Es ist wohl bekannt, was die spanischen Eroberer vorfanden, als sie erstmalig den entwickelten Indianerkulturen von Mexiko, Mittelamerika und den Anden begegneten. Da gab es bemerkenswert gut gepflasterte Straßen, Übergänge über und Tunnel durch die Berge, Dämme durch Seen und lange Hängebrücken. Die Spanier fanden eigentlich alles für ein hochentwickeltes Transportsystem, aber nicht die natürlichen Verkehrsmittel — Wagen oder Karren. Es gab nirgendwo Räder; alles wurde auf Safari-Manier mit Menschenkarawanen befördert oder, wie in den Anden, auf dem Rücken der Lamas oder Menschen. Zu Zeiten der Inkas waren die Läufer *(Chasquis)* fast eine elitäre Kaste. In Staffelläufen kamen sie so schnell vorwärts, daß der Inka in seiner Hauptstadt im Gebirge frischen Fisch von der Küste essen konnte. Nebenbei bemerkt war der Fisch damals sogar frischer als derjenige, der heute in Cuzco, der ehemaligen Inka-Hauptstadt, erhältlich ist. Trotz aller Organisation, Baukultur, technischen Entwicklung und der raschen Beförderung von Waren und Nahrungsmitteln in den Indianer-Reichen hat man das Fehlen von Rädern zum Beweis genommen, daß die Menschen im Amerika vor Kolumbus bei der Steinzeit stehengeblieben wären.

Dieser Theorie widerspricht die Tatsache, daß auf Fundgegenständen aus Mexiko immer wieder Räder auftauchen, meistens auf Modellen oder Spielzeugfiguren, die Hunde (oder Steppenwölfe) auf Rädern und Wagen darstellen. Man hat Objekte mit Rädern an verschiedenen Stellen in Mexiko gefunden — in Cho-

Kleine Hundefigur auf Rädern aus vorkolumbischer Zeit, ausgegraben bei Vera Cruz, Mexiko.

71

lula, Oaxaca, Tres Zapotes und El Tajin in der Nähe von Vera Cruz und in der Republik Panama. Es erscheint nicht wahrscheinlich, daß die amerikanischen Ureinwohner Räder für Spielzeug und nicht für wesentlich wichtigere Zwecke hätten »erfinden« sollen. Auch können wir nicht sicher gehen, daß die runden Scheiben, die man auf den Monumenten der vorkolumbischen Zeit sieht, nicht ursprünglich Räder oder die Vorstufe dazu waren. Wir wissen noch nicht einmal, ob das, was wie Spielzeug aussieht, tatsächlich Spielzeug ist. Artefakte können eine ganz andere Bedeutung oder Verwendung gehabt haben, als wir ihnen von einem Standpunkt aus unterschieben, der dieser Zeit und Kultur entrückt ist.

Beispielsweise rätselt man über die Bedeutung eines ungewöhnlichen Kunstgegenstandes aus Gold und Edelsteinen, der entweder wie ein langer Jaguar oder wie ein kurzes Krokodil aussieht. Das Stück wurde in Gräbern der wenig bekannten, vorkolumbischen Coclé-Kultur in Panama von einer Museums- und Universitätsexpedition in den zwanziger Jahren gefunden und ist jetzt in der *University of Pennsylvania* in Philadelphia zu sehen. Ungewöhnlich an diesem Fund sind die Zahnräder auf einer Achse mit

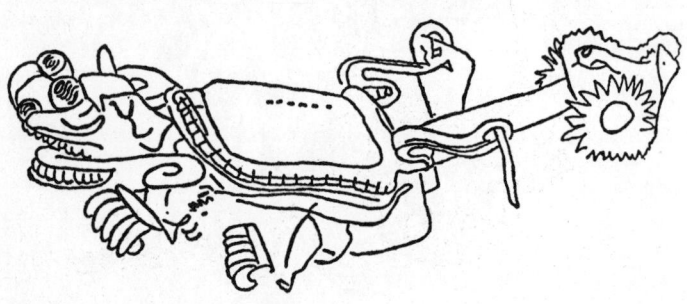

Seitenansicht eines Goldmodells aus einem Fund in Coclé, Panama. Die Figur könnte einen stilisierten Jaguar oder eine Art Bagger darstellen. (Nach einer Zeichnung von Ivan Sanderson)

einem Kipphebel dazwischen und zwei weiteren Kipphebeln hinten. Das Maul des Jaguars hat Zähne wie Baggerschaufeln. Dr. Ivan Sanderson, der den Gegenstand genau untersucht hat und auch mit dem Anblick lebender Jaguare (und Krokodile) vertraut ist, glaubt, das Gebilde sei das Modell einer vorkolumbischen Bo-

Ansicht des Jaguar- oder Baggermodells von oben. Spatenförmige Gebilde sind seitlich und hinten erkennbar. Die punktierten Linien ergänzen verlorene Teile. Rechts unten zum Vergleich Skizze eines modernen Baggers. (Nach Zeichnung von Ivan Sanderson)

denbearbeitungsmaschine oder einer Art Bagger in Form eines stilisierten Jaguars. Er vermerkt: »Die Gelenke an den Beinen sind für ein Tier falsch eingesetzt, aber richtig für eine Maschine.« Da der ungewöhnliche Fund nicht vollständig erhalten ist, bleibt die Frage, ob es sich um das Modell eines prähistorischen Arbeitsgeräts handelt, was einige der baulichen Höchstleistungen der vorkolumbischen Zeit erklären würde, oder einfach um ein Kinderspielzeug mit Zahnrädern, wie im Fall der Hunde auf Rädern, die in einem Land gefunden wurden, in dem angeblich das Prinzip des Rades unbekannt war.

In den Kulturen vor Kolumbus, die von den Spaniern zerstört wurden, und auch in denen der Vorgänger, die zur Zeit der Eroberung bereits verschwunden oder vernichtet waren, findet sich viel Ungewöhnliches und Unerklärliches. Beispielsweise wissen wir nicht, wie die Ureinwohner von Peru mit dem vorhandenen Gerät die riesigen Steinblöcke ihrer Bauten bewegen und präzise zusammensetzen konnten oder wie sie so diffizile Operationen wie eine Schädelöffnung vornahmen, wobei ein Teil des Schädels entfernt und eine Platte aus Gold oder Kupfer eingesetzt wurde. Es gab auch andere schwierige medizinische Eingriffe. Zähne wurden plombiert und geschliffen, und zu einem sehr frühen Zeitpunkt der Geschichte wurden Drogen entwickelt. Rätselhaft bleibt auch, wie die Chibchas in Kolumbien und die Chimus in Peru kostbare Metalle plattierten, ohne Elektrizität zu benutzen. Selbst die Bedeutung der vielen noch vorhandenen Artefakte kennen wir nicht. Weshalb gibt es zum Beispiel überall im Hochland von Kolumbien eine große Anzahl gemeißelter Steinsessel, ohne daß Spuren von Gebäuden in der Nähe sind? Grübeln kann man auch darüber, ob man manche der mühsam angelegten Terrassen an Hügeln und Bergen vielleicht Amphitheater waren und nicht nur Bewässerungszwecken dienten. Es muß einen Grund für den Reichtum an riesigen Steinbällen an der Westküste von Mexiko und Costa Rica geben, aber wir kennen ihn nicht.

Wir kennen noch nicht einmal die wirklichen Namen der vielen untergegangenen indianischen Kulturen, sondern benennen sie einfach nach den heutigen Ortschaften, an denen Funde gemacht worden sind. Einige dieser Abstammungsfragen könnten geklärt werden, wenn wir die Chroniken der Bewohner lesen oder wenigstens finden könnten. Andererseits sind die zahlreichen Maya-Inschriften von der Yucatan-Halbinsel und aus Mittelamerika noch immer ein ungelöstes Rätsel, sieht man von Zahlen und Datumsangaben ab. Im Computerzentrum von Nowosibirsk haben russische Anhropologen und Archäologen die alte Schrift mit modernsten Computermethoden untersucht. Obwohl sie interessante Berichte über die angewandte Arbeitsweise in drei Bänden herausgebracht haben, ist es ihnen bis jetzt nicht gelungen, die Schrift zu entziffern, falls es überhaupt eine Schrift ist. Man hat lediglich eintausend Kombinationen oder einzelne Bestandteile der Mayaschrift identifiziert, die aus ein-, zwei- oder dreiteiligen Glyphen und deren Kombinationen bestehen. Außerdem wissen wir nicht, ob die heutige Maya-Sprache mit ihren verschiedenen Dialekten tatsächlich die Sprache der Maya-Glyphen ist. Die faszinierenden Bildzeichen bleiben vielleicht ein ewiges Geheimnis, wenn nicht, wie von manchen vermutet wird, noch versprengte, tief im Dschungel lebende Erben der alten Maya-Kultur gefunden werden, die das Geheimnis der Schrift bewahrt haben könnten. Eine solche Gruppe, die Lacandon-Indianer in den Regenwäldern von Chiapas, die vor Hunderten von Jahren vor den Spaniern flohen, sind in den letzten Jahren gründlich erforscht worden. Sie hatten einige der Maya-Traditionen bewahrt, aber anscheinend alle Kenntnisse von der Schrift vergessen.

In Südamerika existieren Schriftzeichen, die man an verschiedenen Stellen der Anden und im Amazonasgebiet gefunden hat, aber man kann sie noch immer nicht lesen und deuten. Es gibt auch eine seltsame Legende aus Inka-Zeiten. Sie erzählt, daß eine Schrift einst in Peru und den Nachbarländern bekannt war, aber unter Androhung der Todesstrafe von einem alten Herrscher abgeschafft wurde. Seine Priester hatten ihn gewarnt, die Schrift sei Ursache der in seinem Lande wütenden Pest. Das könnte man

MAYA-GLYPHEN ALPHABET DE LANDA		KRETISCHE SCHRIFT Linear A und Bilderschrift	
Ca			
U			
E			
H			
T			
C			
X »sch«			
U			
Z			
A			
A			
PP	glottalisiertes p		
O			
N			
B			

Maya-Glyphen nach dem Alphabet de Landas im Vergleich zur (bisher noch unentzifferten) kretischen Linearschrift A. Es zeigen sich deutliche Übereinstimmungen, die bisher nicht erklärt werden konnten.

76

auch als allegorischen Hinweis auf die Macht des geschriebenen Wortes betrachten. Außer solchen vagen und unbewiesenen Hinweisen gibt es keine Spuren von einer solchen Schrift. Jedenfalls hat man von ihr bisher keine datierbaren oder erkennbaren Zeugnisse entdeckt.

Die Inkas hatten jedoch einen ungewöhnlichen Einsatz für die Schrift gefunden, dessen Bedeutung wir im einzelnen nicht mehr erschließen können. Es war das *Quipu,* ein Bündel verschiedenfarbiger, geknüpfter Schnüre. Überall im Land fanden die Spanier diese Knotengebilde, die zur Berichterstattung über Bevölkerungszahlen, Produktion, Abgaben, Truppenaushebungen und offenbar für alle statistischen Angaben in dem außergewöhnlich gut organisierten Inkareich benutzt wurden. Es gab eine besondere Kaste von »Quipu-Lesern«, die für die Herstellung und Deutung der geknoteten Schnüre ausgebildet waren. Diese Art der Bestandsaufnahme soll so genau gewesen sein, daß die Inkas angeblich Bescheid wußten, wenn irgendwo in dem großen Reich auch nur eine Sandale verlorengegangen war. Die Quipus waren anscheinend eine Kombination von Schreiben und Zählen oder vielleicht schon die nächste Entwicklungsstufe, die das Alphabet und die Zahlen ausgelassen und unmittelbar zu einer Art Computersystem gefunden hatte. Wenn wir überlegen, welche Variationsmöglichkeiten die Quipus boten, müssen wir nicht nur die Anzahl der Schnüre, ihre Länge und Farbe berücksichtigen, sondern auch die verschiedenen Webarten, die Anzahl und Abstände der Knoten und selbst die Form jedes einzelnen Knotens. Die Kombinationen gehen ins Unendliche, und selbst die Übermittlung des gesprochenen Wortes fällt in den Bereich des Möglichen.

Bei näherem Zusehen ergibt sich ein unerwartet fortschrittliches Bild vom wissenschaftlichen und technischen Stand der alten Kulturen in aller Welt. Neben der Erfindung der Schrift oder anderer Kommunikationsmittel finden wir relativ hoch entwickelte Kenntnisse in der Baukunst, der Mathematik und der Medizin, und aufgrund genauer Beobachtung eine in vieler Hinsicht zutreffende Vorstellung von der Welt und vom Kosmos. Sollte es möglich sein, so fragt man sich, daß auch die frühen Kulturen schon einen Begriff von der Struktur der Atome hatten, eine Vorahnung der Erkenntnis, die vielleicht die höchste und letzte Leistung des modernen Menschen ist?

In der Tat gibt es in alten Quellen dunkle, aber faszinierende Andeutungen, daß einige Kulturen der Frühzeit Kenntnis von der Zusammensetzung der Materie hatten. Unser eigenes Wort »Atom« kommt aus dem Griechischen und bedeutet wörtlich »das, was nicht mehr teilbar ist«. Doch gibt es bei Demokrit einen Hinweis, der allerdings phönizischen Quellen zugeschrieben wird, daß das unteilbare Atom in Wirklichkeit teilbar sei. Einige Texte der alten indischen *Veden* enthalten Beschreibungen von der Verknüpfung der Partikel des Seins, die wir heute mit Hilfe unserer Kenntnisse vom Atom und von den molekularen Wechselbeziehungen verstehen können, während man sie ohne dieses neuentdeckte oder wiederentdeckte Wissen für reine Phantasiegebilde halten mußte.

Auch in alten buddhistischen Texten finden sich Stellen, die als Bild von den molekularen Wechselbeziehungen leicht zu begreifen sind. Sie sprechen von Schilfrohrbündeln, die mit anderen Schilfrohrbündeln zusammenwirken und in Verbindung treten, und von der Notwendigkeit, die Verbindung zu lösen, um der Wiedergeburt und dem Rad des Daseins zu entgehen. Die Idee vom Kreislauf des Daseins ist wohl auch eine frühe Erkenntnis, die sich in der Philosophie des Ostens erhalten hat.

Der indische Schriftsteller und Yogi, Paramhansa Yogananda, hat 1945, im Jahr eins des Atomzeitalters, darauf hingewiesen, daß eine Form der Hindu-Philosophie, die Vaisesika, von dem Sanskritwort *visesas* kommt, das man als »atomare Individualität« übersetzen könne. In alten erhaltenen Sanskritschriften kommt ein Inder namens Aulukya zu Wort, der im achten vorchristlichen Jahrhundert eine überraschend modern wirkende Theorie entwickelt hat. Er behandelt Themen wie die atomare Struktur der Materie, die räumliche Ausdehnung im System der Atome selbst, die Relativität von Raum und Zeit, kosmische Strahlen, kinetische Energie; er erklärt, daß das Gesetz der Schwerkraft auf den »Erd-Atomen« beruhe und daß Hitze molekulare Veränderungen bewirke.

Es wäre erstaunlich, wenn all diese Erkenntnisse längst vergangener Zeiten, deren Wiederentdeckung in der Renaissance begann und noch immer weitergeht, nur Zufallsfunde einzelner früher Astronomen, Mathematiker, Philosophen und Lehrer gewesen sein sollten. Vielleicht wäre es sinnvoller, dieses Wissen als Bruchstücke eines Erbes von einer älteren weitverbreiteten Kultur oder einem System mehrerer Kulturen zu betrachten, von denen nur ein Teil, dem sichtbaren Zehntel eines Eisbergs vergleichbar, auf uns heutige Menschen gekommen und erkannt worden ist.

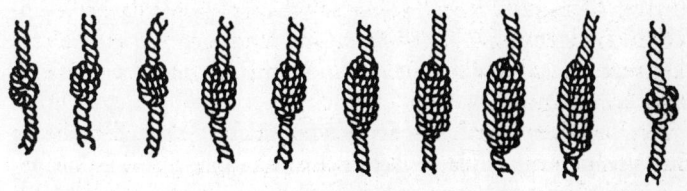

Quipu-Schnüre der Inka. Das Knotensystem dieser Darstellung bezeichnet die Ziffern 1 bis 10. Landesmuseum Lima (Nach Disselhoff.)

IV
Ein Tresor in
der Wüste

*Die Suche nach dem geheimen Schatz in der Cheopspyramide —
Nur ein leerer Sarkophag stand in der Königskammer — Ein
koptischer Bericht von verborgener Weisheit — Napoleons Ingenieure
entdecken die Besonderheiten der Lage — Fast zwei Jahrhunderte
Vermessungsarbeit — In Steinen gespeichertes Wissen — Die nachprüfbaren Zahlenvergleiche — Pyramidenbau als Arbeitsbeschaffung
— Botschaften aus der Vorzeit*

E s gibt vielerlei Hinweise auf eine frühe, hochentwickelte Kultur, mehr oder weniger deutliche Spuren und Zeichen. Aber
vielleicht ist ein greifbares Stück vorgeschichtlicher Zivilisation
uns fast intakt erhalten geblieben. Es ist so solide, daß es fast unzerstörbar ist, und uns so vertraut, daß wir seine eigentliche Bedeutung nicht erkennen. Gemeint ist die Große Pyramide von
Giseh. Sie wird dem Pharao Khufu (griechisch Cheops) zugeschrieben, dem zweiten Pharao der Vierten Dynastie in Ägypten.
Sie soll vor 4500 bis 5000 Jahren erbaut worden sein, ist die größte der 70 ägyptischen Pyramiden, und selbst heute, da etwas von
der Spitze fehlt, ist sie noch 45 Stockwerke hoch (145 Meter) und
besteht aus etwa zweieinhalb Millionen Blöcken, von denen jeder
zwischen zweieinhalb und zwölf Tonnen wiegt.

Doch nicht allein Höhe und Umfang dieser Pyramide sind bemerkenswert. Sie könnte ein Bestimmungspunkt gewesen sein,
von dem Messungen ausgingen, ein Anzeiger der Jahreszeiten
und dazu ein nahezu ewiger Tresor angesammelten Wissens von
einer Interimsepoche der Geschichte zwischen dem Ende einer
älteren Kultur und dem Beginn einer neuen.

Generationen von Grabräubern und von Forschern haben im-

Die Karte des Seefahrers Piri Reis von 1513. Sie ist offenbar nach sehr viel
älteren Karten gezeichnet worden. Am Fuß der Karte sind Landgebiete
der Antarktis wiedergegeben, die nur zu einer Zeit sichtbar gewesen sein
können, als die Antarktis noch relativ eisfrei war.

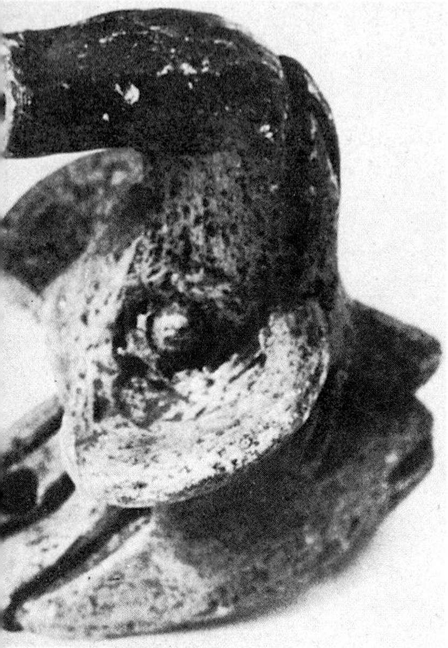

Der „Kandelaber der Anden" an einem Berghang bei Paracas, Peru. Über die Bedeutung der riesigen Felsskulptur gibt es nur Vermutungen. Da sie weithin im Pazifik sichtbar ist, kann sie Seefahrern als Wegzeichen gedient haben.

l. o. ◀ Keramik aus Ekuador; Komposition aus einem Elefantenkopf, einem menschlichen Gesicht und einem Fuß.

r. o. ◀ Steintäfelchen aus Cuenca mit eingravierten Darstellungen von Elefanten, der Sonne und einer Grabstätte.

l. u. ◀ In Cuenca gefundene Steine mit eingravierten Darstellungen aus vorkolumbischer Zeit. Elefanten, Sonne und Schriftzeichen.

r. u. ◀ Goldhelm aus Cuenca mit Symbolen oder Schriftzeichen in einem Gitter.

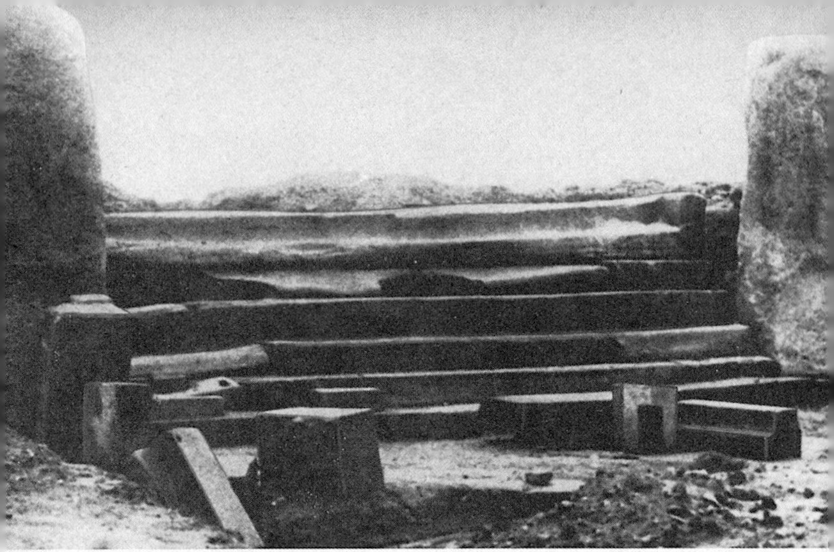

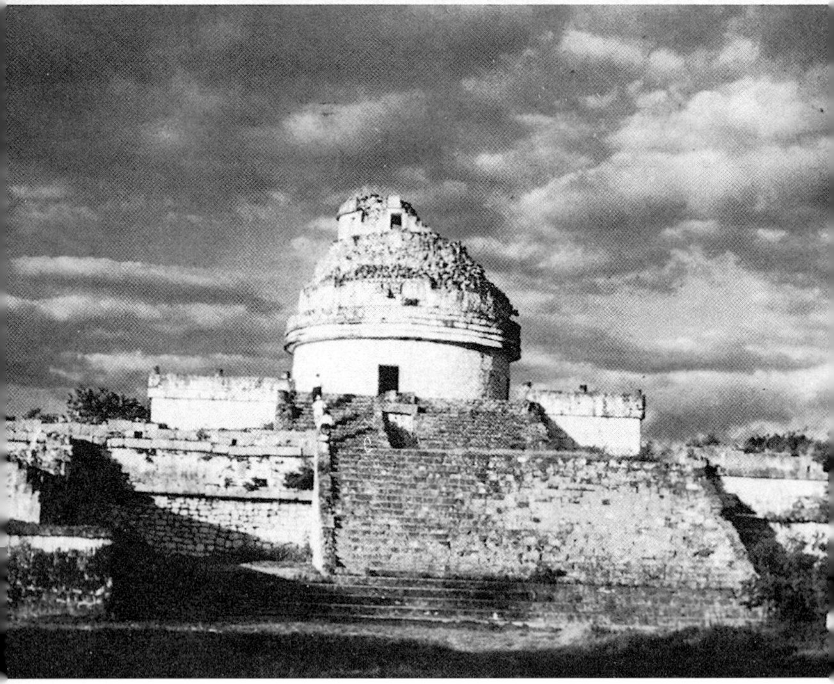

Intihuatana (der „Anlegeplatz der Sonne") in Machu Picchu, Peru. Am ▲
längsten Tag des Jahres, der Sommersonnenwende, fällt der Schatten
eines behauenen Felsens genau passend auf eine markierte Stelle des alten
Heiligtums.

◄ Reste von Treppenstufen und Säulen von Tiahuanaco. Lag diese Anlage
einst am Ufer des Titicacasees? Er ist jetzt 25 Kilometer weit davon
entfernt.

Das Observatorium von Chichen Itza auf Yucutan, Mexiko. Auf welche
Weise darin Beobachtungen gemacht wurden, ist ungeklärt. Man glaubt,
◄ daß die Öffnungen in dem runden Turm auf bestimmte Positionen des
Mondes, der Venus und anderer Planeten und Sternbilder ausgerichtet
sind.

Die Sonnenpyramide von Teotihuacan, Mexiko. Sie hat nur etwa zwei Drittel der Höhe der Cheopspyramide in Ägypten, ihre Grundfläche ist jedoch erheblich größer.

El Panecillo bei Quito, Ekuador. Der Berg – auf der Aufnahme rechts von der Stadt sichtbar – wurde bis vor kurzem für eine natürliche Formation gehalten. Neuere Untersuchungen lassen vermuten, daß er ein von Menschen in der Frühzeit Amerikas angelegtes Gebilde ist. (Foto: Bodo Wuth)

Rundbau unbekannter Bedeutung und unbekannten Alters, der auf dem Gipfel des Panecillo bei einer Ausgrabung freigelegt wurde.

In Cuenca, Ekuador, gefundene Goldtafel mit der Abbildung eines Gebäudes, das in der Form dem auf dem Panecillo ausgegrabenen Rundbau ähnelt.
(Fotos: J. Manson Valentine)

mer wieder nach geheimen Schätzen in der Großen Pyramide gesucht. Im Mittelalter versuchten die arabischen Herrscher in Ägypten, einen Weg zu den Geheimgängen im Inneren freizusprengen. Man hat sie ausgemacht, wieder verloren und in moderner Zeit von neuem gefunden.

Niemals aber, soweit wir wissen, wurde der große Schatz entdeckt, und in der »Königskammer« steht nur ein leerer Sarkophag, ohne Anzeichen, daß der Raum jemals betreten und ausgeraubt wurde.

Der größte Schatz indes war in all den Jahren, seitdem geschichtliche Ereignisse niedergeschrieben werden, zur Hand, doch wurde er nicht als solcher erkannt, bis unser Wissen das der Vorfahren »aufholte« und die verschlüsselte Botschaft lesen konnte. Vielleicht ist nämlich der »geheime Schatz« die Pyramide selbst, die Stelle, an der sie erbaut wurde, ihr Umfang, das System ihrer äußeren und inneren Maße und der Verlauf der Innengänge.

Obwohl allgemein angenommen wurde, die Große Pyramide sei als Grab für König Khufu erbaut worden, tauchten in den langen Jahrtausenden ihrer beredten oder stummen Gegenwart Gerüchte auf, in dem berühmtesten aller Bauwerke sei ein Geheimnis verborgen. Die Sage von einer in ihm verborgenen Weisheit wurde von den Kopten lebendig erhalten. Sie sind eine einheimische christliche Sekte und verfolgen ihre Abstammung bis zu den alten Ägyptern zurück, denn das Christentum gelangte einige Jahrhunderte vor den Moslem-Eroberern nach Ägypten. Noch heute bedienen sich die Kopten einer Kirchensprache, die mit dem Altägyptischen verwandt ist, und sie haben geheime Logen, in denen die Götter des alten Ägyptens noch immer in Ehren gehalten werden.

In einem überlieferten Text der Kopten, verfaßt von Masudi, einem koptischen Schriftsteller des Mittelalters, heißt es:

»Surid . . . einer der Könige von Ägypten vor der Sintflut . . . erbaute zwei große Pyramiden . . . Er befahl auch den Priestern, ihre ganze Weisheit darin niederzulegen und ihre Kenntnisse von den verschiedenen Künsten und Wissenschaften der Mathematik und Geometrie, so daß sie ein Zeugnis wären zum Nutzen jener, die sie eines Tages begreifen könnten . . .«

Der Text beschäftigt sich anschließend mit der Pyramide und liefert Prophezeiungen. An diesem Punkt bricht gewöhnlich die wissenschaftliche Untersuchung, die auf Meßbares und Beweisbares aus ist, ab und betrachtet auch das Vorhergehende mit kritischen, zweifelnden Blicken.

Nachdem die Araber im siebenten Jahrhundert nach Christus Ägypten für den Islam erobert hatten, erfuhren sie sowohl von den koptischen Legenden als auch von dem Schatz und von Manuskripten aus der Zeit »vor der großen Flut«, die in der Pyramide lagern und alle möglichen nützlichen wissenschaftlichen Erkenntnisse enthalten sollten. Es ging dabei auch um Geheimnisse von unmittelbarem Wert, war doch die Rede von nicht rostenden Waffen und unzerbrechlichem Glas. Der Hinweis auf unzer-

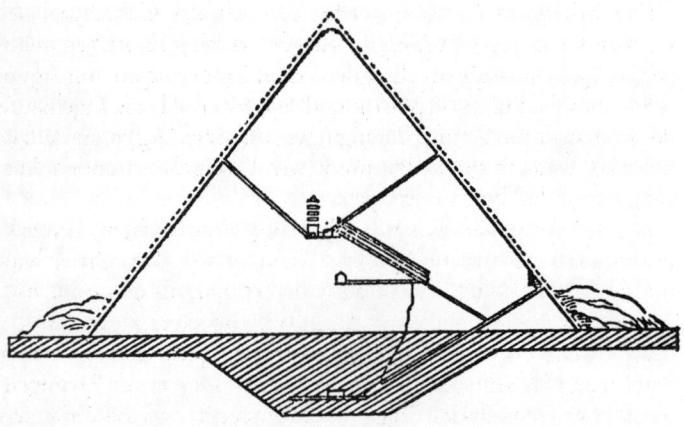

Die große Cheopspyramide im Querschnitt. Das gewaltige Bauwerk soll die Summe aller mathematischen Messung darstellen. In der Mitte die sogenannte »Königskammer«, halbrechts darunter die »Große Galerie« und »Kammer der Königin«.

brechliches Glas taucht immer wieder in arabischen Legenden auf, die von den Geheimnissen der Antike handeln. Stets aufs neue findet sich auch der Glaube, der berühmte Pharos von Alexandria, ein ungefähr 180 Meter hoher Leuchtturm vor dem Hafen, habe auf festen Blöcken aus Glas gestanden.

Gierig auf den tatsächlichen oder vermeintlichen Schatz der Großen Pyramide, befahl Al Mamun, ein Moslem-Kalif im Mittelalter, einem Heer von Arbeitern, die nördliche Seite nach dem geheimen Zugang abzusuchen, den der römische Schriftsteller Strabo erwähnt hatte. Das Unterfangen war ein reines Zerstörungswerk, denn die Techniker des Kalifen verschafften sich mit Sprengungen Zugang zur Pyramide, doch der Lohn blieb aus. Man entdeckte jedoch lange Gänge in der Pyramide. Die Suchtruppen Mamuns gelangten schließlich über weitere Gänge in die Königskammer, dort fanden sie nur einen leeren Steinsarkophag, aber weder König Khufu noch seinen Schatz.

Die Erkenntnis, was vielleicht wirklich das Geheimnis der Großen Pyramide sein könnte, kam fast zufällig im frühen neunzehnten Jahrhundert bei einer der vielen Eroberungen von Ägypten — diesmal durch Napoleon und sein Heer. Als die Ingenieure der französischen Armee darangingen, die Karte Ägyptens aufzunehmen, wählten sie die Pyramide von Giseh als passenden Ausgangspunkt für ihre Messungen.

Als die Techniker diesen Punkt näher untersuchten, bemerkten sie, daß die östliche Pyramidenseite genau nach Osten wies und exakter auf die Polachse ausgerichtet war, als dies ohne moderne Instrumente, wie einen Kompaß, und ohne Kenntnis von der Existenz der Polarachse denkbar war. Diese Kenntnis aber hatte man bis dahin als mehr oder minder »moderne« Errungenschaft betrachtet. In der Folge wurde entdeckt, daß die verlängerten Diagonalen von den südwestlichen und südöstlichen Ecken durch die nordöstlichen und nordwestlichen Ecken der Pyramidengrundfläche genau das Nildelta einschlossen — ein willkommenes Hilfsmittel aus der Vergangenheit, um das Gebiet zu übersehen. Ferner teilte der Meridian, der durch den Gipfelpunkt der

Pyramide führt, das Nildelta fast genau in zwei gleiche Abschnitte. Abgesehen davon schien die Pyramide nicht in einem besonderen Verhältnis zum Nil zu stehen.

Der Standort der Pyramide wäre und war wahrscheinlich ein ausgezeichneter Punkt, um hier den Null-Meridian festzulegen, wie es gegenwärtig in Greenwich der Fall ist. Folgt man nämlich dem durch die Pyramide verlaufenden Meridian, wird offenbar, daß er die Landmassen der bewohnbaren Kontinente in zwei annähernd gleiche Hälften teilt. Folgt man dem Meridian an den Polen vorbei und zur anderen Seite der Erde hin, der »Wasserseite«, wird wiederum ersichtlich, daß er auch den Pazifik in zwei fast gleiche Teile zerlegt.

Der griechische Historiker und andere Schriftsteller der Antike gaben an, die genaue Neigungshöhe der Pyramide sei ein Stadion lang (im alten Griechenland waren das 184,98 Meter). Das ist ein Sechshundertstel von einem Breitengrad. *Agatharchides* von *Knidos* schrieb im zweiten Jahrhundert v. Chr., die Länge einer Seite der Pyramide entspreche dem Achtel einer Minute eines Breitengrades.

Diese Hinweise auf geodätische Maße beruhen auf den erstaunlichen Kenntnissen der Antike von den Dimensionen der Erde. Aus ihnen schloß man, daß bei genauer Betrachtung und Untersuchung der Pyramide noch andere interessante Maße gefunden werden könnten. In den vergangenen 200 Jahren ist die Pyramide immer wieder unter unsäglichen Mühen von einer ganzen Reihe verschiedenster Fachleute ausgemessen worden, von Archäologen, Landvermessern, Astronomen, Kartographen, Ingenieuren, Architekten, Astrologen und Mystikern. Viele von ihnen haben einen großen Teil ihres Lebens und Vermögens geopfert, um die »Geheimnisse« der Pyramide zu studieren und zu interpretieren.

In unserer Zeit wurde die Basis für genauere Messungen freigelegt, und man berücksichtigte dabei auch die fehlenden Steine der Verkleidung, die einst die Pyramide hell unter Ägyptens Sonne erstrahlen ließen, aber im Lauf der Jahre entfernt und für andere Gebäude verwendet wurden. Genaue Messungen der Pyramide von innen und außen haben uns eine Reihe von Dimensionen vermittelt, deren Ergebnisse fast so verblüffend sind wie die Theorie, die Maße und Windungen der inneren Gänge und Kammern würden die Vergangenheit rekonstruieren und die Zukunft voraussagen.

Die zahlreichen Theorien, die aus den Messungen Aussagen über die Vergangenheit und die Zukunft herauslesen, entziehen sich jeder genaueren Überprüfung. Die vorausgesagten Endergebnisse sind zudem recht pessimistisch, denn laut den Prophezeiungen beginnt der allgemeine Zerfall der Welt 1962, und der »Kalender« endet im Jahr 2001. Es ist also besser, diejenigen Angaben über die Pyramidenform zu betrachten, die wir kontrollieren und entsprechend werten können.

Die nachprüfbaren Ergebnisse der vorhandenen Messungen sind indes erstaunlich genug. Einige der unschwer nachzurechnenden Vergleiche und Zahlenangaben vermitteln das Gefühl, die Pyramide von Giseh sei in der Tat eine Bibliothek gewesen, in der riesige und äußerst mühevoll zusammengefügte Steine den Platz der leicht zerstörbaren Papyrus- und Pergamentrollen einnahmen. Die Pyramide erscheint als Hort wissenschaftlicher Kenntnisse, als ein gigantischer Tresor in der Wüste, der künftige Völker mit entsprechender wissenschaftlicher Vorbereitung erwartet hat.

Die Pyramidenbauer kannten offenbar den genauen Wert der Zahl *pi* (3,1416), denn diese Zahl erhält man, wenn man die Summe der Grundseiten durch die doppelte Pyramidenhöhe dividiert. Dies ist die übliche Methode, das Verhältnis eines Kreisumfangs zu seinem Radius zu errechnen. Griechische Mathematiker, auch Archimedes, waren niemals näher an den Wert der Zahl *pi* als 3,1428 herangekommen — und dies Tausende von Jahren nach dem Bau der Pyramide. Vielen Dimensionen und ihren Beziehungen in der Pyramide liegt eine Maßeinheit zugrunde, die fast genau dem englischen *inch* (2,5 cm) entspricht. Man glaubt, daß der »Pyramideninch«, die Pyramideneinheit, auf der Kenntnis von der tatsächlichen Größe der Erde beruht, denn 50 solche

Pyramideneinheiten ergeben eine Länge von fast genau einem Zehnmillionstel der Polarachse.

In der wissenschaftlichen Revolution, die auf die Französische Revolution folgte, legten die französischen Wissenschaftler den Meter als Längeneinheit fest; sie hielten ihn für den vierzigmillionsten Teil eines Meridians. Tatsächlich ist er um ein Fünftausendstel kürzer, denn die Umrisse der Erde sind nicht regelmäßig, und jeder Meridian hat seine eigene Länge. Daher müßte eine genauere Einheit nicht vom Meridian ausgehen, sondern von der gleichbleibenden Länge des Polarradius oder der Polarachse. Somit wäre das ägyptische System logischer gewesen als das gegenwärtige.

Mit der Festsetzung der Pyramideneinheit wird eine frappierende Serie von Übereinstimmungen klar: die Summe der Grundseiten der Pyramiden geteilt durch hundert ergibt die Anzahl der Tage im Jahr oder 365,240 Pyramideneinheiten. Die Höhe der Pyramide mal eine Million Kilometer ergibt die ungefähre Entfernung zwischen Erde und Sonne. Eine Pyramideneinheit, mit hundert Millionen Kilometer multipliziert, gibt fast, aber nicht ganz, die von der Erde auf ihrer Bahn um die Sonne an einem Tag zurückgelegte Strecke an. Der geringfügige Unterschied läßt sich durch die Erweiterung der Umlaufbahn um die Sonne im Zeitraum von 5000 bis 6000 Jahren erklären.

Verdoppeln wir die Länge der vier Pyramidenseiten an der Basis, erhalten wir fast genau den Gegenwert von einer Minute eines Grades am Äquator. (Die aus der Pyramide errechnete Zahl beträgt 1842,92 Meter, die reale Zahl ist 1842,78 Meter).

Die Konstruktion der Pyramide enthält eine Besonderheit, die man als eine räumliche Darstellung der Quadratur des Zirkels bezeichnen könnte: Nimmt man ihre Höhe als Radius und zeichnet damit einen Kreis, so ist diese Kreisfläche genauso groß wie die Quadratfläche ihrer Basis.

Die Polarachse der Erde neigt sich im Weltraum täglich einem anderen Punkt zu und erreicht nur einmal in 25 827 Jahren ihre ursprüngliche Position. Diese Zahl ergibt sich annähernd in Pyramideneinheiten (25 826,6), wenn man die Diagonalen der Pyramidenbasis addiert.

Das ungefähre Gewicht der Pyramide beträgt nahezu 6 Millionen Tonnen. Multiplizieren wir diesen Wert mit tausend Billionen, erhalten wir das annähernde Schätzgewicht der Erde (5,96 Quadrillionen Kilogramm).

Die Orientierung der Pyramide zum Polarstern liefert einen ungewöhnlichen Hinweis auf ihr Alter. Der Polarstern ist im Innern der Millionen Tonnen perfekt zusammengesetzter Steine klar zu sehen, wenn man durch die Große Galerie hinaufblickt, die direkt von der Königskammer zu einer Öffnung auf der Plattform der Pyramide führt. Man glaubt beweisen zu können, daß der Polarstern, der heute ein Stern des Kleinen Bären ist, zu einer Zeit in die Sicht der Pyramide eingeschlossen wurde, als ein Stern aus dem Sternbild des Drachen der Polarstern war. (Dieser Wandel beruht auf der schon erwähnten Kreiselbewegung der Erdachse, der sogenannten Präzession.)

Solche Überlegungen führen zur Frage nach dem »Verwendungszweck« der Pyramide von Giseh. War sie mehr als nur Grabstätte, Wegzeichen, Hort von Wissen und Messungen und mehr als nur ein Observatorium? Offenbar diente sie neben anderen Zwecken, die wir noch nicht erkannt haben, auch als eine riesige Jahreszeitenuhr und als Kalender. Die weißen Kalksteine auf der Außenfläche, die entfernt worden sind, um Kairo zu bauen, hatten eine leicht konkave Form. Dadurch entstanden Schatten verschiedener Länge, die nicht nur vor die Pyramide, sondern auch auf sie fielen. Sie zeigten das Eintreten der Tagundnachtgleiche im Frühjahr, den Ablauf des Jahres und vielleicht sogar die Stunden des Tages an.

Edmé Françoise Jomard war ein französischer Pionier der Pyramidenforschung. Sein Interesse an der Großen Pyramide stammte aus der Zeit, da Napoleon mit seinen vielen Divisionen von Soldaten und fast einer Division von Wissenschaftlern Ägypten eroberte. Zu Jomards vielen Beiträgen zum Pyramidenthema zählt seine Theorie, daß der leere Sarg aus rotem Granit in der

Königskammer absichtlich leer blieb. Jomard nahm an, er sei kein steinerner Sarg für die Mumie eines Pharaos gewesen, sondern ein Behälter, der ein Standardmaß für Volumen darstellte, so wie ihm auch die Pyramide selbst ein Maß für Entfernungen und andere Meßeinheiten zu sein schien.

L. Sprague de Camp, ein Historiker und Archäologe unserer Zeit, teilt die weit verbreitete wissenschaftliche Skepsis gegenüber dem Bestreben, alles in der Pyramide als Botschaft zu werten. Über den leeren Steinsarg schreibt er:

». . . der Sarkophag soll angeblich ein Standardmaß sein — als ob irgendwer außer einem Verrückten als Standardmaß für Volumen ein Gefäß nehmen würde, das die unpraktische Menge von eineinviertel Tonnen Wasser faßt, um es dann in einem von Menschenhand geschaffenen Berg einzuschließen, so daß man es nicht gebrauchen kann . . .«

Ein weiterer Kommentar lautet: ». . . das wahre Geheimnis der Pyramide besteht darin, daß König Khufu seinen Entschluß änderte, sich dort begraben zu lassen«, da, soweit wir wissen, der königliche Sarg seit jeher leer gewesen ist.

Bei der Beschäftigung mit der Pyramide von Giseh und ihren Geheimnissen taucht die Frage nach den ungefähr 70 weiteren Pyramiden in Ober- und Unterägypten auf. Waren sie alle Grabstätten, oder haben sie auch etwas Bestimmtes angezeigt? Weshalb, wenn sie wirklich die Gräber der Pharaonen waren, gibt es mehr Pharaonen in der Geschichte als in den Pyramiden? Man nehme den Fall des großen Ramses II., dessen Selbstbeweihräucherung die Wände Ägyptens bedeckte und der von seiner Person fast 20 Meter hohe Statuen aus den massiven Felsen von Abu Simbel hauen ließ. (Diese Statuen wurden beim Bau des Assuan-Staudammes vor der Überflutung gerettet, indem man sie aus den Felsen schnitt und am oberen Rand der Talwand aufstellte. Das Unternehmen wurde Jahrtausende nach dem Tod von Ramses durch öffentliche Spenden von Völkern ermöglicht, von denen der Pharao sich nie etwas hatte träumen lassen.)

Es ist möglich, daß einige der anderen Pyramiden Kopien der

größten sind, ohne daß die Erbauer fähig oder gesonnen waren, irgendwelche Botschaften darin zu übermitteln, sondern nur ein Denkmal ihres persönlichen Ruhms schaffen wollten. Herodot hat ein pikantes Stück antiken Klatsches geliefert, als er von einer ägyptischen Prinzessin erzählte, die so erpicht auf eine eigene Pyramide war, daß sie sich an eine enorme Anzahl von Liebhabern verkaufte, um den Bau zu finanzieren. Das ist bestimmt die originellste Begründung in der Geschichte, weshalb eine Prinzessin zur Prostituierten wurde.

Im allgemeinen bringt man Pyramiden, ebenso wie Obelisken, mit der Sonnenanbetung in Verbindung. »Sonnenboote«, mit denen die verstorbenen Pharaonen der Sonne zum Himmel folgen sollten, sind in der Nähe von Pyramiden ausgegraben worden. Sie waren genau von Osten nach Westen gerichtet.

Dr. Kurt Mendelssohn hat 1971 in Oxford eine sehr originelle Theorie vorgebracht. Er meinte, die Pyramiden seien erbaut worden, um die vielen überschüssigen Arbeitskräfte während der drei Monate dauernden Nilflut im Jahr zu beschäftigen. In anderen Worten: der Pyramidenbau geschah im Rahmen eines Wohlfahrtsprogramms, um die Arbeitsverteilung durch Steigerung der Bautätigkeit zu regulieren. Die vielen Pyramiden hätten also den interessanten Nebeneffekt gehabt, die Wirtschaft des Landes in Gang zu halten. Wir wissen durch die Markierungen auf den Pyramidensteinen, daß die Arbeiter keine Sklaven waren und mit Weizen, Bier, Knoblauch und anderen lebensnotwendigen Dingen entlohnt wurden.

Diese Theorie könnte auch für andere Teile der Welt zutreffen, beispielsweise für die unglaublichen Straßen und Bauten des »sozialistischen« Inka-Reichs in Südamerika und für die Mauern und Kanäle Chinas. Die Römer indes kannten kein solches Wirtschaftsprogramm und das Reich brach schließlich unter der Last der »Wohlfahrtsunterstützung« für die Arbeitermassen zusammen. Solche modernen Theorien auf alte Kulturen anzuwenden, deren wahren Standpunkt wir nur erraten können, ist jedoch gefährlich. Wir könnten beispielsweise damit enden, den Auszug der Stämme Israels aus Ägypten auf einen Arbeitskampf über die in den Ziegeln zu verwendende Strohmenge zurückzuführen.

Die Pyramide von Giseh wurde in einer sehr frühen Periode der ägyptischen Geschichte erbaut. Sie wird, was für ein so monumentales Bauwerk seltsam erscheint, nicht von den zeitgenössischen Schriftstellern erwähnt, aber von den Griechen und Römern beschrieben, die Jahrtausende später als Touristen ins Land kamen. Tatsächlich weist die Frühgeschichte Ägyptens eine sonderbare Anomalität auf: Die Epoche der hochentwickelten Kultur scheint gegen Ende des vierten Jahrtausends v. Chr. unmittelbar aus einer früheren neolithischen Kultur hervorgegangen zu sein, offensichtlich ohne die üblichen Übergangsstadien. Die Kultur entwickelte sich nicht, sie war einfach da — Handwerksgeräte, mechanische Fertigkeiten, Kunst, Architektur, das Ingenieurwesen, Medizin, Wissenschaft und große Städte waren anscheinend plötzlich vorhanden. Es sieht beinahe so aus, als sei alles aus irgendeiner anderen Region importiert worden, obwohl die ägyptische Kultur, soweit wir aus der Geschichte wissen, etwa um dieselbe Zeit entstand wie Kulturen im Vorderen Orient, denen sie allerdings überhaupt nicht ähnelt.

Doch dieses erste Aufblühen der Zivilisation, für das die Große Pyramide ein Kennzeichen ist, entwickelte sich nicht sehr viel weiter, und schließlich setzte ein Rückgang ein. So war es auch bei den Frühkulturen Süd- und Mittelamerikas. In ihren Anfängen schienen sie stärker, vitaler und technisch weiter als zum Zeitpunkt ihrer Entdeckung durch die Spanier. Es ist fast, als hätte die Zivilisation eine »Initialzündung« von anderswoher erhalten, einen Impuls, der sich im Laufe der Jahrhunderte abschwächte und seine anfängliche Kraft verlor.

Eine der ausführlichsten und anregendsten Abhandlungen über die Pyramide stammt von Peter Tomkins: *Secrets of the Great Pyramid* (1971 — Geheimnisse der Großen Pyramide). Er kommt zu dem Schluß, die Pyramide sei unter anderem auch ein Observatorium gewesen und wegen der Angaben von geographischen Längen ein Schlüssel zu einer »maßstabgetreuen Karte der nördlilichen Hemisphäre«. Zu den geodätischen und wissenschaftlichen Fähigkeiten der Pyramidenbauer bemerkt Tomkins:

»Wer immer die Große Pyramide erbaute, wußte auch . . ., wie man ausgezeichnete Sternkarten anfertigt, um damit die Längengrade korrekt auszurechnen, vom Globus Karten zu zeichnen und nach Belieben über Kontinente und Ozeane zu reisen.«

Es scheint eine deutliche Beziehung zwischen dem Wissensstand der Menschen zu bestehen, die die Große Pyramide bauen ließen, und dem der Kartographen der frühesten Seekarten, die älter als die antiken Weltkarten und dennoch genauer und umfassender waren.

Nehmen wir an, daß einst in einer fernen Epoche ein Volk eine hochstehende Kultur entwickelte, wie es so viele Legenden bei gänzlich verschiedenen Völkern berichten, müssen wir uns fragen: Was könnte davon übriggeblieben sein? Bedenkt man, wieviel Zeit vergangen ist, die Zerstörungen von Menschenhand, Verfall und Verwitterung, Klimaänderungen und Veränderungen der Erdoberfläche und der Meere, dann ist klar, daß kaum etwas erhalten sein kann an identifizierbaren Gegenständen oder deutbaren Aufzeichnungen. Nur unter besonderen Bedingungen hätte eine Botschaft die Jahrtausende überstehen können. Sie hätte entweder einer tragenden Form bedurft, die durch ihre Größe und Festigkeit unzerstörbar war, oder es hätten Aufzeichnungen sein müssen, die so nützlich und lebensnotwendig waren, daß die Menschen sie immer wieder benutzt und abgeschrieben hätten, einfach weil sie auf Reisen Sicherheit boten.

Die Pyramide von Giseh erfüllt die erste Bedingung, die mittelalterlichen Kopien von Kopien uralter Weltkarten erfüllten die zweite.

V
Die unmöglichen Bauten

*Fundorte unter dem Eis, im Meer, auf schwindelerregenden Höhen
— Unglaubliche Transportwege für Riesenblöcke — Das Rätsel der
Montage mit vielen Winkeln — Ein Pflanzensaft, der Steine weich
macht? — Die seltsame Flüssigkeit in der Huaca — Die zerfressenen
Sporen — Das Blatt, das die Vögel benutzten — Die unbegreifliche
Lage von Tiahuanaco — Berge, die sich als Bauten entpuppen —
Wie man die Pyramiden baute — Eine Riesenfigur auf der Oster-
insel wird aufgerichtet — Bausteine von 1000 Tonnen Gewicht in
Baalbek — Menhire und Dolmen — Megalithbauten von Irland bis
Afrika — Der »Pyramidengürtel« um die Welt — Megalithruinen in
Nordamerika und vor der Küste im Meer*

B eim Versuch, den Spuren vorgeschichtlicher Kulturen in späterer Zeit nachzugehen, vermeinen wir, nur ihr Echo zu hören. Wir vernehmen es in überlieferten Legenden und in den Kopien der alten Landkarten, aus Messungen und wissenschaftlichen
Angaben, die in ihrer Zeit rätselhaft erscheinen. Aber ist das alles?
Gibt es nicht irgendwelche Bauten oder Relikte, die sich durch
ihr Aussehen und die Art ihrer Konstruktion klar von den anderen, leichter erklärbaren Ruinen der Antike abheben?

Bedenken wir den Zeitablauf, den wir aus alten Seekarten herauslesen, besonders aus jenen, die den antarktischen Kontinent
ohne Eis darstellen, dann wären 12000 bis 15000 Jahre zwischen
den Endtagen dieser hypothetischen Kultur und der gegenwärtigen vergangen. Das Klima hat sich seitdem auf der ganzen Erde
entscheidend verändert. Eisen und Stahl, falls sie damals überhaupt verwendet wurden, wären verschwunden. Holzbauten gä-
be es nicht mehr. Ziegelgebäude, wenn auch noch so groß, wären

so weit verfallen, daß man sie nicht von Hügeln oder kleinen Bergen unterscheiden könnte. So war es in Mesopotamien. Große Wohngebiete, selbst Babylon, waren bis vor relativ kurzer Zeit »verloren«, einfach weil die mit Erde oder Sand bedeckten Ruinen nicht mehr auszumachen waren. In Mittel- und Südamerika ist man noch immer dabei, Hügel oder Berge als künstliche Gebilde zu identifizieren, vom Flugzeug aus.

Erkennbare Ruinen einer vorgeschichtlichen Kultur sind vielleicht unter dem kilometerdicken Eis der Antarktis erhalten. Einst war die Antarktis den Seefahrern interessant genug, um die eisfreien Küstenlinien, die Inseln vor der Küste, Flüsse und Berge aufzuzeichnen. So ist es nur logisch, anzunehmen, daß dort einmal Menschen lebten und Handel trieben, was stets ein guter Grund für die Anfertigung von Karten war. Solche vorgeschichtlichen Beweise sind indes für uns zur Zeit unerreichbar — es sei denn, tiefe Bohrungen in der Antarktis würden die Spuren der ehemaligen Bewohner zutage fördern. Schließlich haben die Bagger in Alaska, im arktischen Teil Kanadas und in Sibirien aus dem ewigen Eis eingefrorene Säbelzahntiger, prähistorische Pferde, Mastodonten und andere Tiere ausgegraben, die nicht in die Arktis gehören. Auch alte Siedlungen von beträchtlicher Ausdehnung und fast so groß wie eine Stadt wurden entdeckt, zum Beispiel in Point Barrow und Port Hope in Alaska. An einer Stätte in Port Hope zeugten Funde von der Existenz einer recht hoch entwickelten, vorgeschichtlichen arktischen Kultur. In Gräbern fand man noch die Gerippe; in die Augenhöhlen der Schädel waren Augäpfel aus Elfenbein eingelassen.

Die Entdeckung vorgeschichtlicher Bauwerke in den Ozeanen hat schon begonnen und wird höchstwahrscheinlich noch Aufschlußreiches erbringen. Offensichtlich sind Küsten, Inseln und vielleicht ganze Kontinente mit ihrer Kultur versunken und vom steigenden Wasser verschlungen worden. Dank der Entwicklung neuer Unterwasserausrüstungen dürfen wir in Zukunft wohl eine steigende Anzahl solcher Funde erwarten.

Es existieren jedoch sichtbare Bauten, weder vom Eis noch vom

Meer bedeckt, zum Teil allerdings nur unter Mühen erreichbar, die eine Verbindung zwischen der vorgeschichtlichen und der historischen Kultur sein könnten. Es sind massive Ruinen, die man als die »unmöglichen Bauten« bezeichnen könnte, weil ihre Konstruktion zu einer so frühen Zeit unmöglich erscheint. Primitive Völker wären dazu nicht in der Lage gewesen, jedenfalls nicht mit den technischen Hilfsmitteln, die wir in einem so frühen Stadium vermuten.

Solche Ruinen finden sich an verschiedenen Stellen der Welt, und überall hat die einheimische Bevölkerung nie gewußt, wer sie außer Übermenschen, Riesen oder Göttern gebaut haben könnte.

Hoch in den Anden von Südamerika, auf Berggipfeln und an Abgründen von mehreren hundert Metern Tiefe, sowie auf einsamen Wüstenplateaus, die so hoch sind, daß Menschen und Tiere Atemschwierigkeiten haben, gibt es zyklopische Ruinen. Sie sind ohne den Einsatz moderner Geräte zum Steinschneiden und ohne die Verwendung moderner Transportmittel schlechterdings nicht zu erklären.

Die spanischen Eroberer fanden Inka-Städte, Festungen und Paläste, die auf den Fundamenten und den noch erhaltenen Mauern

Transport von Steinblöcken mit Hilfe von Rollen. Es ist allerdings höchst zweifelhaft, ob mit dieser Methode die Errichtung der großen Baumonumente von Tiahuanaco zu erklären ist.

vorangegangener Kulturen erbaut worden waren. Diese Mauern stehen heute noch da und unterscheiden sich völlig von dem, was die Inkas später dazugebaut haben. Die Erbauer dieser Mauern und Ruinen, unbekannte Völker vor den Inkas, konnten offenbar nicht nur riesige Steinblöcke schneiden und zusammensetzen, sondern sie auch unglaublich weit über Berge, Flüsse und reißende Bergströme schleppen. Manchmal schafften sie das Material, rohe Porphyrblöcke und Basalt, aus Hunderte von Kilometern entfernten Steinbrüchen herbei und transportierten es auf Berggipfel wie den Ollantayparubo in Peru. Es ist fast, als hätten sie die Steine, wie es in den Legenden erzählt wird, dorthin geflogen. Einige der harten Felsen aus Andesin und Granit wiegen zwischen 150 und 200 Tonnen. Auf vielen sind komplizierte Reliefs und Skulpturen eingemeißelt. Das ist auch der Fall bei den riesigen Steinbildwerken und den Stelen, hohen freistehenden Gedächtnissäulen in der Art der ägyptischen Obeslisken, die zu Hunderten in den Maya-Ländern Mittelamerikas stehen.

Hyatt Verrill bemerkt über die offenbar verwendeten Steinbearbeitungsgeräte:

»Kein lebender Mensch, Indianer oder sonstwer, könnte ... die einfachsten ihrer Skulpturen mit den von uns gefundenen Geräten kopieren. Es ist nicht eine Frage von Geschicklichkeit, Geduld, Zeit — es ist einfach nicht menschenmöglich.«

Die Skulpturen indes waren bei weitem nicht die einzige Besonderheit der frappierenden Bauten, mit denen die Wissenschaft sich beschäftigt hat, ohne einer Erklärung auch nur näherzukommen.

Jedem, der die Inka-Ruinen in Peru oder Bolivien besucht, werden die vielen Winkel an den Riesensteinen der ehemaligen Paläste, Festungen und Tempel gezeigt. Diese Blöcke wurden so dicht aufeinandergesetzt, daß selbst der dünnste Zollstock nicht dazwischenpaßt. Einige sind fast viereckig, und andere haben bis zu 32 Ecken, doch jeder einzelne paßt genau auf den Nachbarstein, und dies auf allen Seiten auf der Innen- und Außenfläche. Vielleicht hat man sie auf so seltsame Art zusammengefügt, um sie erdbebensicher zu machen. Das waren sie in der Tat, und sie überdauerten viele der späteren spanischen Gebäude, die auf ihnen erbaut wurden und die mit den Jahren und durch die häufigen Erdbeben in den Anden zusammenstürzten.

Wie hat man diese gigantischen Steine behauen, die Berge heraufgeschleppt und schließlich zusammengesetzt? Für eine so vollkommene Montage hätte man sie in der Mauer probeweise einsetzen müssen, wieder herausnehmen, schneiden und mehrere Male nachmessen müssen. Das ganze Steinwerk aber ist miteinander verzahnt und schwalbenschwanzartig zusammengefügt, und eine so mühevolle Prozedur wäre selbst dann unmöglich gewesen, wenn die Völker vor den Inkas die notwendigen Steinschneidegeräte besessen hätten, um so genau zu arbeiten.

Soweit wir wissen, gab es im Südamerika der Frühzeit keine Geräte oder Maschinen, um mehrfache Montagen so großer Steine zu ermöglichen. So halten sich Gerüchte und Legenden, die alten Baumeister hätten ein »Geheimmittel« besessen. Gemeint ist ein radioaktiver Pflanzenextrakt, der sich in die Steine gefressen und sie aufgelöst haben soll, wobei die Steine angeblich miteinander verschmolzen oder wenigstens an den Rändern formbar wurden.

Wenn eine solche Entdeckung existiert hätte, wäre sie eine Erklärung für die unglaubliche Montage der großen Felsen und für die Kompliziertheit der eingemeißelten Muster, die man dann hätte modellieren können. Auch die Straßenbauten der Inkas, die 4800 Kilometer lange Wege durch Berge, Felsschluchten und über alle möglichen Hindernisse hinweg anlegten, wären dann eher verständlich.

Der Südamerikaforscher Oberst P.H. Fawcett, der 1925 im brasilianischen Urwald bei der Suche nach einer verlorenen, angeblich noch bewohnten Stadt im Gebiet des Xingu-Flusses verschwand, hat sich mit den prähistorischen Baumeistern beschäftigt. Er war der Meinung, sie hätten Steine weich machen können und sie wie formbare Säcke mit Sand oder feuchten Zement »gestapelt«. Die Seiten der Steine hätten sich dann aneinander angepaßt oder wären wie weicher Kitt zu bearbeiten gewesen und danach wieder hart geworden.

Fawcett berichtet von einem Ereignis, das in Peru geschehen sein soll. Dort sollen amerikanische Mineningenieure, die in der Nähe von Cerro de Pasco einen der unzähligen *Huacas* (Grabhügel) untersuchten, einen verschlossenen Behälter entdeckt haben. Solche Behälter wurden ebenfalls als *Huaca* bezeichnet und waren meistens einem Menschenkopf, einem menschlichen Körper oder einem Tier nachgebildet. Die Inkas und die Völker vor ihnen gebrauchten sie als Behälter für Flüssigkeiten, Goldstaub, Maiskörner und andere Dinge, die sich gießen lassen.

Es heißt, die Ingenieure hätten in der *Huaca* noch Flüssigkeit gefunden und versucht, einen der Indianerarbeiter zum Trinken zu bewegen, doch der Mann habe sich angstvoll und heftig dagegen gesträubt, dabei das Gefäß zerbrochen und sei fortgelaufen. Als die Ingenieure nach einer kurzen, nicht sehr ernst gemeinten Verfolgung des Mannes wieder an den Schauplatz des Geschehens zurückgekehrt seien, sollen sie eine seltsame Entdeckung gemacht haben. Der Felsen, auf dem der Behälter zerbrochen und die Flüssigkeit ausgelaufen war, soll weich und formbar gewesen und dann erst wieder hart geworden sein.

Falls es stimmt, daß man aus gewissen Pflanzen Flüssigkeiten herstellen kann, um Felsen weich zu machen (immerhin hat man in einigen den Indianern lange bekannten Dschungelpflanzen unvermutete Schätze, wie Gummi, und betäubende Gifte, wie Curare, entdeckt), dann sind solche Pflanzen jedenfalls noch nicht gefunden worden. Nach Fawcetts Beschreibung wissen wir jedoch ungefähr, wie sie aussehen sollen.

Eine weitere Geschichte wird von einem Mann erzählt, der durch den Wald lief, um sein Pferd zu holen. Plötzlich entdeckte er, daß seine Sporen zum Teil geschmolzen waren. Als er auf der *Chaora* oder der Ranch, zu der er hatte gehen wollen, ankam und auf die zerfressenen Sporen zeigte, wurde er gefragt, ob er durch eine Gruppe niedriger Pflanzen mit dicken, roten Blättern gelaufen sei. Nach Meinung seiner Gesprächspartner waren dies die von den Inkas benutzten Pflanzen, um damit Felsen weich zu machen.

Noch ungewöhnlicher ist Fawcetts Bericht, wie kleine Vögel in den Anden Nistlöcher in massive Felsen picken. Fawcett beobachtete, daß die Vögel den Felsen zunächst mit einem Blatt abrieben und dann erst zu picken begannen.

Es ist Fawcett niemals gelungen, eines solchen Blattes habhaft zu werden. Ungeklärt bleibt auch, weshalb ein so mächtiger Weichmacher nicht auch die Gefäße auflösen sollte, in denen er gelagert wurde. Ebenso ist es rätselhaft, daß sich keine Spuren bei dem Pferd zeigten, das durch die Pflanzen lief. Der Biologe Ivan Sanderson verweist auch auf den Schnabel des Vogels, der offenbar keinen Schaden bei der Berührung des sagenhaften Blattes nahm.

Wie immer es auch geschah, die rätselhaften Steinmonumente sind erbaut worden und stehen seit undenklichen Zeiten auf Berggipfeln und fast nicht zugänglichen Felsen. In gewissem Sinn stellen sie uns vor eine archäologisch vollendete Tatsache: wenn wir es auch nicht für möglich halten, sie sind vorhanden!

»Unmöglich« an Tiahuanaco, einer gigantischen Ruinenstadt am ehemaligen Ufer des Titicacasees in Bolivien, ist vor allem die Tatsache, daß sie in dieser Höhenlage erbaut wurde. Die Stadt steht auf einem einsamen, 3900 Meter hohen Plateau. Diese Höhe ruft die *Soroche*, die schwindelerregende Bergkrankheit, bei allen hervor, die aus tiefer gelegenen Regionen kommen. Das Plateau ist zu hoch, als daß Korn dort wachsen, Katzen dort leben oder weiße Frauen Kinder gebären können. Unvorstellbar, daß ein Volk auf einer solchen Höhe gelebt hat, das zahlenmäßig stark genug war, aus gigantischen Steinen eine Stadt zu bauen. Dennoch müssen trotz der enormen Höhe einst sehr viele Menschen in der Nähe gelebt haben, denn die terrassenförmig angelegten Hügel, ein verlassener Hafen und die ausgedehnten Ruinen zeugen davon.

Als die Spanier nach Tiahuanaco kamen, waren die Quechua- und Aymara-Indianer der Gegend nicht in der Lage, ihnen mehr von der großen, verlassenen Stadt zu berichten, als daß sie von den Göttern erbaut worden sei. Bei genauer Untersuchung stellten die Spanier fest, daß die enormen Steinmauern der Tempel, die auf Grundsteine gesetzt waren, von denen jeder einzelne 100 Tonnen wog, durch silberne Zapfen zusammengehalten wurden. In einer groß angelegten Demontagekampagne gingen die spanischen Eroberer mit Feuereifer daran, die Silberzapfen zu entfernen. Bei späteren Erdbeben sind dann leider viele der Mauern zusammengestürzt, und ein großer Teil der Stadt, Reliefs und Statuen wurden in den Jahrhunderten buchstäblich in Wagenladungen fortgerollt, um andere Gebäude, beispielsweise die Stadt La Paz, aufzubauen. Man hat auch aus den Ruinen einen Bahnkörper für einen Schienenweg angelegt. Übrig blieb nur, was zu groß war, um es fortzuschaffen.

Dennoch reichen die Ruinen, die man hat stehenlassen, für ein archäologisches Rätsel. Unglaublich ist nicht allein, daß man so kunstvolle Skulpturen mit Steinwerkzeugen auf dem harten Stein hat ausführen können, sondern daß die Bausteine geometrisch so exakt geschnitten sind, als seien sie mit Stahlgeräten bearbeitet worden. Ein erhaltenes monumentales Tor, von den heutigen Indianern als Sonnentor bezeichnet (obwohl die Hauptfigur vermutlich den Regengott darstellt), wurde aus einem einzigen Stein von gigantischen Ausmaßen gehauen. Das Tor ist mit rätselhaften Darstellungen geschmückt. Manche sind nicht fertiggestellt, als sei die Arbeit der Künstler plötzlich unterbrochen worden.

Fries mit Bläsern vom Sonnentor in Tiahuanaco.

Über das Alter von Tiahuanaco gibt es gegensätzliche Ansichten. Die Schätzungen schwanken zwischen 1500 und 15 000 Jahren. Die Knochen ausgestorbener Tierarten, die man in der Nähe gefunden hat, weisen nicht unbedingt auf das Alter der Stadt hin. Wenn jedoch ausgestorbene Tiere wie das Toxodon als Zeichnungen auf Scherben von Töpferei erscheinen, ist es angezeigt, die angenommene Zeitspanne für die Existenz einer solchen Stätte zu verlängern. Wiederholt ist die Vermutung geäußert worden, Tiahuanaco, ein Hafen, der nun nicht mehr am Wasser und am tiefen Titicacasee mit seiner Meeresfauna liegt, hätte einst auf Meereshöhe gelegen. Die Stadt soll während einer Erdbewegung, die auch die »neue« Kette der Anden formte, mehr als drei Kilometer in die Höhe gehoben worden sein. Diese Theorie könnte vielleicht die Preisgabe von Tiahuanaco und die Existenz einer »Salzlinie« auf den Bergen der Umgebung erklären.

Der Ursprung von Tiahuanaco ist so mysteriös, die Lage so verlassen und die ganze Anlage so unerklärlich, daß manche der Forscher, die lange genug in Tiahuanaco blieben, um sich an die Höhe zu gewöhnen, das Geheimnis von Tiahuanaco durch ihre Theorien nur noch vergrößert haben.

Einiges davon bezieht sich auf das Sonnentor. Die menschenähnliche Hauptfigur über dem Tor hat Strahlen um den Kopf und hält in jeder Hand etwas, das man für symbolisch dargestellte Blitze halten könnte. Je 24 kleinere Figuren blicken von beiden Seiten auf die Zentralgestalt. Manche ähneln Menschen, andere Vögeln. Vielleicht, wie das oft bei solchen frühen Skulpturen in Südamerika der Fall ist, bezogen sich die Darstellungen auf den Kalender oder hatten eine astronomische Bedeutung. Sieht man sich indes den Kopfputz und das Gesicht dieser Darstellungen genau an, könnte man verblüffende Parallelen zur modernen Technik herauslesen. Das nach oben weisende Auge eines vogelähnlichen Gebildes wirkt wie ein Teil eines Düsenflugzeugs oder eines Unterwasserfahrzeugs, während das Auge eines menschenähnlichen Geschöpfes wie die Abbildung eines Tauchers aussieht. Man hat diese Ähnlichkeiten mit den Legenden von »Göttern vom

Himmel«, die in Tiahuanaco landeten, in Verbindung gebracht und andererseits mit Gerüchten von großen Ruinenstädten im Titicacasee. Cousteau allerdings hat keine gefunden, als er mit einem Unterseeboot einen Teil des Seegrundes erforschte.

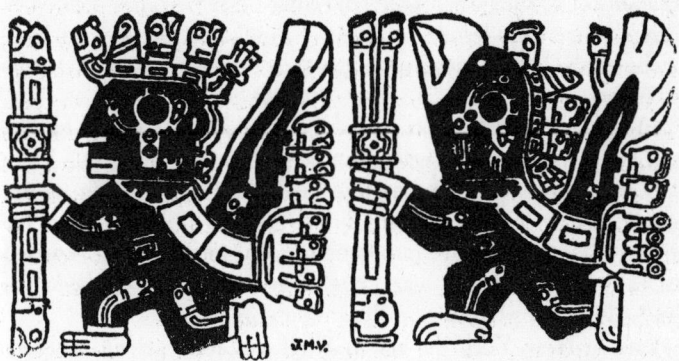

Zwei Figuren aus dem Fries des Sonnentors von Tiahuanaco. Das eigenartige Augenmotiv der Figuren hat man als Darstellung eines Tauchers (links) und (rechts) als Teil eines Düsenflugzeugs oder Unterseeboots zu deuten versucht.

Weil geschriebene oder zumindest lesbare Chroniken fehlen, hat man einige Berge der beiden amerikanischen Kontinente bis heute noch nicht endgültig als das, was sie eigentlich sind oder waren, erkannt — nicht weil man sie nicht gesehen hat, sondern weil sie so groß sind. Einen solchen Fall stellt der *Panecillo* (das Brötchen) dar, der außerhalb Quintos in Ekuador liegt und seinen Namen seiner Brötchenform verdankt. Seit der Zeit, da Quito als die nördliche Hauptstadt des Inkareichs von den Spaniern erobert, niedergebrannt und wiederaufgebaut wurde, ist auf dem *Panecillo* fast ununterbrochen gegraben worden. Dies geschah der üblichen Gerüchte wegen, die Inkas hätten dort Gold, Silber und Schmuck versteckt. Im letzten Jahrzehnt indes wurde die Untersuchung der geologischen Formation — beziehungsweise der fehlenden Formation wegen — eines immer deutlicher: der *Panecillo* ist überhaupt kein Berg. Er ist vielmehr ein riesenhafter, künstlich hergestellter Erdwall, der so lange vor den Inkas gebaut wurde, daß es nicht einmal Legenden darüber gibt. Ausgrabungen auf der Höhe haben eine eigenartige Steinkonstruktion in Form eines Bienenstocks zutage gefördert, die einer Bessemerbirne oder einer umgekehrten modernen Senkgrube ähnelt. Es gibt keinen Hinweis, weshalb das Ganze gebaut wurde und was es wirklich darstellt.

In beiden Teilen Amerikas haben sich viele Berge und Hügel, seit Jahrhunderten zugewachsen und nicht erkannt, als von Menschen geschaffene Pyramiden und Erdwälle entpuppt. Wir wissen heute, daß der Hügel, auf dem die Kirche von Cholula in Mexiko errichtet wurde, eine Pyramidenplattform der Azteken gewesen ist. Die Konstruktion war über 60 Meter hoch und bedeckte mehr Fläche als die Große Pyramide von Giseh.

Ehe in New York die ersten Wolkenkratzer gebaut wurden, war ein vergessener Maya-Tempel in Tikal, Guatemala, das höchste Gebäude der beiden Amerikas. Heute wird er einfach als Tikal IV bezeichnet. Von Bäumen überwachsen stand er jahrhundertelang im Dschungel, obwohl er eher wie ein steiler Turm und nicht wie ein Hügel aussah und eine Höhe von 63,50 Metern hatte. Ebenso hat man aus Ziegeln erbaute riesige Tempel, Paläste und Festungen in Pyramidenform, an der Küste von Peru, ihrer Größe wegen für natürliches Terrain gehalten. Erst Gebäude in ihrer Umgebung, deren Umrisse nur von der Luft aus und nicht vom Boden sichtbar waren, zeigten, daß das Ganze ein von Menschen geschaffener Komplex von Bauwerken war, die der Chimu-Kultur und anderen Epochen der Vor-Inka-Zeit angehören. Während der Revolution in Mexiko haben die Soldaten von Pancho Villa auf einem abgeflachten Hügel einen Artillerie-Posten errichtet, um von dort aus die Regierungstruppen anzugreifen. Der Dauerbeschuß entfernte die Erde von der Plattform einer Azteken-Pyramide, auf der die Soldaten standen.

In den natürlichen Landschaftsformen von Amerika gibt es noch mancherlei zu entdecken. An einigen Teilen des Amazonasgebiets haben Hügel und Felsen eine verdächtige Ähnlichkeit mit Konstruktionen von Menschenhand. Auf dem Marcahuasi-Plateau in Peru finden sich große Partien behauener Felswände mit Darstellungen von Menschengesichtern, Löwen, Kamelen und von Tieren, die Alligatoren, Flußpferden und sogar dem prähistorischen Stegosaurier ähneln. Diese Skulpturen sind nur zu gewissen Zeiten erkennbar, beispielsweise bei der Tagundnachtgleiche im Sommer, wenn die Sonne sie genau im richtigen Winkel anstrahlt und alle Einzelheiten hervorhebt. Im Jahr 1947 wurde in Paraguay durch ein Erdbeben eine Gebirgswand gespalten, dabei trat eine »bearbeitete« Innenwand von ungefähr 36 Meter Höhe und fast eineinhalb Kilometer Länge zutage. Aber auch hier, wie bei anderen »unwahrscheinlichen« Ruinen in Südamerika, erschwerten die Riesengröße und der mühselige Zugang ausführliche Untersuchungen, und es war einfacher, den Fund als »Naturwunder« zu deklarieren.

Andererseits liegt es offenbar nahe, in natürliche Formationen Gebäude oder Darstellungen hineinzuinterpretieren und Gesehenes zu übertreiben. Das könnte bei den großen Kalksteinsäulen in Australien ungefähr 48 Kilometer nördlich des Rope-Flusses der Fall sein. Legenden wollen wissen, diese Kalksteinsäulen seien von einem weißen Volk erbaut worden, das vor Jahrtausenden nach Australien gekommen sei. Ebenso berichteten im Zweiten Weltkrieg Angehörige der US-Luftwaffe, in China gebe es bei Sian-fu in der Provinz Schensi in einem Umkreis von 64 Kilometern enorme, aus Erde errichtete Pyramiden, ungefähr doppelt so hoch wie die ägyptischen und mit einer Grundseite von 450 Metern. Photos dieser vermeintlichen »Pyramiden« sollen im Archiv der US-Luftwaffe lagern, sind aber nie der Öffentlichkeit zugänglich gemacht worden. Die menschliche Neigung, in der Bodenbeschaffenheit Artefakte zu erblicken, fehlt auch nicht beim Mond. In der Sowjet-Zeitschrift »Technologie der Jugend« stand ein Bericht über das Vorhandensein planvoller Konstruktionen auf dem Mond. Sie sind angeblich am 4. Februar 1966 von der russischen Sonde Lunar IX über dem Meer der Stürme fotografiert worden und werden als eine Gruppe von »Steinmarkierungen« gedeutet. Außerdem glauben die Russen, auf einigen von den USA 46,4 Kilometer über dem Meer des Schweigens aufgenommenen Fotos eine Kollektion spitzer Körper oder »spitzlaufender« Pyramiden zu erkennen. Der Sowjet-Wissenschaftler Dr. Iwanow schätzte auf Grund des Schattens, daß eine dieser Pyramiden 15 Stockwerke hoch sei.

Wirkliche Monumente, beispielsweise die Obelisken, Tempel und Pyramiden Ägyptens, sind ebenso geheimnisvoll in bezug auf das in ihnen gespeicherte Wissen, aber das Bauverfahren und die Art, wie das Material transportiert wurde, sind in der Antike aufgezeichnet worden. Die Riesenblöcke wurden durch dehnbare Keile aus dem Stein gehauen, von Flaschenzügen emporgehoben und dann auf Rollen oder großen Schlitten gezogen oder geschoben, die ihrerseits auf glatten, geölten Strecken liefen. Obelisken wurden offenbar über Rampen gehievt und in mit Sand aufgeschüttete Löcher gekippt. Wurde der Sand entfernt, richteten sich die Obelisken auf.

Allgemein nimmt man heute an, daß die Steine der Großen Pyramide über eine gigantische Rampe, deren Höhe sich je nach der Bauhöhe veränderte, emporgezogen wurden. Schließlich soll die Erdrampe so hoch gewesen sein wie die Pyramide selbst — damals fast 50 Stockwerke hoch. Wenn das zutrifft, müßten die von Herodot genannten Zahlen wohl erheblich nach oben berichtigt werden. Herodot sprach von 100 000 Mann und einer Arbeitszeit von 20 Jahren, doch muß man die Zeit für das Schlagen und den

Die Aufstellung von Obelisken mit Hilfe der schiefen Ebene. Diese Methode kann in Ägypten wie in Amerika angewendet worden sein.

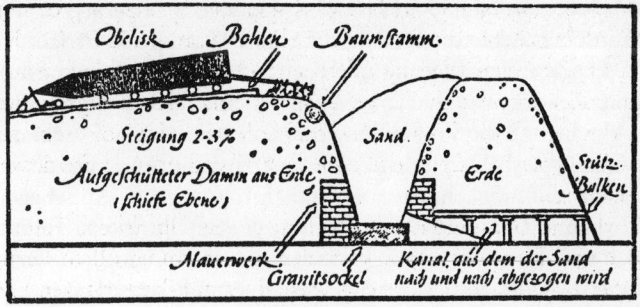

Obelisk — Bohlen — Baumstamm.

Steigung 2-3%

Aufgeschütteter Damm aus Erde (schiefe Ebene)

Sand

Erde

Stütz-Balken

Mauerwerk — Granitsockel — Kanal, aus dem der Sand nach und nach abgezogen wird

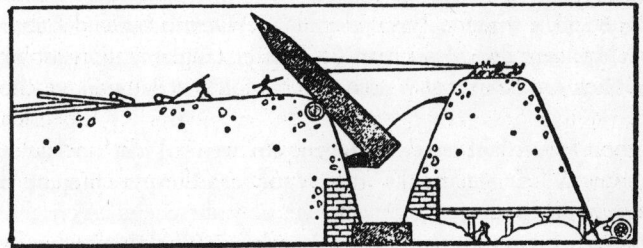

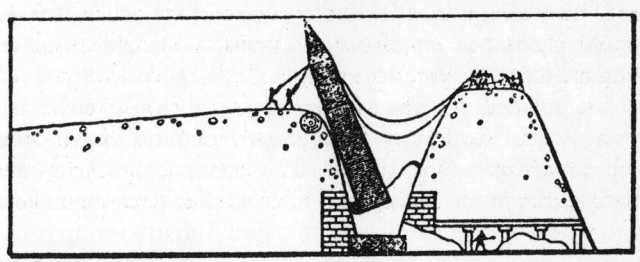

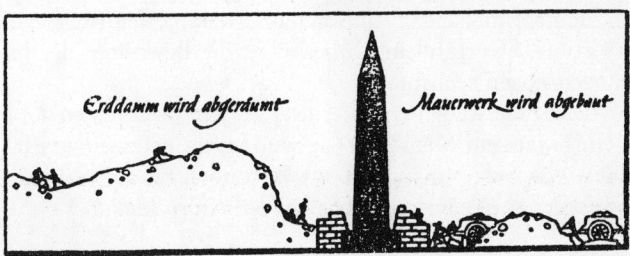

Erddamm wird abgeräumt — Mauerwerk wird abgebaut

Transport der Steinblöcke berücksichtigen, das Personal zur Versorgung der Arbeiter mit Nahrung und Wasser, die Errichtung und ständige Veränderung der Rampe bis in »Wolkenkratzer«-Höhe, die diffizilen Meßarbeiten und schließlich das Aufsetzen der Blöcke und die Verkleidung mit Kalksteinen. Die Pyramiden gehören zwar nicht zu den Bauten, deren Errichtung uns als ein Ding der Unmöglichkeit erscheint. (Ein arabischer Aufseher einer Mannschaft von dreißig Leuten, die mit Hilfe von Rollen, Seilen und Hebevorrichtungen einen Block von einigen Tonnen Gewicht wieder zurück auf die dritte Pyramide setzten, sagte einmal zu dem Archäologen Reisner: »Wenn man es uns befiehlt, können auch wir eine Pyramide bauen.«) Dennoch bleibt die präzise Montage der Masse von Steinen erstaunlich, und fast unglaublich erscheint das Wissen, das zu solchen Bauwerken führte.

Thor Heyerdahl ist es gelungen, ein wenig Licht in das Geheimnis zu bringen, das die Statuen auf der Osterinsel umgibt. Er hat auch in Erfahrung gebracht, wie sie wahrscheinlich errichtet wurden. Auf der Osterinsel im Pazifik, 3760 Kilometer vor der Küste von Chile, gibt es fast 600 gigantische Statuen aus Lavagestein. Man nennt sie *Moai*, es sind Torsos und Köpfe von rätselhaften Steinfiguren, von denen einige fast vier Stockwerke hoch sind und bis zu 50 Tonnen wiegen. Ursprünglich standen Statuen auf steinernen Plattformen und trugen auf ihren abgeflachten Häuptern mächtige Aufsätze aus rotem Stein, der aus einem weit entfernten Steinbruch stammte. Doch als man die Figuren fand, waren die meisten umgefallen, hatten ihre Aufsätze verloren, und bei einigen war der Phallus abgebrochen. Andere wiederum lagen noch im ursprünglichen Steinbruch und waren offenbar gerade in Bearbeitung, als irgendein Unheil über die Bewohner der Insel hereingebrochen sein muß.

Bei der Entdeckung der Osterinsel im Jahr 1722 lebten auf ihr nur einige tausend Menschen (sie wurden im neunzehnten Jahrhundert von Sklavenhändlern aus Peru noch bis auf einhundert dezimiert). Da es kaum denkbar ist, daß ein so kleines Volk zur

Massenproduktion riesiger Steinmonumente fähig gewesen sein könnte, hat man gemutmaßt, die Osterinsel sei einst Teil eines größeren Landmassivs gewesen, das wie Ägypten über genügend Arbeitskräfte verfügte. Man hielt es auch für unmöglich, daß die Bewohner der Osterinsel auch nur den Transport und das Aufstellen der Statuen hätten bewältigen können, denn eine solche Operation ist selbst mit modernen Maschinen nicht ganz einfach.

Nachdem Thor Heyerdal jedoch das Vertrauen der Inselleute gewonnen hatte, entdeckte er bei ihnen Reste einer Überlieferung, wie das Aufrichten der Steinbilder zu bewerkstelligen sei. Er konnte sogar fotografieren, wie eine solche Statue aufgestellt wurde. Die Arbeit wurde von einer größeren Gruppe von Männern ausgeführt, die lange Stangen als Hebel, Seile und Stapel kleinerer Felsen als Drehpunkt und als Stützpunkte benutzten. Psychologisch wurden die Männer auf die Arbeit durch Lieder und Zeremonien eingestimmt, die eine ganze Nacht dauerten und zu denen auch der Tanz einer Jungfrau gehörte. So wurden sie darauf vorbereitet, in völliger Übereinstimmung und gleichem Rhythmus zu arbeiten. Noch immer aber sind die Fragen unbeantwortet, weshalb die Ahnen der heutigen Bewohner der Osterinsel so viele Statuen schufen und warum die Arbeit so plötzlich unterbrochen wurde. Die Legenden der Insel erzählen von Kämpfen zwischen Stämmen und Kasten, von Dezimierung und Massaker und schließlich von Kannibalismus, eine Art von *descensus averni* einer einst entwickelten Kultur.

Ein ähnliches System von Hebeln, Seilen und Steinstützen muß bei der Errichtung der steinernen Säulen von Stonehenge auf der Ebene von Salisbury in England verwendet worden sein und ebenso für die Tausende von Menhiren (unbearbeitete Steinblöcke) und Dolmen (Grabhäuser mit Steindecken) in der Bretagne in Frankreich.

Diese prähistorischen Steinkonstruktionen finden sich besonders häufig an den Küsten des Atlantik und des Mittelmeers sowie auf den Inseln, aber sie erstrecken sich auch durch ganz Europa bis zum Ural. Einige sind von riesigen Ausmaßen — beispielsweise ein Grab in Frankreich, das von Steinen abgedeckt ist, von denen jeder einzelne mehr als 80 Tonnen wiegt. Ein Menhir in Locmariquer in der Bretagne ist 19,5 Meter hoch und wiegt 342 Tonnen.

Die Anlage der gigantischen, abgedeckten Steinkreise von Stonehenge mit ihren architektonischen Besonderheiten wie Zapfen und Nuten im Stein weist eine gewisse Ähnlichkeit mit den Steinbauten von Tiahuanaco und anderen Ruinen der Vor-Inka-Zeit in Südamerika auf. Dies bezieht sich nicht allein auf die Bauweise, sondern auch auf den mutmaßlichen Verwendungszweck. Vielleicht war auch Stonehenge eine große Uhr für die Jahreszeiten oder ein astronomischer Kalender mit Einzelheiten, die wir noch nicht entdeckt haben.

Aus Funden von »importiertem« Schmuck und Waffen kann man schließen, daß wahrscheinlich Vertreter einer höher entwickelten Kultur mit ihren Kenntnissen zum Bau dieser Stätte und auch anderer beigetragen haben. Vielleicht haben die fremden Ankömmlinge auch geholfen, die Maße so zu kalkulieren, daß die Sonne zu Sommersanfang am 21. Juni unmittelbar über dem »schrägen Stein« aufging, der die Hauptachse von Stonehenge markiert. Da sich seit der Errichtung der Male von Stonehenge die Position der Erde zur Sonne geringfügig verändert hat, hat man ausgerechnet, daß die Zeit, in der die Sonne *genau* über dem *Heel Stone* aufging, um 2000 v. Chr. lag. Eine ähnlich geringfügige Abweichung bei einem Markierungspunkt für die Sonnenstrahlen zur Zeit der Tagundnachtgleiche wurde in dem Heiligtum von Machu Picchu in den Anden festgestellt. Die Stätte stammt aus der Zeit vor den Inkas und heißt noch heute *Intihuatana* — Anlegeplatz der Sonne.

Es gibt Ähnlichkeiten bei Bauwerken, die Ozeane voneinander getrennt sind, wenn auch nicht unbedingt im Stil, so doch in ihrem Sinn und Zweck. In Glastonbury in der Nähe von Stonehenge stehen Steine in einem Kreis von ungefähr 48 Kilometern Umfang, der offenbar von oben aus betrachtet werden sollte und einen großen Steinkalender des Tierkreises darstellt. Das Alter die-

ser Konstruktion ist nicht bekannt, aber Reste einer wahrscheinlich gleichzeitigen Siedlung in der Nähe sind nach der Radiokarbondatierung 20 000 Jahre alt. Ein weiteres prähistorisches Stein-
mal von ungewissem Alter und unbekannter Bedeutung befindet
sich an einem Berghang in Dorset und erinnert an den »Kandelaber der Anden«.

Der große Tempel in Avebury in Wiltshire soll viel umfangreicher als Stonehenge gewesen sein. 650 Riesensteine bildeten einst
einen weiten Kreis um einen künstlich angelegten Hügel, doch
im Verlauf der Zeit wurden die Steine für andere Gebäude verwendet, und es blieben nur 20 übrig.

Auf der Ebene von Carnac in der Bretagne stehen Tausende
von Steinen aufrecht in langen parallel verlaufenden Reihen. Vielleicht waren sie einst ein Kalender oder ein Zahlensystem. Vielleicht auch Gedenksteine für Ahnen und Häuptlinge, oder sie
dienten astrologischen oder anderen Zwecken, die wir uns heute
nicht mehr vorstellen können. Die ganze Anlage dieser Stätte erscheint, ebenso wie die von Stonehenge, zwar nicht als Ding der
Unmöglichkeit, doch läßt sie zu prähistorischen Zeiten ein gut
organisiertes Arbeitssystem in Westeuropa vermuten.

Der große Jupitertempel von Baalbek im Libanon wurde zur
Zeit der römischen Kaiser auf einer mächtigen Plattform erbaut.
In ihr befinden sich einige zyklopische Steine, von denen man
sich kaum vorstellen kann, wie sie bearbeitet und transportiert
worden sind. Die Tempelplattform wurde von Baumeistern errichtet, die keine Aufzeichnungen hinterließen. An einer Seite
der Plattform liegen drei gigantische Steine von je 1000 Tonnen
Gewicht, also größer und schwerer als alle, die man jemals in antiken Gebäuden gefunden hat. Doch sie werden noch von einem
Stein übertroffen, der zwar aus dem Steinbruch herausgehauen,
aber niemals abtransportiert wurde. Er wiegt nicht weniger als
2000 Tonnen.

Die ungewöhnliche Größe der Steine läßt an die Festungen der
Vor-Inka-Zeit in Sacsahuaman, Cuzco und anderswo in Südamerika denken. Die Völker vor den Inkas scheinen gerade das Mate-

rial genommen zu haben, das zur Hand war, ohne sich um die Ausmaße zu kümmern. Offenbar haben die Erbauer von Baalbek das gleiche getan. Falls sie nicht Mittel zum Transport und Einbau der Steine hatten, von denen wir nichts wissen, taucht eine Frage auf. Wäre es nicht leichter gewesen, die zyklopischen Steine erst zu zerlegen und dann an Ort und Stelle zu bringen? So schwer auch die ägyptischen Obelisken waren, sie waren immerhin als Gedenksteine aus einem einzigen Stück gemacht, doch die enormen Steine von Baalbek liegen unmittelbar neben anderen von normaler Größe und waren lediglich der Unterbau für den Tempel.

Lange ehe der Parthenon auf der Akropolis hoch über Athen erbaut wurde, gab es an jener Stelle zyklopische Bauwerke aus weit früherer Zeit. Das Wort »zyklopisch« kommt von Zyklop. Er war der von Odysseus und seinen Männern auf der Heimfahrt von Troja geblendete Riese. Den Griechen erschienen die Bauwerke aus Riesensteinen in ihrem eigenen Land und auf den vielen Inseln und an den Küsten des Mittelmeers so erstaunlich, daß sie glaubten, nicht Menschen, sondern Riesen hätten sie geschaffen.

Megalithbauten (das heißt Großsteinbauten) findet man im gesamten Mittelmeerraum, in Griechenland, Kreta, Kleinasien, Libyen, Sardinien, Pantelleria, Malta, Südspanien, auf den Balearen, unter den frühen Ruinen Ägyptens, und gelegentlich heißt es, man habe Megalithbauten auch auf dem Meeresgrund der Ägäis, bei Melos und Thera gesichtet.

Interessanterweise befinden sich die meisten der zyklopischen Ruinen in Meeresnähe, in Küstengebieten und auf Inseln. Der Kult der großen Steine erstreckte sich bis nach England, an die Küste von Frankreich und Portugal und wird besonders auffällig in Irland. Dort schreibt man den Ursprung der gewaltigen Steinfestung von Aran entweder Riesen zu oder einem sagenhaften Meeresvolk, das vor Äonen nach Irland gekommen sein soll. Weit von Irland entfernt, in Rhodesien in Ostafrika, steht der Komplex von Zimbabwe, den man nicht deuten kann und der abwechselnd für einen Palast, einen Tempel, eine Festung oder für König Salomos Goldbergwerk gehalten wird. Die Anlage besteht aus geschnittenen Steinen, und das in einem Land, in dem geschnittener Stein sonst nie benutzt wurde, wahrscheinlich weil kein Bedürfnis danach bestand. Vergleicht man die Mauern von Zimbabwe mit den geheimnisvollen Festungen in Irland und mit anderen Megalithbauten in aller Welt, dann möchte man schließen, daß sie alle von demselben Volk erbaut oder geplant wurden oder unter dem Einfluß einer weitverbreiteten Kultur entstanden sind.

Die zyklopischen Monumente vom Atlantik, Pazifik und in Südamerika gehören zu den erstaunlichsten Bauwerken, die je errichtet wurden. Doch auch in Nordamerika fehlt es nicht an prähistorischen Spuren. Dort haben Tausende von »Mounds« (künstlichen Hügeln) in Pyramidenform oder auch in der Form von Tieren (mindestens eine Nachbildung eines Elefanten ist darunter) die Archäologen seit Jahrhunderten mit Forschungsstoff versorgt. Leider wurden viele dieser Mounds von den frühen Siedlern und später von den Planierraupen vernichtet. Noch streitet man sich über den Ursprung der Mounds und ist nicht sicher, ob sie Reste einer »verlorenen« Kultur sind oder von den Vorfahren der Indianer erbaut wurden, deren Nachkommen infolge einer seltsam rückläufigen Entwicklung ihre eigene Bautradition »vergaßen«.

Auf jeden Fall gehören die amerikanischen Mounds oder Erdpyramiden zu dem allgemeinen Typ großer künstlicher Hügel, der in aller Welt zu finden ist. Man hat verschiedentlich vom »Pyramidengürtel« gesprochen. Er zieht sich von Ägypten und Mesopotamien westlich nach Europa und den beiden Amerikas und östlich nach Indien, Zentralasien, China, Indonesien und zu den Inselgruppen im südlichen Pazifik.

Man kann nur mutmaßen, ob die Errichtung dieser monumentalen Hügel von einer gemeinsamen Quelle inspiriert wurde, von Sumer, Ägypten oder einer noch früheren, entschwundenen Kultur, oder ob sie nur aus dem natürlichen, allgemein-menschlichen

Bestreben entstanden, eine die Zeit überdauernde Grabstätte zu bauen. Vielleicht haben auch Sonnenanbetung und Astronomie die Menschen veranlaßt, Hügel für Tempel »auf der Höhe« zu schaffen.

Aus neuen Funden und älteren, die man erst heute richtig erkennt, scheint hervorzugehen, daß es auch in Nordamerika eine Megalithkultur gegeben hat, die älter ist als die Kulturen der Mound-Bauer oder die der *Cliff Dwellers* (Höhlenstadtbewohner) im Südwesten. Das Erkennen »auf den zweiten Blick« führt uns in Gegenden wie Neu-England, wo man bisher nie alte Reste vermutet hat.

In New Hampshire und verschiedenen anderen Staaten am Atlantik gibt es Ruinen in Megalithbauart, die wohl deshalb jahrhundertelang unentdeckt blieben, weil die frühen Siedler sie als Grundmauern benutzten oder auf andere Art in ihre neuen Gebäude einbezogen.

Schließlich waren die ersten Siedler weit mehr an ihrem Überleben und einem Dach über dem Kopf interessiert als an der Archäologie. Sie fragten nicht nach der Herkunft der Dinge, die sie vorfanden, sondern benutzten sie.

Lange Zeit hat man die Vereinigten Staaten von Amerika archäologisch als »Parvenu« unter den Ländern der Erde betrachtet, aber vielleicht kommt dort noch mancherlei Überraschendes für das Studium der prähistorischen Zeit an den Tag. Da man im östlichen Teil der USA keine hochentwickelte Kultur antraf, ging man allgemein davon aus, daß es nie eine gegeben habe, denn sonst hätte man, zumindest an der Küste, wie anderswo auch, Spuren davon finden müssen.

Erst kürzlich hat man vor der Küste der Vereinigten Staaten im Ozean, dem großen Bewahrer und Erhalter der Vergangenheit, Megalithbauten, teilweise von riesigem Umfang, gesichtet. Taucher sind bereits dort gewesen und haben Aufnahmen gemacht. Während dieses Buch gedruckt wird, geht die Untersuchung der Funde weiter. Vielleicht werden sie zur Klärung der Frage versunkener Länder beitragen. Und vielleicht werden wir ein neues

Bild vom Altar der Kultur gewinnen und von den frühen Verbindungswegen zwischen Amerika und den übrigen Teilen der Welt.

VI
Wiedergefundene Städte
im Meer

Luftaufnahmen von römischen Villen im Mittelmeer — Flußwege unter Wasser — Ein rechteckiges Bauwerk taucht im Atlantik auf — Die sensationelle Entdeckung vor Bimini — Ruinen von Städten und Häfen im Meer — Der rätselhafte Turm in zwölf Meter Tiefe — Fotos von Säulen in tausend Faden Tiefe — Höhlen unter Wasser mit Tropfsteinbildung — Seegebiete, die einmal Land gewesen sind

Zwischen den beiden Weltkriegen begann das Flugzeug für die archäologische Forschung eine Rolle zu spielen. Durch Linien, die sich im Gelände abzeichneten und nur von oben her wahrnehmbar waren, wurden die Umrisse ehemaliger Städte, Mauern und Straßen geortet. Auch unter dem klaren Wasser des Mittelmeers und der Ägäis entdeckte man ganze Komplexe von Städten und Häfen, die entweder abgesunken oder vom steigenden Wasser überflutet worden waren. Um solche Ruinen von der Luft aus zu fotografieren, muß das Wasser ruhig, klar und wenig bewegt sein.

Was an einem Tag von oben her zu sehen ist, kann bereits am nächsten wieder verschwunden sein. Zufällig gelungenen Aufnahmen über dem Mittelmeer und der Ägäis verdanken wir Bilder von römischen Villen unter Wasser, auf denen sogar Einzelheiten klar zu erkennen sind. Man hat die antike Kurstadt Baiae entdeckt, die mächtigen Phönizierhäfen Tyrus und Sidon und selbst Teile von Karthago, dessen Spuren auf dem Land die Römer so gründlich beseitigt hatten. Jahrtausende lang waren die im Meer versunkenen Städte und Ruinen vorhanden und sind zweifellos von Tauchern auf der Suche nach Schwämmen zuweilen gesichtet worden, aber erst das Flugzeug ermöglichte es, die Stätten zu orten, zu fotografieren und genaue Einzelheiten zu erkennen.

In Amerika wurden solche Ruinen schon deshalb nicht ermittelt, weil niemand auf den Gedanken kam, nach ihnen zu suchen. Erst im Zweiten Weltkrieg berichteten Piloten gelegentlich von Bauwerken und anderen Konstruktionen, die aussahen, als seien sie von Menschen geschaffen. Diese Piloten hatten die Aufgabe, nach Objekten unter Wasser, beispielsweise nach Unterseebooten, Ausschau zu halten, dabei fielen ihnen manchmal seltsam gerade Linien oder auch Rechtecke im Meer auf. Besonders bei Mexiko, Yucatan und Britisch-Honduras waren diese Linien häufig mit dem Land verbunden.

Von der Küste zwischen Isla Mujeres und Cozumel, von der Bucht zwischen Cozumel und Chetumal und von der Küste von Quintana Roo in Mexiko zweigen steinerne Dämme diagonal ab. Bei einer Tiefe von neun bis dreißig Metern sind sie noch gut unter dem Wasser sichtbar. Sie bilden die Fortsetzung erhöhter Fußwege auf dem Lande, die heute völlig vom Dschungel überwuchert sind. Diese Wege lassen sich gelegentlich bis Belize in Britisch-Honduras verfolgen.

Eine ausgedehnte Kalksteinformation macht den Meeresgrund vor der Küste von Yucatan und besonders im Bereich der Bahamas relativ seicht. Unter Wasser liegende Höhlen und Vertiefungen in diesem Gebiet weisen Stalaktiten und Stalagmiten auf. Das deutet darauf hin, daß die gesamte Formation zu irgendeinem Zeitpunkt in der Vergangenheit über dem Meeresspiegel gelegen haben muß. Daher wäre es nur folgerichtig, anzunehmen, diese Fußwege, falls es Wege sind, hätten einst von einer Maya-Stadt oder Tempelanlage zur nächsten geführt, als die Bauten noch alle über Wasser lagen. Obwohl die Fußwege auf dem Land verschwunden sind, existieren ihre Fortsetzungen weiter unter dem Meer und führen zu den inzwischen versunkenen Städten.

Seit 1968 ist unweit der Küste Floridas im Gebiet der Bahama-Inseln eine noch ungewöhnlichere Entdeckung im Gange, die auch vom Flugzeug aus ihren Anfang nahm. Die Unterwasserfunde dort sind einer Reihe von seltsamen Zufällen zu verdanken und haben bereits ein heftiges Für und Wider ausgelöst, aus dem vielleicht eines Tages noch eine regelrechte archäologische Kontroverse entsteht. Es geht um Bauten, Tempel, Mauern, Straßen und ganze Städte unter dem Wasser des Kontinentalschelfs von Amerika.

Im Karibischen Meer und in den Küstengewässern des Atlantik gibt es unzählige Ruinen und Wracks, doch bisher handelte es sich nur um solche aus der Zeit der spanischen Kolonialherren. Man fand ihre Festungen und sichtete spanische Schiffe, die im Sturm oder auf der Flucht vor Piraten untergegangen waren. Schließlich fand man auch die Spuren der Piraten selbst. Eine Stadt, die im Meer versunken ist, kennen wir sogar namentlich — Port Royal auf Jamaika. Wir kennen auch den Tag des Geschehens (7. Juni 1692) und selbst die Uhrzeit. Sie war von der goldenen Uhr eines der Opfer abzulesen. Begreiflicherweise blieb sie bei dem Erdbeben stehen, das die Piratenstadt mit sämtlichen Bewohnern unter sechs Faden Wasser und einigen Metern Schlamm begrub.

Die bei den Bahamas entdeckten Bauwerke stammen indes nicht aus der Kolonialzeit, sondern aus einer Epoche vor Kolumbus. Vielleicht sind die Funde Jahrtausende alt. Für ihre erst 1968 erfolgte Entdeckung mag es mehrere Gründe geben. Vielleicht waren die Ruinen von Sand bedeckt und wurden erst von einem Sturm freigelegt, oder es bedurfte kleinerer Erdbeben, um sie sichtbar zu machen. Da es keine Gerüchte von einem besonderen Schatz gab, wurde jener Teil des Ozeans nicht abgesucht. Vielleicht ist die logischste Erklärung die, daß man überhaupt nach nichts suchte.

Inzwischen gibt es eine ganze Reihe von Funden bei den Bahamas, die allerdings archäologisch noch nicht bestätigt sind. Zwei Piloten auf einem Routineflug über der Inselgruppe lösten die Kette der Entdeckungen aus. Sie hatten dabei nach dem verlorenen Kontinent Atlantis Ausschau gehalten, von dem Plato schrieb, er sei 9000 Jahre vor seiner Zeit versunken. Das wären

11 500 Jahre vor unserer Zeit. Das Wiederauftauchen von Teilen von Atlantis etwa um das Jahr 1968 hatte Edgar Cayce seit 1923 vorausgesagt.

Durch seine Tätigkeit als Medium hatte sich Edgar Cayce, der 1945 starb, eine gläubige Gefolgschaft erworben. Mit den Einsichten in seelische Probleme, die er in einem tranceähnlichen Zustand gewann, versuchte er, kranken Menschen in aller Welt zu helfen. Viele von ihnen hatte er niemals zu Gesicht bekommen. Seine Tätigkeit führte zur Gründung der *Edgar Cayce Foundation* und der *Association for Research and Enlightenment* in Virginia Beach. Die Gesellschaft übt noch heute, lange nach seinem Tod, ihre Anziehungskraft auf Menschen aus, die von Cayces Prophezeiungen und Heilerfolgen beeindruckt sind. Einige seiner Voraussagen von der Ermordung eines Präsidenten, künftigen Präsidenten, Rassenunruhen, Erdbeben und selbst Erdrutschen in Kalifornien, erhielten eine beunruhigende Bestätigung durch Schlagzeilen, die zwanzig oder mehr Jahre später erscheinen sollten. In seinen Aussagen während des Hellsehens hat Cayce Atlantis oft erwähnt und behauptet, ein Teil davon würde 1968 wieder auftauchen.

Ungewöhnlich an diesen Aussagen über Atlantis ist die Tatsache, daß Cayce, wenn er nicht in einem tranceähnlichen Zustand war, sich erstaunt über seine Worte zeigte. Einmal soll er gesagt haben: »Ich frage mich, woher das kam und ob etwas dahinter steckt.« Man kann wohl behaupten, daß er diesen Zweifel mit einer großen Anzahl von Archäologen teilte. Dennoch erwähnte er Atlantis weiter und sagte 1933, daß ». . . ein Teil des Tempels (von Atlantis) vielleicht noch unter dem Schlick der Jahre im Meer gefunden werden wird — in der Nähe der Stelle, die heute als Bimini, vor der Küste Floridas, bekannt ist«. Später, im Jahre 1940, legte sich Cayce fest und prophezeite, ein Teil des westlichen Gebiets von Atlantis würde in genau 28 Jahren wieder auftauchen. Er sagte: »Und Poseidia wird unter den ersten Teilen von Atlantis sein, die wieder hochkommen. Erwartet es achtundsechzig und neunundsechzig ('68 und '69). Nicht weit von hier!«

117

Merkwürdigerweise wurden dann die ersten Entdeckungen vor der Küste der Insel Andros von zwei Piloten gemacht, die Mitglieder der *Association for Research and Englightment* sind. Die beiden, Robert Brush und Trigg Adams, hatten bei ihren Dienstflügen die Augen offengehalten, um die Weissagung von Cayce bestätigt zu finden. Was den Leuten, die an Cayce glaubten, wie eine Offenbarung erschien, war für jene, die ungewohnte Ereignisse mit dem kühlen Blick des Wissenschaftlers zu betrachten pflegen, selbstverständlich purer Zufall.

1968 war der erste Unterwasserfund bei der Insel Andros in der Nähe von Pine Key ein rechteckiges Bauwerk, dessen Ränder, von Seegras und Schwämmen bedeckt, sich ziemlich nahe unter der Wasseroberfläche abzeichneten. Es stellte sich heraus, daß das Innere des Baus durch steinerne Trennwände in verschiedene Abschnitte aufgeteilt ist, und daß die Seitenwände sich nach unten im Sand weiter fortsetzen. Den Fußboden, falls es einen gibt, hat man noch nicht gefunden.

Wer an Atlantis und die Hinweise von Cayce auf dessen Lage glaubte, dachte an seine Worte ». . . die Bahamas sind ein Teil . . . der vielleicht in der Gegenwart zu sehen ist . . .« Von den Cayce-Anhängern wurde der Fund als Bestätigung seiner Voraussage gewertet, sie hielten die Ruinen für einen Tempel aus Atlantis, der buchstäblich aus dem Meer emporgestiegen war.

Anderen erschien das als reine Spekulation, sie gaben aber zu, daß das geheimnisvolle Rechteck irgendeine von Menschen geschaffene Konstruktion sein muß. Eingedenk der Tatsache, daß die am Karibischen Meer heimischen Indianer zur Zeit der Entdeckung Amerikas keine Steinbauten errichteten, wurden die Unterwasserfunde als spanisches Blockhaus klassifiziert. Wie es unter Wasser gekommen sein sollte, konnte man freilich nicht erklären. Man dachte auch an eine Fischfalle, obwohl es unverhältnismäßig kompliziert erscheint, eine Falle aus Stein und mit so genauen Abmessungen zu bauen. Ebenfalls in die Debatte geworfen wurde ein Gehege zur Aufbewahrung von Schneckenmuscheln, Schwämmen oder Meeresschildkröten, eine Vermutung, die noch zur allgemeinen Verwirrung beisteuerte, denn der Grundriß des Unterwassergebildes ähnelt seltsamerweise dem des »Tempels der Meeresschildkröten« in Uxmal in Yucatan.

Im Verlaufe weiterer Luftaufnahmen wurden in dem Gebiet noch andere »Bauwerke« unter Wasser gefunden, und es entstand der Eindruck von Spuren einer Siedlung oder, da immer noch neue dazukamen, einer kleinen Stadt. Die Entdeckungen und Untersuchungen gehen weiter und ebenso die Bemühungen, diese Funde vor den Schatzsuchern zu schützen, die gern Dynamit einsetzen würden, um zu sehen, was darunter liegt. Eines aber scheint sicher: die Baumeister haben diese Bauwerke nicht unter dem Wasser errichtet, und ihre derzeitige Lage zeigt an, daß hier einst Partien trockenen Landes vorhanden waren.

Schon früher war man in Miami auf eine bearbeitete Umwallung gestoßen, die eine Hafenanlage aus der Zeit vor der Entdeckung Amerikas gewesen sein könnte. Am Südufer des Miami-Flusses befand sich in der Nähe der prähistorischen Küstenlinie eine kreisförmige Aushöhlung, die 18 Meter tief aus den Küstenfelsen herausgehauen war. An den Rändern waren Spuren der Bearbeitung mit Werkzeugen zu erkennen. Dazu ist zu bemerken, daß runde Innenhäfen charakteristisch für die Hafenbauten der Karthager waren. Die seltsame Aushöhlung ist jedoch inzwischen zugeschüttet worden, und was vielleicht eine prähistorische Hafenanlage war, wird nun von einem Appartementhaus gegenüber der Dupont Plaza bedeckt. Ein anderes altertümliches Bauwerk, ein Kanal, dessen Felswände gleichfalls Bearbeitungsspuren aufweisen, ist noch immer in Key Largo in Florida unter Wasser zu sehen.

Noch sensationeller war eine Entdeckung, die ebenfalls ins Jahr 1968 fällt. Sie ist der gemeinsamen Forschungsarbeit dreier Männer zu verdanken. Der Anthropologe und Archäologe Dr. Manson Valentine, der Unterwasserarchäologe Dimitri Rebikoff und Jacques Mayol, der den Welttiefenrekord im freien Tauchen hält, entdeckten ungefähr 900 Meter vor der Küste von Nordbimini 10,5 Meter unter dem Wasser eine zyklopische Steinkonstruktion. Die riesenhaften Steine wurden zunächst für eine Straße gehalten, denn von oben wirkten sie wie gigantische Pflastersteine. Die Entdecker sind jedoch heute überzeugt, daß es sich entweder um eine Mauer handelt, die vielleicht durch ein Erdbeben umgeworfen wurde, oder um das Fundament eines verschwundenen Gebäudes oder auch um den oberen Teil einer massiven Wand, die noch im Sand begraben sein könnte. Es gibt Anzeichen dafür, daß das Bauwerk insgesamt viel umfangreicher ist als der freiliegende Teil, den man fotografiert und untersucht hat. Vielleicht ist das Ganze eine Umfassungsmauer, die teilweise oder ganz um die Insel Nord- und Süd-Bimini herumführt.

In diesem Fall haben Forscher, die anderer Ansicht sind, die Mauer nicht als ein Gehege für Seeschildkröten gedeutet, sondern im allgemeinen die Auffassung vertreten, es handle sich um eine natürliche Gesteinsformation als Folge einer Faltung des Meeresbodens. Daß die Mauer aber von Menschenhand geschaffen ist, dürfte allen klar sein, die sie gesehen haben. Die Form der Mauer ist regelmäßig, die Steine sind offensichtlich planvoll zusammengefügt, und das Ganze hat eine auffallende Ähnlichkeit mit dem Mauerwerk der Vor-Inka-Zeit in Peru.

Inzwischen gehen die Unterwasserforschungen im Gebiet von Bimini weiter, und ständig wird von neuen Funden berichtet, die zum Teil allerdings wieder abhanden kommen, weil die wandernden Sandbänke sie von neuem bedecken, ehe man sie genauer untersuchen konnte. Zudem zögern Entdecker mutmaßlicher Ruinen oder Artefakte begreiflicherweise, sich allzu genau festzulegen, weil sie die Auswertung ihrer Entdeckungen selbst überwachen möchten. Dieser Tendenz zur Zurückhaltung begegnet man gewiß nicht nur bei der Unterwasserarchäologie.

Zu den sensationellen Entdeckungen, die bekannt wurden, gehört der Bericht eines Kapitäns von einem Charterschiff, der in einer Tiefe von zwölf Faden eine »Stufenpyramide« entdeckt haben will. Auch wurden weitere Mauern auf dem Meeresgrund gesichtet. Auf einem neunzig Meter langen Wall wurden versteinerte Wurzeln von Mangrovenbäumen gefunden, für die sich durch

Radiokarbondatierung ein Alter von 6000 bis 12 000 Jahren ergab. Von Dimitri Rebikoff wird berichtet, er habe eine Mauer entdeckt, die eine heute im Meer befindliche Süßwasserquelle umgibt, was die Vorstellung erweckt, daß die Anlage, ehe das Land versank, ein Brunnen in einem Garten gewesen sein könnte.

Seit die Piloten nach Anzeichen von Unterwasserbauten Ausschau halten, werden auch immer wieder Entdeckungen von der Luft aus gemacht. Mindestens ein Dutzend solcher Bauten wurden im Gebiet der Andros-Inseln geortet und zahlreiche andere weiter draußen im Meer, doch noch immer auf den Bahama-Bänken. Der Unterwasserforscher und Taucher Robert Marks hat von der Aussage eines Piloten der Luftfahrtgesellschaft Pan American Airways berichtet, der in dem verständlichen Wunsch, Vorwürfe wegen geteilter Aufmerksamkeit zu vermeiden, »anonym bleiben möchte«. Der Pilot erzählte Marks, er habe in ziemlich tiefem Wasser (zwölf Faden) vor Bimini noch eine weitere Mauer entdeckt, »durch deren Mitte ein großer Bogengang führte«. Auch wenn der Pilot eine solche Mauer von der Luft aus gesehen haben könnte, was unter gewissen Bedingungen und bei entsprechender ruhiger Wasseroberfläche durchaus möglich ist, so wäre es doch für einen Beobachter, der sich nicht selbst unter Wasser befindet, außerordentlich schwierig, einen Bogengang auszumachen. Zudem wäre ein Bogengang aus der Zeit vor Kolumbus für die amerikanische Archäologie eine Neuigkeit, die manche Vorstellungen verändern würde. Gilt es doch als erwiesen, daß die frühen Bewohner Amerikas keinen regelrechten Bogen gekannt haben.

Entdeckungen dieser Art haben bewirkt, daß man das Seegebiet um die Bahama-Bänke eingehender abgesucht hat. Weiter draußen in viel tieferem Wasser wurde ein größeres Bauwerk ausgemacht, das 54 mal 42 Meter messen soll und von manchen als Unterwasserpyramide bezeichnet wird. Falls es sich um eine Pyramide handelt, wäre es eine abgeflachte oder eine Tempelplattform, von der vielleicht nur der obere Teil sichtbar ist.

Der verständliche Eifer, im Atlantik nach den Überresten einer anderen Kultur zu tauchen, darf nicht dazu verführen, aus Wünschen und Mutmaßungen voreilige Folgerungen zu ziehen. So wurden einige »altertümliche Steinsäulen« auf dem Meeresgrund in der Nähe von Bimini bei näherer Untersuchung als walzenförmiger Zementballast entlarvt. Vor kurzem jedoch haben Taucher in etwas tieferem Wasser aufrecht stehende, kannelierte Säulen sowie steinere Träger gesichtet, die sich noch immer auf den Säulen befanden. Die Art der Konstruktion erinnerte an die Docks und Häfen der alten Mittelmeerkulturen, deren Bauweise Bewegungsfreiheit unter den Docks gewährte.

Je mehr man bei den Bahamas und im Karibischen Meer nach Relikten sucht, desto mehr Konstruktionen von Menschenhand werden gefunden. Ihrer Form nach könnten es Gebäude, Mauern, erhöhte Fußwege, Straßen, Plätze und Hafenanlagen sein. Solche Funde werden nicht allein in Landnähe, sondern oft Hunderte von Kilometern auf hoher See gemacht. Vor kurzem tauchten Berichte von einer marmornen Zitadelle — oder Akropolis — auf, die eine Fläche von vier oder fünf Morgen unter dem Wasser bedecken soll, und von der aus angeblich Straßen in unbekannte Weiten führen. Diese jüngste Entdeckung stellt die amerikanischen Taucher vor einige Probleme, befindet sie sich doch an einer von kubanischen Patrouillenbooten frequentierten Stelle.

Gebäude und Mauern, die älter sein müßten als alles bisher Bekannte, sollen auch an anderen Stellen vor der Küste der Vereinigten Staaten sowie in einigen Binnenseen entdeckt worden sein. Besonders interessant erscheint ein Fund vor Brenton's Point bei Newport in Rhode Island. Ein Taucher der Marine, der ein Schleppnetz aus Draht klarmachen wollte, um Torpedos zurückzuholen, fand 1935 in einer Tiefe von ungefähr zwölf Metern eine Art »Mound« mit Wällen und Mauerwerk am oberen Ende. Man machte geltend, daß es irgendwelche Aufzeichnungen geben müßte, wenn es sich bei diesem Bau um eine Leuchtturmbasis handeln sollte, denn erst in neuerer Zeit besteht die Möglichkeit, Leuchttürme so weit draußen im Meer zu errichten. Das wird durch vorheriges Versenken von Stahlcaissons im Ozeanbett bewerkstelligt. In diesem Fall wäre dies ungefähr 1,6 Kilometer von der Küste entfernt geschehen. In den Aufzeichnungen der Küstenwache findet sich jedoch kein Leuchtbauturm im Gebiet von Brenton Reef. Wenn indes die gefundene Konstruktion tausend oder mehrere tausend Jahre alt wäre, dann könnte der derzeitige Meeresboden damals über dem Wasserspiegel gelegen haben.

Seit dem Auftauchen der ersten Meldungen haben sich Taucher bemüht, an den Bau heranzukommen. Den aufregendsten Bericht aus erster Hand lieferte Jackson Jenks im Jahre 1958. Er meldete, das Bauwerk sei ein Turm »konisch in der Form, 15 bis 18 Meter hoch, 12 bis 15 Meter im Durchmesser, mit einer Plattform ungefähr 12 Meter unter der Oberfläche ...«. Er sei »erbaut

Der Rundturm von Newport auf Rhode Island, USA, ein Bauwerk der Wikinger?

aus behauenen, unzementierten Steinen, jeder so groß wie ein Büroschreibtisch, mit einer umlaufenden Brüstung am oberen Ende . . .«. Auch von einer Tür, die »in die untertassenförmige Plattform eingesetzt schien«, ist die Rede. Noch wird der genaue Standort des Turms nicht von einer Boje auf der Wasseroberfläche gekennzeichnet, und die Taucher haben der Öffentlichkeit keine präzisen Angaben zukommen lassen. Bei der Unterwasserforschung geschieht so etwas oft. Wer Funde macht und Schätze findet, neigt dazu, seine Entdeckungen mit Besitzergefühl zu hüten.

Mitte der sechziger Jahre erschien ein überraschender Bericht, der den Turm oder andere Unterwasserruinen betreffen könnte. Bei extrem niedrigem Wasserstand fuhr früh morgens eine Gesellschaft zum Fischen nördlich an Newport vorbei und sah einen gemauerten Torbogen, von Muscheln bedeckt, sich aus dem Meer erheben. Die Fischer unterließen es, sich die Stelle zu merken, und nun wird von der *New England Research Association (NEARA)* weiter nach diesem Torbogen wie auch nach dem Turm gesucht. Man hat in Erwägung gezogen, daß diese Steinbauten von Nordländern stammen könnten, denn man schreibt ihnen auch einen runden Steinturm ungeklärter Herkunft in Newport zu. Es gibt keinen Hinweis, wer in den amerikanischen Kolonien einen Rundturm im europäischen Stil des 11. Jahrhunderts erbaut haben könnte, und das Rätsel um das erste europäische Bauwerk der westlichen Hemisphäre bleibt bestehen. Trotz dieses »Wikingerturms« an Land ist es unwahrscheinlich, daß die Ruinen unter Wasser — geologisch gesprochen — erst so spät erbaut worden sind.

Weitere Unterwasserfunde müssen noch ausgewertet werden. Sie befinden sich in einigen Binnenseen in New-England, beispielsweise im Meddybemps-See in Maine, und könnten Überreste ritueller Stätten der Indianer oder prähistorischer Bauwerke sein. Auf jeden Fall müssen sie zu einer Zeit errichtet worden sein, als der Wasserspiegel der Seen und des Meeres erheblich niedriger war. Das gilt auch für eine in Stein gemeißelte Darstellung einer Galeere, die 1957 auf einem großen Felsblock im Assa-wompset-See in Massachusetts zum Vorschein kam. Damals herrschte eine ausgesprochene Dürre, und der See trocknete teilweise aus.

Im Jahre 1966 wurde vor der Küste von Peru eine ungewöhnliche Entdeckung im Ozean gemacht. Sie löste erhebliche Erwartungen bei den Archäologen aus, aber die Unterlagen wurden im Archiv verschlossen und niemals öffentlich bekanntgemacht. Soweit man sich vergewissern kann, wurde die Sache auch gar nicht weiter verfolgt. Sie ereignete sich bei einer ozeanographischen Forschungsexpedition der Duke-Universität unter Leitung von Dr. Robert Menzies, die besonders im Zeichen der Suche nach einer Art von Meeresweichtier im Milne-Edward-Graben vor der peruanischen Küste stand. Im Verlauf dieser Untersuchung brachten die Kameras der Expedition aus tausend Faden Tiefe auch Aufnahmen von verstreut daliegenden, bearbeiteten Säulen an die Oberfläche. Abtastungen durch Unterwasserortungsgeräte zeigten im gleichen Gelände fest stehende, massive Objekte an, die Ruinen anderer Bauwerke gewesen sein könnten, obwohl Dr. Menzies gesagt haben soll: ». . . die Vorstellung einer versunkenen Stadt im Pazifik scheint unglaublich.« Vorläufige Untersuchungen der Aufnahmen zeigten, daß die Säulen nicht nur mit Ornamenten verziert waren, sondern auch eingemeißelte Zeichen aufwiesen, die wie Buchstaben aussahen.

Die Aufnahmen beweisen zwar, daß Säulen in einer solchen Tiefe vorhanden sind. Das bedeutet aber nicht unbedingt, daß sie dort auch errichtet worden sind. Denn daraus ergäbe sich die Folgerung, das Gebiet habe einst über dem Meeresspiegel gelegen. Die Säulen könnten auch aus der Zeit der spanischen Kolonialherren stammen und mit einer alten spanischen Galeone gesunken sein. Falls jedoch die georteten massiven Objekte tatsächlich Ruinen von Bauwerken in der Nähe der Säulen sein sollten, ergäbe sich ein Zusammenhang mit den vorgeschichtlichen Landveränderungen in Südamerika. Man nimmt an, daß Katastrophen stattgefunden haben, gewaltige Erdbewegungen, die Teile des

Flachlands nach oben warfen, Küstengebiete und Binnenseen trockenlegten, Berge aufbrachen, so daß ihre Innenhöhlen zum Vorschein kamen und Teile davon über Gebirgsplateaus geschleudert wurden, während andere Gebiete mit ihren Städten in die tiefen Gräben vor der neuen Küstenlinie absanken.

Die Fotos der Säulen mit den Ornamenten lagern noch immer in den Archiven, und weitere Auskünfte wurden nicht mehr gegeben. Soweit in Erfahrung zu bringen ist, wurden auch keine Bergungsversuche unternommen. Das ist vielleicht verständlich, wenn man die Kosten und Schwierigkeiten eines solchen Unternehmens berücksichtigt, das gewiß so mühsam wäre wie die Wiederbeschaffung der Atombombe, die vor einigen Jahren vor der spanischen Küste bei Palomares ins Meer gefallen war.

Natürliche Formationen wirken unter Wasser häufig wie Gebäude oder Wracks, während echte Wracks oder Überreste von Bauten oft nicht erkannt und nur mit geübtem Auge wahrgenommen werden. Hinzu kommt, daß unter Wasser wegen der wechselnden Strömungen und der Eigenbewegung der Taucher alles so rasch auftaucht und vorübergleitet. Ungewöhnliche Objekte werden ein einziges Mal gesichtet — meist im Verlauf eines Auftrags, der anderen Zwecken dient — und dann nicht mehr wiedergefunden.

Ein Beispiel für eine Täuschung ist die mysteriöse Treppe, die zwei französische Marineoffiziere des Tiefseetauchboots *Archimède* bei einem Tauchversuch im Jahr 1964 entdeckt zu haben glaubten. Kapitän Houot und Leutnant Froberville blickten, während sie vor dem steil abfallenden Schelf heruntergelassen wurden, durch die Luke hinaus und bemerkten Formen, die sie im Vorübergleiten für eine in die Tiefe führende Flucht von behauenen Steinstufen hielten. Solche Formationen lassen sich wissenschaftlich als Abbruchstellen von Felsschichten erklären. Man sieht so etwas bei der sogenannten »Treppe der Riesen«, einer Stufenfolge vorspringender, oben flacher Felsen über und unter dem Wasser an der irischen Küste. Die gälische Sage erzählt, diese »Treppe« sei von Riesen erbaut worden. Doch das technische

Wissen der beiden französischen Offiziere hätte eigentlich eine solche Täuschung ausschließen müssen.

Schon beim ersten Blick auf eine Tiefenkarte des Ozeans um die Bahamas bemerkt man flache Gebiete, von denen allgemein angenommen wird, sie hätten während der letzten Eiszeit über dem Meeresspiegel gelegen. Ein großer Teil des Wassers auf der Erde war damals in den nördlichen Gletschern und Eisfeldern eingefroren, die sich abwechselnd vor- und zurückbewegten. Mit den heute vorhandenen Inseln bildeten die damals über Wasser liegenden Gebiete riesengroße Inseln. Sie bestanden vorwiegend aus Kalksteinen und wurden von Teilen des echten Ozeans zerklüftet, zu denen auch die Unterwasserschlucht gehört, die man als Zunge des Ozeans bezeichnet. Sie dringt östlich von Andros tief in die Bahama-Bänke ein. Dort fällt der Grund aus relativ seichter Tiefe von 4,5 oder 6 Metern schwindelerregend auf mehr als 1200 Meter hinunter.

In dieser Felsenwand befinden sich die berühmten »blauen Löcher«, höhlenartige Unterwasseröffnungen im Kalksteinfelsen, die manchmal zu Unterwassergängen führen. Taucher, die dort Erkundungsversuche unternommen haben, halten sie für viele Kilometer lang. Daß diese Höhlen einst über dem Meeresspiegel lagen, beweisen die darin vorhandenen Stalagmiten und Stalaktiten.

Wenn das ganze Gebiet der Bahama-Bänke, mit Ausnahme der Zerklüftungen durch den echten Ozean, vor ungefähr 12 000 Jahren über dem Meeresspiegel gelegen haben sollte, dann wäre zu erwarten, daß man eines Tages in den Unterwasserhöhlen die Spuren menschlicher Aktivität und auch Kunstgegenstände findet.

In ähnlichen Formationen vor der Küste Floridas hat man ja bereits solche Funde gemacht. Die Unterwasserruinen in diesem Teil des Atlantik und im Karibischen Meer wären auf dieselbe Weise zu erklären: sie wurden zu Lande erbaut, und das Land wurde dann vom Meer verschlungen, als das Eis in beschleunigtem Tempo schmolz. Schließlich könnten wir diese einleuchtende Erklärung auch auf die angeblich »verlorenen« Länder in anderen Teilen des Ozeans anwenden und uns damit der Grenzlinie nähern, an der Legende zur Geschichte wird.

VII
Versunkene Kontinente
und Inseln

Antike Schriftsteller berichten von Erdbewegungen — Platos umstrittener Atlantisbericht — Gesteinsfarben, heiße Quellen und andere erstaunliche Parallelen — Das Wort Atlantis rund um den Ozean — Landbrücken oder Kontinente? — Das Tiefenprofil des Atlantik und der niedrigere Wasserstand in der Eiszeit — Eine Gebirgskette zieht sich durch den Atlantik — Ein Haupterdbebengebiet der Welt — Zyklopische Bauten auf den pazifischen Inseln — Weite Reisen pazifischer Seefahrer — Fast die gleiche Schrift auf der Osterinsel und im Industal — Eine weltumspannende Kultur

Von Landstrichen, die sich aus dem Meer erhoben, Inseln und Ländern, die darin versanken, und älteren Kulturen, die dabei zugrunde gingen, ist in den Werken antiker Schriftsteller häufig die Rede. Offensichtlich war das eine Ansicht, die im Altertum von vielen geteilt wurde.

Den ägyptischen Priestern war aufgefallen, daß es im Niltal und in den Bergen der Umgebung versteinerte Meermuscheln gab. Als der Historiker Herodot (geboren 484 v. Chr.) nach Ägypten kam, erzählten sie ihm davon. Er brachte die merkwürdige Tatsache in Verbindung mit seinen eigenen Beobachtungen vom Salzgehalt ägyptischer Felsen und schloß daraus, der am Mittelmeer liegende Teil von Ägypten müsse einst von Meerwasser bedeckt gewesen sein.

Xanthos (geboren um 500 v. Chr.), der Chronist der griechischen Stadt Sardis in Kleinasien, bemerkte versteinerte Muscheln in den Bergen Armeniens und Kleinasiens und zog die Folgerung, der Ozean und das Festland änderten ständig ihre Lage. Bei Xenophanes (in Kleinasien um 565 v. Chr. geboren) finden wir Betrachtungen über wiederkehrende Katastrophen, bei denen Landgebiete versanken. Er sagt, daß man auf Felsen am Meer uralte Abdrücke von Lorbeerblättern gefunden habe, die Anzeichen eines untergegangenen Waldes seien.

In den berühmten *Metamorphosen* des Dichters Ovid (geboren 43 v. Chr.) findet sich eine Passage, die sich wahrscheinlich auf die vorgeschichtliche Abtrennung Siziliens vom italienischen Kontinent bezieht: »Ich sah, daß ehemaliges Festland jetzt eine Wasserstraße war, und daß sich Landstriche aus der Fläche des Meeres gebildet hatten . . .«

Apuleisus schreibt im 2. Jahrhundert n. Chr. in der Kosmologie *De Mundo:* »Länder, die vorher Kontinente waren, sind in Inseln verwandelt worden, und andere, die einst Inseln waren, wurden durch das zurückweichende Meer zu Kontinenten . . .« Die Griechen und Römer wußten, daß noch in geschichtlicher Zeit Städte im Verlaufe von Erdbeben buchstäblich ins Meer gefallen waren. Helike im Golf von Korinth war eine solche Stadt. In der Antike konnte man sie von der Wasseroberfläche aus sehen. Die Straßen und Villen unter dem Meer waren noch recht intakt und wurden häufig von den Touristen des Altertums bestaunt. Sie betrachteten die versunkene Stadt vom Boot aus, und Taucher auf der Suche nach Schwämmen gelangten bis in die Straßen hinunter. Gelegentlich holten sie »Antiquitäten« herauf.

Die Antike beschreibt viele der versunkenen Länder als Zentren großer Kulturen. Eine ganze Anzahl der Hinweise bezieht sich auf Länder und geheimnisvolle Inseln, die im Atlantischen Ozean, jenseits der Säulen des Herkules, oder am Eingang zum Mittelmeer gelegen haben sollen. Manchmal wird von Atlantis gesprochen oder ein ähnlich klingender Name, wie Antilla, gewählt. Es finden sich auch Bezeichnungen wie die »Glücklichen Inseln«, die »Inseln der Seligen«, die »Hesperiden« und andere. Die betreffenden Stellen sind häufig in Sagen von Göttern und Helden enthalten, aber im ganzen gewinnt man doch den Eindruck, daß die Erzählungen von einem mächtigen Reich im Atlantik und Ländern oder Kontinenten auf der anderen Seite keine reinen Phantasiegebilde sind. Die antike Literatur liefert viele Hinweise. Homer (geboren im 8. Jahrhundert v. Chr.) schreibt in seiner *Odyssee* von Scheria »fern über der unermeßlichen Tiefe« und daß es »viele andere« Kontinente gebe. Aristoteles (geboren 384 v. Chr.) erwähnt Antilla. Plutarch (geboren um 46 n. Chr.) spricht von einem Kontinent namens Saturnia. Marcelinus (geboren 330 n. Chr.) schreibt vom allgemeinen Glauben an Atlantis und daß »eine große Insel verschlungen« worden sei. Proklos (geboren um 410 n. Chr.) berichtet, die Bewohner der atlantischen Inseln hätten sich an eine größere, dominierende erinnert, die im Meer verschwunden sei. Timagenes (geboren im ersten Jahrhundert v. Chr.) erwähnt eine »Insel in der Mitte des Ozeans«, von der die Gallier zu stammen behaupteten. Tertullian (geboren um 160 n. Chr.) sieht im Untergang von Atlantis ein Beispiel für die Veränderungen der Erde und bemerkt, man habe nach der Insel »vergeblich gesucht«. Allerdings muß gesagt werden, daß manche der antiken Beschreibungen nicht allzu glaubwürdig wirken. Man denke nur an die Erzählung des Theopompos, wie König Midas von Kreta mit Silenos über einen kriegerischen Kontinent diskutierte, wobei erwähnt wird, daß Silenos nicht nur ein Satyr, sondern wieder einmal betrunken war.

Den vollständigsten Bericht über Atlantis haben wir von Plato (427 bis 347 v. Chr.), der es in seinen Dialogen *Timaios* und *Kritias* ausführlich beschrieben hat. Seit 2400 Jahren hat man diese Schilderung ausgelegt und mit Kommentaren versehen, und sie wurde der Ausgangspunkt einer bis zum heutigen Tag anhaltenden Kontroverse über die Frage, ob Atlantis existiert haben könne oder nicht. Hunderte von Büchern sind zu diesem Thema beschrieben worden und unzählige Artikel. Heute kann man das provozierende Wort »Atlantis« in einer Diskussion über vorgeschichtliche Dinge kaum aussprechen, ohne daß sich die Teilnehmer automatisch in zwei Lager teilen. Die einen bezeichnen Atlantis sofort als Legende oder Schwindel, die anderen haben, sobald sie das Wort hören, Visionen von vergangener Größe. Sie sehen ein irdisches Paradies vor sich, versunkene goldene Städte auf dem Meeresgrund und den Untergang eines Kontinents in einer Naturkatastrophe. Sie sehen Überlebende auf Schiffen in andere Teile der Welt flüchten und dort eine Kultur bewahren, aus der unsere eigene entstanden ist.

Plato nennt als Quelle für seinen Bericht über Atlantis ägyptische Chroniken, die von den Priestern geführt und im Tempel von Sais aufbewahrt wurden. Angeblich waren sie auf Tempelsäulen gemalt. Als der athenische Gesetzgeber Solon nach Ägypten kam, hätten ihm die Priester aus den Chroniken von Atlantis berichtet, und so sei die Kunde nach Athen gelangt. Man hat Plato jedoch verdächtigt, er habe eine alte Sage als Mittel benutzt, um seine eigene Staatslehre zu veranschaulichen. Es sei ihm darum gegangen, an Hand von Atlantis eine vorbildliche Staatsform zu schildern, das Heldentum der Athener zu preisen, die angeblich eine Invasion aus Atlantis niederschlugen, und am Untergang von Atlantis die Strafe für Entartung den Athenern vor Augen zu führen. Von dieser Katastrophe sagt Plato: »Es entstanden gewaltige Erdbeben und Fluten, und im Verlauf eines einzigen Tages und einer Nacht des Regens versank euer ganzes streitbares Geschlecht unter der Erde, und ebenso verschwand die Insel Atlantis im Meer. Und das ist der Grund, weshalb das Meer in jener Gegend nicht mehr befahren werden kann . . .«

In dem Dialog *Kritias* gibt Plato eine so genaue Beschreibung von Bauten, Kommunikationsmöglichkeiten, Sitten, Volk, Geschichte, Topographie und Entfernungen, daß der Dialog fast wie ein alter »Reiseführer« von Atlantis wirkt. In den Jahrhunderten, die seitdem vergangen sind, und selbst heute wurden und werden die von Plato vermittelten Einzelheiten überprüft, um festzustellen, ob Atlantis nicht auch woanders gelegen haben könnte, beispielsweise auf Kreta, Thera und an vielen anderen Orten, die alle nicht im offenen Atlantik liegen, wo Plato selbst Atlantis wissen wollte. Manche Partien seiner Schilderung sind so anschaulich, daß man den Eindruck gewinnt, irgend jemand müsse einen eingehenden Blick auf eine mächtige und hochentwickelte Kultur der Vorzeit geworfen haben.

Nachdem Plato die Gründung von Atlantis durch den Meeres-gott Poseidon beschrieben hat, erzählt er vom Reichtum und Glanz eines Reiches, das sich dem Vernehmen nach bis Ägypten erstreckte. Es heißt: »Sie hatten eine solche Fülle des Reichtums, wie sie Könige und Herrscher vorher niemals besessen hatten, noch in Zukunft so leicht wieder besitzen werden. Und sie waren mit allem versehen, was sie brauchten, in der Stadt und auf dem Lande. Weil nämlich ihr Reich so mächtig war, wurden ihnen viele Dinge von auswärtigen Ländern gebracht, und die Insel selbst lieferte ihnen viel von dem, was sie dort finden konnten, Mineralien sowohl wie Metall; besonders eine Art von Messing, Orichaleum, jetzt nur noch dem Namen nach bekannt, aber da-mals mehr als ein Name, wurde an vielen Stellen der Insel geför-dert, und die Menschen jener Tage schätzten es neben dem Gold am höchsten . . .«

Plato erwähnt merkwürdigerweise auch Elefanten, und das läßt an eine Verbindung zu den Elefantendarstellungen im vorkolum-bischen Amerika denken: »Es gab eine große Anzahl von Elefan-ten auf der Insel, denn es wuchs nicht nur reichlich Nahrung für Getier jeder Art in den Seen, Sümpfen und Flüssen, auf den Ber-gen und in der Ebene, sondern auch für das Tier, das von allen das größte und gefräßigste ist . . .«

Platos Bericht über das Klima von Atlantis und die Vielfalt der dort gefundenen Nahrung malt das Bild eines irdischen Paradie-ses und mühelosen Lebens: »Was auch immer die Erde an Wohl-gerüchen hervorbringt: Wurzeln, Kräuter, Holzarten, hervor-quellende Säfte von Blumen oder Früchten wuchsen und gedie-hen in diesem fruchtbaren Land . . . ebenso die Früchte, die man anbaut, sowohl die trockene, eßbare Feldfrucht als auch andere Sorten, die als Nahrung dienen . . . ferner Früchte mit einer har-ten Rinde, die Trank, Speisen und Salböl liefern, und endlich vie-le Kastanien und Früchte des Obstbaums, die uns ergötzen und die verderben, wenn man sie aufbewahrt — und die angenehmen Nachtische, die uns nach dem Essen erfreuen, wenn wir übersät-tigt und müde sind. All dies brachte die heilige Insel, die jetzt unter dem Meer liegt, wunderbar und schön und in unbegrenzter Fülle hervor . . .«

Die Beschreibung von Bauten und großen Palästen erinnert an die zyklopischen Bauwerke in anderen Teilen der Welt: »Sie bauten Brücken über die Wasserarme, die die alte Metropole ringförmig umgaben, und schufen so eine Verbindung zum königlichen Palast . . . zunächst führten sie vom Meer aus einen dreihundert Fuß breiten, hundert Fuß tiefen und fünfzig Stadien* langen Kanal bis zu dem äußersten Wassergraben und ermöglichten dadurch die Einfahrt in ihn von der See aus wie in einen Hafen und machten die Öffnung breit genug, so daß auch die größten Schiffe einlaufen konnten. Sie durchbrachen auch die Erdwälle, die zwischen den Wassergräben lagen, und stellten so eine für die einzelne Triëre genügend breite Durchfahrt von einem Graben zum andern her; darüber bauten sie Brücken, so daß man mit den Schiffen darunter hindurchfahren konnte, denn die Ränder der Erdwälle waren so hoch, daß sie erheblich aus dem Wasser herausragten . . . Die Insel, auf der der königliche Palast lag, hatte einen Durchmesser von fünf Stadien. Diese Insel und die Erdwälle mit der Brücke, die den sechsten Teil eines Stadions breit war, umschlossen sie ringsherum mit einer steinernen Mauer, und auf allen Seiten errichteten sie Türme, und auf der Brücke, wo das Meer hereinfloß, bauten sie Tore . . .«

Als Plato die Farbe der Steine von Atlantis schilderte, gab er, ohne es zu wissen, die Farben des Gesteins an, das noch immer auf dem atlantischen Archipel — den Kanarischen Inseln — vorherrschend ist. Hinzu kommt, daß Quetzacoatl, der bärtige weiße Lehrer, der die Schrift und andere Künste nach Mexiko brachte, in einer seltsamen Übereinstimmung als ein Mann beschrieben wird, der von einem »schwarzen und roten Land« herkam. Plato schrieb: »Die Steine, die sie für ihre Arbeit brauchten, wurden am Fuß der in der Mitte liegenden Insel und unten an den

---

* *600 griechische Fuß = 1 Stadion = 184,98 Meter*

Erdwällen an deren Innen- und Außenseite gebrochen. Eine Sorte Stein war weiß, eine zweite schwarz und die dritte rot. Beim Herausbrechen der Steine erhielten sie gleichzeitig auf beiden Seiten der Erdwälle Höhlungen für Schiffsarsenale, die vom natürlichen Felsen überdacht waren. Einige ihrer Bauten waren einfach, aber andere setzten sie aus Steinen verschiedener Farbe zusammen, so daß sich aus der Mischung Muster ergaben zu einer von der Natur gegebenen Quelle des Genusses . . .«

Den Reichtum an Gold, von dem Plato spricht, hat man als Verbindung zu den alten goldreichen Kulturen von Amerika gedeutet. Man hat auch an die geheimnisvolle, entschwundene Kultur im Südwesten von Spanien gedacht, an Tartessos, das Tharsis des Alten Testaments. Zur Zeit von Kolumbus war Platos Werk den Spaniern bekannt, und sie ließen sich von der Aussicht auf unbegrenzte Goldschätze verwirren und anfeuern. »Die um den äußersten Erdwall herumlaufende Mauer«, heißt es bei Plato, »versahen sie mit einem Überzug von Erz, und die nächste Wand wurde mit Zinn übergossen, und die dritte, die die Zitadelle umschloß, mit Messing, das wie Feuer leuchtete . . . In der Mitte stand ein heiliger Tempel, welcher der Kleito und dem Poseidon geweiht war und nicht betreten werden durfte, und der war von einer goldenen Mauer umschlossen . . . Die ganze Außenseite des Tempels war mit Silber überzogen, die Zinnen mit Gold. Im Innern des Tempels war die Decke aus Elfenbein, überall mit Gold, Silber und Messing verziert; die anderen Teile, die Mauern, Säulen und den Fußboden, verkleideten sie mit Messing. Im Tempel stellten sie goldene Statuen auf: der Gott selbst stand in seinem Wagen und lenkte sechs Flügelrosse, und er war so groß, daß er mit seinem Haupt das Dach des Gebäudes berührte. Um ihn herum ritten einhundert Nereiden auf Delphinen, denn so viele, glaubte man damals, gebe es. Außen um den Tempel herum standen goldene Statuen aller zehn Könige und ihrer Frauen . . .«

Mit seinem Bericht von kalten und heißen Quellen, die für Thermalbäder verwendet wurden, hat Plato ein Phänomen der Inseln im Atlantik richtig beschrieben. Heute werden in Reykjavik auf Island die Häuser mit heißem Wasser geheizt, das aus vulkanischen Quellen kommt, und heiße Quellen gibt es in Hülle und Fülle auch auf den Azoren, die von manchen für die Bergspitzen von Atlantis gehalten werden. Bei Plato heißt es: »Sie benutzten auch Quellen, kalte und heiße, die in reicher Fülle flossen und ein wohlschmeckendes, süßes Wasser lieferten, das für jeden Zweck geeignet war. Um sie herum errichteten sie Gebäude und pflanzten passende Bäume an, ebenso bauten sie Baderäume. Einige waren zum Himmel hin offen, andere überdeckt, damit man sie im Winter als warme Bäder benutzen konnte. Es gab die königlichen Bäder und, davon getrennt, Bäder für das Volk sowie besondere Bäder für die Frauen. Wieder andere waren für die Pferde und das Vieh bestimmt; und all diese Räume statteten sie in geeigneter Weise aus . . .«

Ein Hinweis auf Bewässerung erinnert an die großen Bewässerungsanlagen an den Küsten und auf den Hochebenen Südamerikas in vorkolumbischer Zeit. »Das abfließende Wasser leiteten sie teilweise zum Hain des Poseidon, in dem Bäume von besonderer Höhe und Schönheit infolge der Güte des Bodens wuchsen . . .«

Man glaubt, Plato habe bei der Beschreibung des Handels im Hafen Tyrus oder andere phönizische oder kretische Städte als Vorbild benutzt, schon deshalb, weil ein Ozeanhandel in so früher Zeit unwahrscheinlich erscheint. Zwischen den verschwiegenen Phöniziern und dem westlichen Ozean hat aber offensichtlich eine lebhafte Verbindung bestanden, die zeitlich vielleicht weiter zurückreicht, als man bisher angenommen hat. »Die Docks waren voll von Triëren und allem, was zur Ausrüstung eines Schiffes gehört, und alle Dinge waren fertig zum Gebrauch. Hatte man die äußeren Häfen durchquert, drei waren es, gelangte man zu einer Mauer, die am Meer begann und ganz herumgezogen war, vom größten Ring und vom Hafen überall fünfzig Stadien entfernt. Sie umschloß das ganze Gebiet und endete an der Mündung des Kanals im Meer. Das ganze Gebiet war dicht besiedelt. Der Kanal und der größte der Häfen waren voller Schiffe mit Kaufleuten aus allen möglichen Gegenden, es herrschte bei

Tag wie bei Nacht ein lautes Stimmengewirr und Lärm und Getöse jeglicher Art . . .«

Platos Beschreibung der Binnenkanäle und Bewässerungsanlagen erinnert an das Bewässerungssystem in Mesopotamien und an der Küste von Peru. »Ich werde nun die Ebene beschreiben, an der zahlreiche Generationen von Königen viele Jahre lang gearbeitet haben. Die Ebene war rechteckig und lang und . . . war begrenzt von einem rundherum gezogenen Graben. Die Tiefe und Breite und Länge dieses Grabens waren unglaublich und vermittelten den Eindruck, ein solches Werk sei, neben all den anderen, kaum von Menschen zu schaffen gewesen; doch ich muß erzählen, was ich gehört habe. Dieser Graben war nämlich hundert Fuß tief, überall ein Stadion breit und hatte in seiner Gesamtheit eine Länge von zehntausend Stadien. Er nahm die von den Bergen herabströmenden Flüsse in sich auf, berührte die Stadt an verschiedenen Punkten und mündete ins Meer. Von seinem oberen Teil her hatte man hundert Fuß breite Kanäle in gerader Linie durch die Ebene geleitet, die gegen das Meer hin wieder in den Graben mündeten und voneinander hundert Stadien entfernt waren. So brachte man das Holz von den Bergen in die Stadt und transportierte die Früchte des Landes auf Schiffen, und es gab auch Querverbindungen von einem Kanal zum anderen und zur Stadt. Zweimal im Jahr wurden die Früchte des Landes geerntet — im Winter gab es Regen und im Sommer das Wasser aus den Kanälen.«

Plato macht sogar Angaben über die Truppenaushebungen. Sie werden von Kritikern im Hinblick auf die Anzahl der Männer und wegen der Verwendung von Pferden angezweifelt, denn Pferde wurden erst Jahrtausende später domestiziert. Es sei denn, die Angabe, Atlantis sei 9000 Jahre vor Platos Zeit versunken, wäre unzutreffend, oder man hätte Pferde zu einem früheren Zeitpunkt domestiziert, als man bisher angenommen hat. »Der Anführer (einer jeden Abteilung) mußte für den Krieg den sechsten Teil eines Kriegswagens stellen, was in der Gesamtheit zehntausend Kriegswagen ergab; auch zwei Pferde mit Reitern mußten gestellt werden und ein leichter Wagen ohne Sitz, der von einem Kämpfer zu Fuß begleitet wurde, welcher einen kleinen Schild trug und der einen Wagenlenker für die Pferde hatte. Der Anführer mußte auch zwei Schwerbewaffnete stellen, zwei Bogenschützen, zwei Schleuderer, drei Steinwerfer und drei Speerwerfer, ferner vier Matrosen, um die 1200 Schiffe zu bemannen. So war das Kriegswesen in der königlichen Stadt geregelt — in den anderen neun Staaten war es jeweils anders . . .«

Die Schilderung einer Stierjagd und Opferhandlung läßt eine Beziehung zwischen Platos Atlantis und Kreta sowie den anderen Mittelmeerinseln erkennen. Für die spanischen Völker ist diese Zeremonie noch immer das Band zu ihrer frühen Vergangenheit. »Es gab Stiere, die frei im Tempel des Poseidon weideten. Die zehn (Könige), die im Tempel allein blieben, flehten die Götter im Gebet an, ihr Opfer anzunehmen, und veranstalteten dann auf die Stiere eine Jagd ohne Waffen, nur mit Stöcken und Schlingen. Und den Stier, den sie einfingen, führten sie zur Säule; sie schlugen dem Opfer auf den Kopf und töteten es über der heiligen Inschrift . . .« Die Zahl zehn in Platos Bericht bezieht sich auf die zehn Könige von Atlantis, die in bestimmten Zeitabständen einen aus ihrer Mitte als Herrscher über die anderen gewählt haben sollen. Die Könige der Sage haben ein geschichtliches Gegenstück in den zehn Königen der Mayas und den zehn Königen der Kanarischen Inseln.

Es gibt fast zu allen Einzelheiten in Platos Erzählung auffallende Parallelen in den alten Kulturen des Mittelmeerraums wie auch im vorgeschichtlichen Amerika. Sie könnte eine Synthese aus atlantischen und Mittelmeersagen sein; vielleicht ist sie aber auch ein Bericht mit recht realem Hintergrund. Platos Darstellung wurde jedoch, seit er sie schrieb, von zahlreichen Kritikern entweder als reine Phantasie oder als literarischer Kunstgriff betrachtet. Selbst Platos Schüler, Aristoteles, der sich später von ihm abwandte, soll in bezug auf den plötzlichen Abbruch der Atlantis-Erzählung gesagt haben: »Er, der es (Atlantis) erfand, hat es auch umgebracht.« Ein zeitgenössischer Kritiker, Stephan Gsell, hat der Atlantis-Sage einen letzten Gnadenstoß versetzen wollen mit der Bemerkung: »Atlantis kommt nur bei Plato vor und bei denen, die ihn gelesen haben.«

Beide hatten unrecht. Atlantis wurde nicht von Plato »erfunden«, sondern ist das Produkt einer gemeinsamen Erinnerung vieler Völker an einen atlantischen Kontinent, der entweder Atlantis genannt oder mit Namen bezeichnet wurde, die wir vielleicht nie erfahren werden. Zu beiden Seiten des Atlantik haben Völker und Volksstämme den Begriff Atlantis geprägt. Im Osten waren es die Menschen, die in dem Gebiet lebten, das heute Irland, Wales, Frankreich, Spanien, Portugal, Marokko und die Inseln im Mittelmeer und im Atlantik umfaßt. Im Westen waren es die Indianervölker der beiden amerikanischen Kontinente.

Von den zahllosen »Beweisen« für die Existenz oder Nichtexistenz von Atlantis ist einer aus dem Gebiet der Sprache vielleicht am überzeugendsten. Der Name Atlantis ist fast wie ein Schlüssel, der eine Tür zur Vergangenheit öffnet. Die sehr alten Kulturen rund um den Atlantik haben viele Gemeinsamkeiten — die zyklopischen Bauten, Handwerksgerät, Erfindungen, medizinisches Wissen, Sonnenanbetung, die Mumifizierung der Toten, ähnliche Sitten und Legenden. Bei ihnen allen taucht ein Name für ein im Ozean versunkenes Land, für das Paradies oder das Land der Toten auf, der an das Wort Atlantis anklingt oder einige seiner Hauptvokale und -konsonanten A-T-L-N enthält.

Plato hat das Wort »Atlantis« verwendet, das der Name für die Tochter oder das Land von Atlas war (dem Riesen, der nach der Sage das Himmelsgewölbe trug). Atlas heißt auch der Gebirgszug im nordwestlichen Afrika, der unter dem Atlantischen Ozean weiterläuft und dessen Gipfel über dem Meeresspiegel als die Kanarischen Inseln wieder auftauchen. Auf den Kanarischen Inseln selbst erscheint der Name in dem megalithischen Höhlenkomplex von Atalaya. Als die Bewohner der Kanarischen Inseln noch Verbindung zur Welt Roms hatten, wurden sie für Überlebende eines verlorenen Kontinents gehalten. Einige Stämme im Westen von Nordafrika wurden Ataranten und Atlantioi genannt, und die Schriftsteller der Antike bezeichneten die Bewohner Spaniens häufig als Atlantäer.

Die Karthager und ihre Vorgänger, die Phönizier, haben offenbar auf ihren Fahrten eine mitten im Atlantischen Ozean gelegene große Insel namens Antilla besucht. Diese Insel findet sich häufig auf Landkarten aus dem Mittelalter, sie könnte die Azoren oder Atlantis selbst darstellen. Höchstwahrscheinlich hat Kolumbus auf seiner ersten Reise eine Kopie der Benicasa-Reise mit sich geführt. Sie zeigte Antilla oder Antilka mitten im Atlantischen Ozean, denn die Azoren waren bereits entdeckt und auf Karten verzeichnet.

Überqueren wir den Ozean zur Neuen Welt, kommen wir zu den Azteken. Sie erzählten den spanischen Konquistadoren, daß ihre Ahnen, das Volk von Az, aus Aztlan, einem versunkenen Land im Osten stammten, und daß der weiße Gott Quetzalcoatl, ihr weißbärtiger Lehrer, ebenfalls von einem Land im Meer — genannt Tollan-Tlallapan — gekommen sei. Eine weitere sprachliche Brücke finden wir, wenn wir uns vergegenwärtigen, daß das Wort der Azteken für Wasser — atl — auch in der Sprache der Berber »Wasser« bedeutet. Die Berber aber sind ein Volk, das auf der anderen Seite des Atlantik im Atlas-Gebirge in Nordafrika lebt.

Bei den Mayas in Südafrika gab es dieselbe Überlieferung von einem weißen Gott aus dem Osten — hier hieß er Kukulkan — der ihnen die Zivilisation gebracht haben soll. Und auch sie erinnerten sich an das Land Aztlan. Das gleiche taten die »weißen« Indianer von Venezuela, die bald nach der spanischen Eroberung verschwanden; sie hatten eine Siedlung Atlan nach der versunkenen Insel genannt. Kehren wir nach Europa zurück, erkennen wir den Wortklang wieder in dem fremden, verschwundenen Avallon der Waliser.

Gehen wir nun zu jener Kultur zurück, die lange Zeit als die älteste galt, dann finden wir, daß in Ägypten das Land der Toten im Westen lag und Aalu oder Amenti hieß. Die Babylonier nannten ihr Paradies Arallu. In den Suren VII, XXVI, XLVI und

LXXXIX des Korans, der Bibel des Islams, die zum Teil auf älteren Schriften beruht, ist von einem Volk von Ad die Rede. Man könnte hierin die erste Silbe des Namens Atlantis erkennen, zumal die Leute von Ad nach dem Koran ein hochentwickeltes Volk waren, das die »Stadt der Säulen« erbaute und für seine Missetaten von Gott mit der Sintflut bestraft wurde, wie es die Bibel von den Zeitgenossen Noahs erzählt. Im Alten Testament findet sich außer der Sintflut kein weiterer Hinweis, es sei denn, man sieht im Namen des ersten Menschen eine Bezeichnung für das erste Kulturvolk der Erde. Dann könnte man das Volk von Ad und Ad-am zueinander in Beziehung setzen.

Die zahlreichen Variationen eines Namens, die Hinweise in der antiken Literatur und die vielen Berührungspunkte in Sitten, Mythologie und Sagen, in der Baukunst und der Wissenschaft sind gewiß beachtenswerte Argumente, aber sie liefern dem kühlen Auge des Wissenschaftlers keinen schlüssigen Beweis für die Existenz von Altantis.

Es gibt allerdings auch Hinweise aus dem Gebiet der Naturwissenschaft. Das Vorkommen kontinentaler Tiere auf den Azoren, den Kanarischen Inseln und auf Madeira läßt sich am ehesten erklären, wenn man annimmt, die atlantischen Inseln seien einst Teil eines Kontinents oder einer Landbrücke gewesen. Es handelt sich dabei um die Mönchsrobbe der Azoren, eine Tiergattung, die im allgemeinen an Festlandküsten und auf größeren Inselgruppen lebt, um die Kaninchen der Azoren und um die Hunde, die auf den Kanarischen Inseln heimisch sind und ihnen ihren Namen gaben. Dieselbe Art von Regenwürmern findet sich in Europa, Nordafrika und auf den atlantischen Inseln, und es gleichen sich auch bestimmte Schmetterlinge und Käfer in Amerika und Afrika. Auf den Azoren, den Kanarischen Inseln, an der Westküste Afrikas und der Ostküste der Vereinigten Staaten gibt es eine bestimmte Weichtierart, deren empfindliche Larven sich nicht in tiefem Wasser halten. Auf den Kanarischen Inseln kommen kleine Krebstiere vor; die blinden Arten der Gattung leben in Höhlen unter Wasser, die sehenden im Ozean. Es ist, als wäre ein

Stamm dieser Krustazeen von einer plötzlichen Naturkatastrophe in lichtlosen Höhlenwassern gefangen worden.

Es geht jedoch nicht nur darum, daß Europa und Amerika eine Reihe kleiner Tiere gemeinsam haben, sondern auch um eine Erklärung für das gemeinsame Vorkommen größerer, wie die ausgestorbenen Mastodonten, Elefanten und Pferde und um Fragen der Verbreitung des Menschen. Daher haben verschiedene Forscher angenommen, daß im Pleistozän (Eiszeitalter) und im Pliozän (jüngste tertiäre Epoche) Landbrücken die beiden Weltteile miteinander verbunden hätten. Diese Hypothese erschien brauchbarer als Wegeners Theorie von der Kontinentalverschiebung — vom Auseinanderdriften der Kontinente — weil sie mit einigen Zentimetern im Jahr zu langsam vor sich gegangen wäre, um einige der höher entwickelten Tiergattungen zu erklären. Stellt man sich Landbrücken anstelle einst existierender Kontinente vor, fällt einem Charles Hapgoods Bemerkung ein: »Landbrücken waren für viele Wissenschaftler äußerst bequem, die die schreckliche Alternative von ehemaligen Kontinenten vermeiden wollten.«

Tiere jedoch weisen nicht auf die Existenz einer entwickelten Kultur hin. In dieser Hinsicht sind eher die Berichte über die Guanchen, die Bewohner der Kanarischen Inseln, aufschlußreich. Sie sollen zehn gewählte Könige gehabt haben, wie es Plato von Atlantis erzählt. Und es heißt, sie seien bei ihrer Wiederentdeckung durch die spanischen Seefahrer im vierzehnten Jahrhundert erstaunt gewesen, daß außer ihnen auch die Spanier den Untergang des Kontinents überlebt hatten, zu dem ihre Insel früher gehörte. Dies alles sind jedoch keine schlüssigen Beweise, da die Guanchen nur noch eine mündliche Überlieferung besaßen, nachdem eine angeblich früher vorhandene Schrift in Vergessenheit geraten war. Wie dem auch sei, die Kanarischen Inseln, auf denen ein überlebender Volksstamm gefunden (und nahezu ausgerottet) wurde, und die Azoren, auf denen man Statuen und Unterwasserruinen entdeckt hat, werden von einigen Forschern für die Bergspitzen des versunkenen atlantischen Kontinents gehalten.

Das Interesse unserer Zeit an Atlantis schwillt an und ebbt ab wie die Wogen an einem Strand. Da das Interesse der heutigen Generation zunimmt und die Unterwasserforschung Fortschritte macht, nähern wir uns vielleicht einer kumulativen Welle in einer Serie von Brechern.

Die zahlreichen Bücher, die geschrieben wurden, um die Existenz von Atlantis im Zentrum des Atlantischen Ozeans — oder anderswo — zu beweisen oder abzustreiten, sind an dem logischsten aller Argumente vorbeigegangen. Diese Begründung steht in engem Bezug zu den Unterwasserfunden auf den Bahamas und im Karibischen Meer und ist grundsätzlich auch für das archäologische »Establishment« annehmbar. Seltsamerweise lagen die Schlüsse, die zu ziehen sind, die ganze Zeit auf der Hand. Vielleicht wurde ihre Bedeutung gerade deshalb nicht erkannt. Die Argumentation ist ganz einfach: es ist bekannt, daß die Bahama-Bänke, ebenso wie große Teile der Kontinentalschelfs in aller Welt, zur Zeit der letzten Vereisung über dem Wasser lagen. Der Hudson in New York zieht sich in Felsschluchten weit ins Meer hinein. Das gleiche gilt für die Felsschluchten der französischen und spanischen Flüsse, für den La Plata in Argentinien und für andere Flüsse, die im Ozean münden. Solche tief eingeschnittenen Flußtäler können sich nicht unter Wasser bilden. Und ebenso können die versunkenen Sandstrände der Azoren nicht auf dem Grund des Ozeans entstanden sein.

Um einen Aspekt der Kontroverse um Atlantis zu klären, müssen wir nun die Frage stellen: ist der Wasserspiegel irgendwann einmal beträchtlich gestiegen? Diesmal kommt die Antwort — ein zufriedenstellendes »Ja« — von den Geologen und den Gletscherspezialisten. Sie weisen auf das beschleunigte Schmelzen der letzten Eiszeitgletscher vor ungefähr zwölftausend Jahren hin. Das Wasser stieg damals um etwa zweihundert Meter, überflutete die Küstenebenen von Kontinenten und Inseln und bedeckte, falls sie existierten, Straßen, Mauern, Gebäude und Menschen, während die Überlebenden die unvergeßliche Erinnerung an das Ansteigen des Wassers, die überwältigende Flut und den Regen in Legenden bewahrten.

Zu verschiedenen Zeiten hat man das Tiefenprofil der Ozeane zu bestimmen versucht. Seit dem Jahr 1920 gelang das mit Hilfe des Echolots genauer, später verwendete man das Sonar, und seit 1950 benutzt man ein noch exakter arbeitendes Präzisionsinstrument. Mit den fast vollständigen Meßergebnissen, die wir von den Weltmeeren haben, sind wir in der Lage, ein globales Bild von dem zur Zeit der letzten Eiszeit existierenden Festland zu rekonstruieren. Vielleicht erhalten wir dadurch eine Teilantwort auf die Frage, wo der Mensch der Vorzeit gelebt hat und wo es Kulturen gegeben haben könnte.

Untiefen finden sich in der Nordsee, im Ärmelkanal und im Seegebiet südlich und westlich von Irland, so daß wir annehmen können, es habe sich hier vor dem Ansteigen der Meere um trockenes Land gehandelt. Diese Annahme wird bestärkt durch Funde von Mastodontenknochen und Steinzeitgerät auf dem Grund der Nordsee und durch Unterwasserbauten, die Taucher unter der Leitung von Pastor Spanuth bei Helgoland fanden. An den Westküsten von Frankreich und Irland existieren unzählige Sagen von Städten unter dem Meer. Zum Teil hat man sie auf die Phantasie und den Hang zum Mystizismus der Kelten zurückgeführt. Teils hat man die Sagen aber auch durch gewisse, aus der Steinzeit stammende Unterwasserfunde bestätigt gefunden. Einige der Alleen der Mehinre, der großen aufrecht stehenden Steine, setzen sich an der atlantischen Küste ins Meer hinein fort. Bei extrem niedriger Flut — in Abständen von fünf oder zehn Jahren — kann man sie sehen.

Eine um etwa zweihundert Meter niedrigere Wasserhöhe im Mittelmeer hätte zur Küstenlinie östlich von Tunesien eine erhebliche Landmasse hinzugefügt und Sizilien mit dem italienischen Festland vereinigt; Ovid scheint noch gewußt zu haben, daß dies einstmals der Fall war. Die griechischen Inseln wären größer und weit zahlreicher gewesen. Tatsächlich werden sie entsprechend auf der Karte des Ibn Ben Zara von Alexandria aus dem Jahre 1487 dargestellt. Diese Karte war, wie die des Piri Reis und zahlreiche andere, eine Kopie von alten Karten, die aus einer

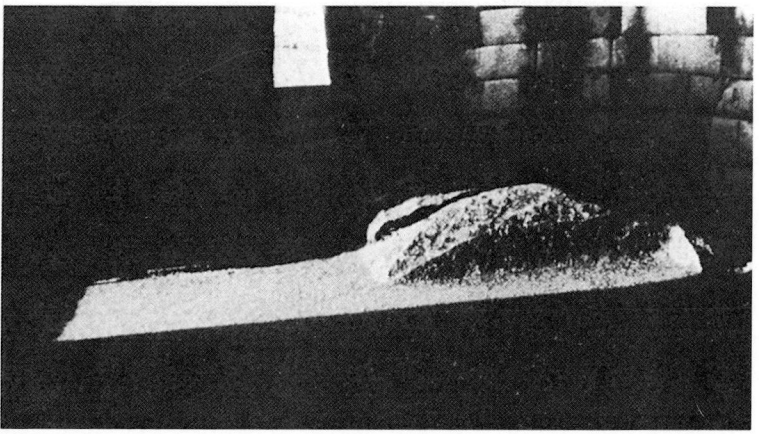

Machu Picchu in Peru wurde erst 1912 wiederentdeckt. Sie liegt mehr als zweitausend Meter hoch in den Anden. Die Terrassen dienten zum Teil dem Anbau von Pflanzen.

Blick in das Innere des Sonnentempels von Machu Picchu. Im Augenblick der Wintersonnenwende bedecken die Sonnenstrahlen, die durch ein Fenster fallen, eine hierfür bestimmte rechteckige Fläche.
(Foto: J. Manson Valentine)

Der „Froschthron" bei Kenko in Peru ist ein Beispiel der Masma-Kultur der Vorinkazeit. Natürlichen Felsformationen wurde durch Behauen die Form von Tieren verliehen. Einige dieser Skulpturen stellen Tiere dar, die heute in Südamerika nicht mehr heimisch sind. (Foto: J. Manson Valentine)

Fabelwesen vom Fries des Sonnentores von Tiahuanaco.

▲ Auf der Osterinsel wird eine der umgefallenen Statuen (Moai) mit Hilfe eines Krans wieder aufgestellt. Mit primitiven Mitteln waren die Herstellung und das Aufrichten dieser riesigen Standbilder mit dem eigenartigen Kopfaufsatz aus rotem Stein eine erstaunliche Leistung. Weshalb auf einer kleinen Insel Hunderte dieser Moai entstanden, ist ein ungelöstes Rätsel.
(Foto: George Holton)

Uralte Steintreppe, die mit Teilen einer von Menschen bearbeiteten Höhle in den Anden oberhalb von Cuzco durch eine Eruption aus dem Berg herausgeworfen wurde. ▶
(Foto: J. Manson Valentine)

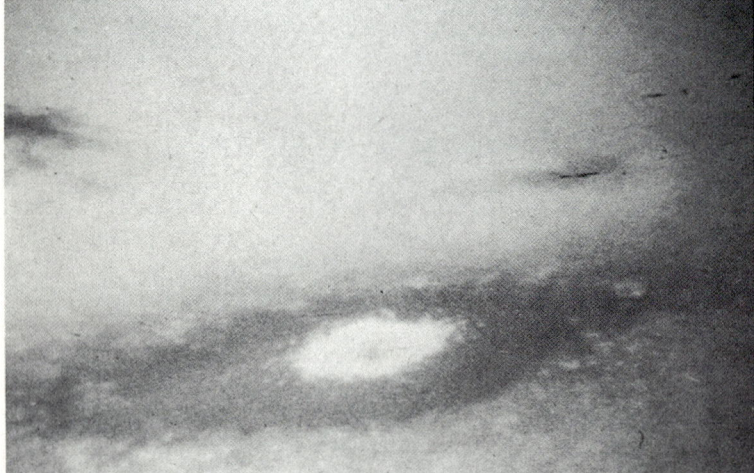

Luftaufnahme eines unter Wasser liegenden Bauwerks vor der Insel Andros in der Gruppe der Bahamas. Weitere rechteckige Konstruktionen oberhalb und links von dem ursprünglichen Fund sind zu erkennen. (Foto mit Erlaubnis von Trigg Adams, Marine Archaeological Research Society)

Süßwasserquelle im Atlantischen Ozean, nördlich der Großen Bahama-Bank. Das Süßwasser kommt wahrscheinlich aus einem im Kalkstein unter Wasser liegenden Flußlauf, der sich einst über dem Meeresspiegel befand. (Foto: J. Manson Valentine)

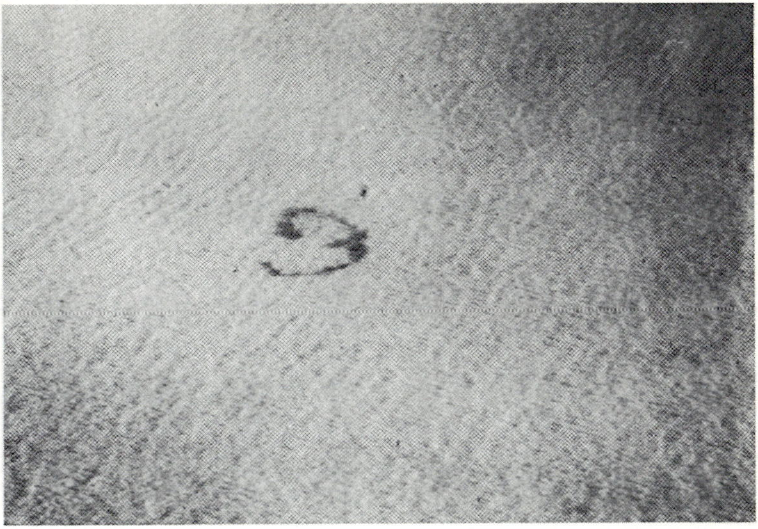

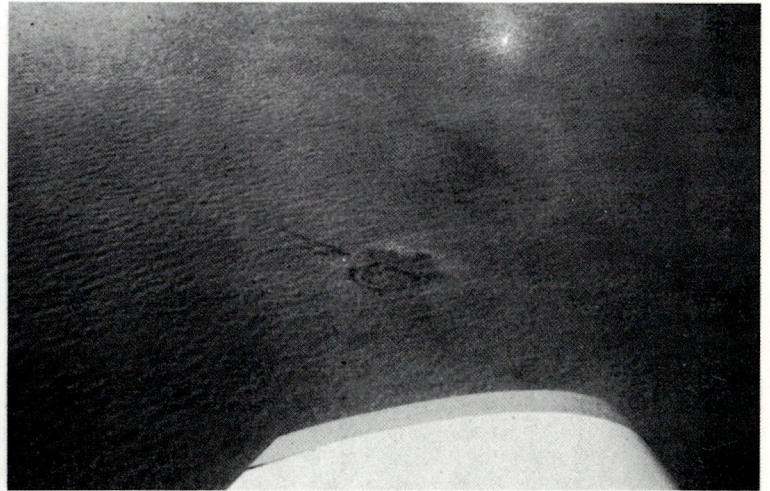

Ungewöhnliche Formation unter Wasser, aufgenommen über den
Bahama-Bänken, mehrere Kilometer von der Küste entfernt.
(Foto: Dimitri Rebikoff)

Luftaufnahme einer weiteren Formation, seltsamerweise in Gestalt eines
Schwertes von beträchtlicher Länge. Es könnte sich hier ebenfalls um
Ruinen prähistorischer Bauwerke handeln.
(Foto: Dimitri Rebikoff)

Pico, der höchste Berg der Azoren. Die Azoren, die Kanarischen Inseln und Madeira sind nach Ansicht von Atlantologen die Berggipfel des versunkenen Kontinents Atlantis.
(Foto: José Goulart mit Erlaubnis des portugiesischen Reisebüros)

Das Gebiet der „Sieben Städte" auf der Azoreninsel Sâo Miguel. Die Sagen der Azoren berichten von untergegangenen Gebieten und Erderschütterungen.
(Foto mit Erlaubnis des Reisebüros der Azoren)

weit früheren Zeit stammten und offenbar Inseln verzeichneten, die sich zur Zeit des Ibn Ben Zara längst unter Wasser befanden.

Neuerdings haben griechische Archäologen, beispielsweise Dr. Galanapoulos und Dr. Marianatos, die Vermutung geäußert, die nördlich von Kreta gelegene Insel Thera könnte das verschwundene Atlantis gewesen sein oder zumindest Anlaß zur Atlantissage gegeben haben. Im Zusammenhang damit ist es interessant, daß die Karte des Ibn Ben Zara eine Insel, die Thera ähnelt, viel größer darstellt, als sie heute ist, also einen Zustand wiedergibt, der Tausende von Jahren zurückliegen muß. Das jetzige Thera soll einen großen Teil seines Gebiets bei einem Vulkanausbruch im Jahr 1500 v. Chr. eingebüßt haben. Seitdem hat die Insel noch viele Erdbeben erlebt, und der Vulkan raucht noch immer.

Weite Partien des Mittelmeerbodens scheinen aus Felsen, Klippen und Tälern zu bestehen, als handelte es sich nicht um Meeresgrund, sondern um Land, das von Wasser bedeckt ist. Viele der nun unter Wasser liegenden Städte und Häfen des Mittelmeers versanken noch in geschichtlicher Zeit. Zuweilen gingen diese Städte unter und tauchten wieder auf, wie es am Beispiel der antiken Säulen von Pozzuoli in Italien ersichtlich ist. Sie befinden sich heute über dem Wasser, zeigen aber aus der langen Zeit, da die Markthalle, zu der sie gehörten, unter dem Meer lag, deutliche Spuren von Unterwasserschäden durch Bohrmuscheln.

Im Mittelmeer und der Ägäis gibt es jedoch Städte und Bauwerke, die weit früher versanken. Sie befinden sich in wesentlich größeren Tiefen und sind vielleicht infolge der in diesem Gebiet häufig auftretenden Erdbeben so tief abgesunken. In den letzten Jahren haben Taucher verschiedentlich solche älteren und tiefer gelegenen Bauten entdeckt. Eine riesige Mauer, zusammengesetzt aus acht Meter langen und sechs Meter hohen Blöcken, ist im Jahr 1958 in einer Tiefe von vierzehn Metern und mehr von Marc Valentin auf der Mittelmeerseite von Gibraltar vor der marokkanischen Küste gefunden worden, als er einem Fisch nachjagte. Die Ruinen ließen sich mehrere Kilometer weit verfolgen. Die Konstruktion dieser Mauer, die von kleineren Steinen umgeben ist,

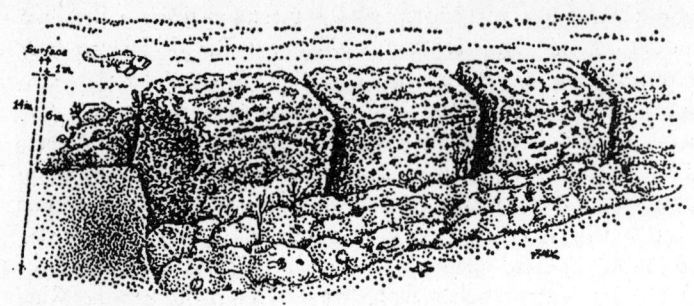

Skizze einer vor der marokkanischen Küste im Meer gefundenen Mauer aus großen Blöcken, flankiert von kleineren Steinen, die sich unter Wasser mehrere Kilometer weit erstreckt.

hat eine auffallende Ähnlichkeit mit den zyklopischen prähistorischen Bauten an der Küste des Atlantik und auf den Mittelmeer-Inseln. Daß noch mehr prähistorische Bauwerke und Städte in große Tiefen gesunken sind, wurde in der Nähe von Thera und besonders in der Nähe von Melos festgestellt. Bei einer Reihe von Tauchversuchen hielt Jim Thorne Ausschau nach den Armen der Venus von Milo — oder auf Griechisch — der Aphrodite von Melos. Ganz zufällig fand er in einer Tiefe von mehr als fünfzig Metern eine versunkene prähistorische Zitadelle, von der Straßen und Pfade in noch größere Tiefen führten.

In Nord- und Südamerika gibt es ein breites Kontinentalschelf. Es zieht sich von Neufundland bis Neuschottland in einer Breite von mehreren hundert Kilometern und läuft dann wieder Hunderte von Kilometern östlich von Cape Cod bis Florida weiter, wobei es sich auf durchschnittlich 140 bis 160 Kilometer verengt. Es ist überall weniger als zweihundert Meter tief, was dem niedrigeren Wasserstand während der Eiszeit entspricht. Dieses Gebiet unter Wasser, vermutlich einst Land, wird breiter an den Bahamas, vor Yucatan und Mittelamerika und dann wieder vor der nördlichen Küste von Südamerika, während es sich vor Brasilien wieder verengt und sich dann südlich von Rio de Janeiro über Hunderte von Kilometern ausdehnt.

Der Atlantische Ozean wird in seiner Mitte von einem Gebirgskamm beziehungsweise einer Reihe von Bergketten geteilt, die von Island herunter zum nordöstlichen Teil von Südamerika, dann östlich fast bis nach Afrika verlaufen und von da aus weiter nach Süden. Auf einer mehr oder minder direkten Linie von Lissabon bei 38. Grad nördlicher Breite und 27. bis 30. Grad westlicher Länge durchbrechen einige dieser Gebirgsspitzen die Wasseroberfläche des Atlantik und bilden die Azoren. Vom Unterwasserplateau der Azoren erhebt sich der Pico, ein riesiger, 7200 Meter hoher Berg, von dem 4900 Meter unter dem Wasser liegen, während sich die restlichen 2300 Meter oberhalb des Meeresspiegels befinden. Der steile Gipfel des Pico erinnert an Platos Beschreibung von dem großen Berg auf der Hauptinsel von Atlantis, der sich über der fruchtbaren Ebene erhob.

In den letzten neunzig Jahren wurde die Möglichkeit, Atlantis könne tatsächlich existiert haben, wieder stärker in Erwägung gezogen. Von den unzähligen Veröffentlichungen zu diesem Thema ist Ignatius Donellys 1882 erschienenes Buch *Atlantis — Mythos of the Antediluvian World* ein Bestseller geworden. Es liegt heute in einer Ausgabe vor, die von dem führenden englischen Atlantisforscher Edgarton Sykes auf den neuesten Stand gebracht wurde.

Man hat Atlantis an die verschiedensten Stellen verlegt, aber weit mehr als ein Drittel der mit dem Problem befaßten Untersuchungen neigen dazu, das versunkene Plateau um die Azoren unter eventueller Einbeziehung von Madeira, den Kanarischen Inseln und weiteren Untiefen im Meer als den Ort anzunehmen, an dem sich Atlantis befunden haben könnte. Sich auf das hier genannte Gebiet festzulegen, erscheint recht vernünftig. Erstens geht man so mit Plato konform, und zweitens handelt es sich hierbei um den breitesten Teil des atlantischen Gebirgskamms zwischen den Tiefseegebieten des Iberischen Beckens im Osten und des nordamerikanischen Beckens sowie der Tiefsee-Ebene im Westen. In den letzten Jahrzehnten hat man mit den modernen Geräten Meßwerte erhalten, die Donnelly und andere Atlantis-Forscher im späteren neunzehnten und frühen zwanzigsten Jahrhundert begeistert hätten. Wenn wir uns an Hand dieser Angaben das Plateau vergegenwärtigen, das die Azoren unter Wasser umgibt, finden wir ein versunkenes Land mit Halbinseln, Landengen, Buchten, Bergen und Tälern, das größer ist als Portugal. Es liegt in einer Tiefe zwischen 120 und 270 Metern. Der größte Teil davon hätte vor 12 000 Jahren über dem Meeresspiegel gelegen, und nördlich und östlich davon wären weitere Gebiete als Inseln hervorgetreten. Wiederum muß man an Plato denken, der von Inseln im Atlantik sprach, von denen aus man zu dem echten Kontinent auf der anderen Seite des Ozeans segeln konnte. Nehmen wir die zweite Stufe des Azoren-Plateaus in einer Tiefe zwischen 300 und 600 Metern dazu, dann ergeben sich die Ausmaße einer riesigen Insel oder eines kleinen Kontinents, dessen Topographie sich immer noch völlig von den benachbarten Tiefseegründen des tatsächlichen Ozeans unterscheidet.

Gewisse Merkmale der heutigen Azoren und einige Gewohnheiten der gegenwärtigen Bewohner deuten auf versunkenes Land hin. Die Fischer pflegen an bestimmten Stellen weit draußen im Ozean westlich von Flores einen Eimer über Bord zu werfen, um Süßwasser zum Trinken aus dem Meer zu holen. Mehr als 150 Kilometer westlich des Archipels kennen sie eine Stelle, an der sie ihre Boote verankern können, obwohl sie scheinbar mitten im Ozean liegt. Und oft werden ihre Netze beim Auswerfen weit draußen im Meer von gezackten Lavafelsen zerrissen.

Teile der Azoren scheinen noch immer im Meer zu versinken. Die Inseln Flores und Corvo lagern, als sie erstmals durch die Portugiesen besiedelt wurden, dicht beieinander, haben aber inzwischen so viel Land eingebüßt, daß sich der Abstand zwischen ihnen vergrößert hat. Die stetige vulkanische Bewegung macht es nötig, die Tiefenmessungen des Ozeans immer von neuem zu revidieren, und auf der Vulkantätigkeit beruhen zweifellos auch die heißen Quellen der Azoren. (Wieder Plato!) Andere ungewöhnliche Erscheinungen lassen sich gleichfalls durch Veränderungen einer tektonisch unruhigen Zone erklären — beispielsweise die benachbarten, aber gänzlich verschiedenen blauen und grünen Seen in São Miguel, ein unter Wasser liegender See in Graziosa und das ausgetrocknete Bett eines Sees in Flores. Es gibt einige erstaunliche Beweise dafür, daß Land auch in sehr große Tiefen abgesunken sein muß. In der Nähe der Azoren hat man in einer Tiefe von 3600 Metern Süßwasseralgen gefunden. Das deutet darauf hin, daß die Algen einst in einem See über dem Meeresspiegel lebten. Hinzu kommt, daß sich Sandbänke Tausende von Metern unter dem Ozean befinden. Küstensand kann sich aber nur bilden, wo Wellen sich Jahrhunderte lang an einer Küste gebrochen haben.

Die Annahme, daß Land abgesunken ist, wird auch durch Gestein bestätigt, das man am Grund des Atlantik gefunden hat. Im Jahr 1898 sollte ein Schiff nördlich der Azoren ein gebrochenes Kabel heraufholen und förderte dabei Stücke von Tachylit zutage, einer Art gläsernen Lava, die sich nur über Wasser unter atmosphärischem Druck bildet. Man schätzte das Alter des Gesteins auf 12 000 bis 13 000 Jahre. Einen ähnlichen Fund machte in jüngster Zeit eine Expedition im Auftrag der sowjetischen Akademie der Wissenschaften. Als Dr. Maria Klinowa Felsbrocken untersuchte, die man 96 Kilometer nördlich der Azoren aus einer Tiefe von zweitausend Metern vom Meeresgrund heraufgeholt hatte, ergab sich, daß das Gestein unter atmosphärischen Druck entstanden sein mußte. Ihrer Schätzung nach war es 15 000 Jahre vor unserer Zeitrechnung versunken. (Das Interesse der Sowjets an den Weltmeeren, an ihrer Flotte und an Unterseebooten — größtenteils wegen anderer Zielsetzungen — hat auch bei ihnen das Interesse an Atlantis belebt. Vielleicht wird dies für die Forschung der für Atlantis in Frage kommenden Gebiete von Nutzen sein.) Die beiden Funde, von denen hier die Rede ist, liegen zeitlich weit auseinander, doch beide Male gab man dem Gestein vom Grund des Atlantik ein Alter, das ungefähr mit Platos Angabe über das Versinken von Atlantis übereinstimmt.

Auch bei anderen ozeanographischen Untersuchungen aus neuester Zeit ergaben sich Fakten, die die Theorie von versinkenen atlantischen Landmassen zu bestätigen scheinen. Professor Ewing von der Columbia-Universität stellte fest, daß gewisse Stellen auf dem Grund des Ozeans von Lava bedeckt sind, und erklärte: »Entweder muß das Land drei bis fünf Kilometer gesunken sein, oder das Meer muß drei bis fünf Kilometer niedriger gewesen sein als heute. Beide Schlußfolgerungen sind bestürzend.« Bei einer von der Duke-Universität unternommenen Untersuchung des Puerto-Rico-Grabens fand Professor Bruce Heezen Korallenriffe in außerordentlicher Tiefe. Er bemerkte dazu: »Korallenriffe wachsen nicht in Wasser, das tiefer als 15 Meter ist. Das heißt, daß das von uns untersuchte Gebiet einst in der Nähe der Wasseroberfläche gelegen haben muß.«

Zuweilen werden innerhalb verhältnismäßig kurzer Zeitabstände an jeweils ein und derselben Stelle verschiedene Meerestiefen gemessen, als höbe und senkte sich der Grund des Ozeans ständig. Im Jahr 1923 meldete ein Kabelschiff der Western Union, ein Gebiet, in dem 25 Jahre zuvor ein Kabel gelegt worden war, sei offenbar um mehr als drei Kilometer angestiegen. Allerdings muß man bedenken, daß die Meßgeräte zu damaliger Zeit viel weniger genaue Angaben lieferten als die verbesserten, die seit 1950 verwendet werden, und so dürfen wir in Zukunft detailliertere und präzisere Angaben erwarten. Beispielsweise beobachtet man heute ein Ansteigen des Bodens im Karibischen Meer, dadurch daß Basaltfelsen »kontinentalen« Typs am Meeresgrund herausgepreßt werden.

Nehmen wir an, Atlantis hat wirklich existiert, ist es dann versunken oder einfach vom ansteigenden Wasser überschwemmt worden? Daß Teilgebiete versunken sind, ist sehr wahrscheinlich, befindet sich doch der mittelatlantische Rücken im erdbebenreichsten Gebiet der Welt. Vulkanische Erschütterungen verändern hier ständig die Tiefe und Topographie des Meeresgrundes.

Im Verlauf der Jahrtausende sind hier Inseln aufgetaucht oder verschwunden, größer oder kleiner geworden. Erst 1963 hat sich, dramatisch von Vulkanausbrüchen begleitet, eine große Insel, Surtsey, vor der Küste Islands aus dem Meer erhoben.

Jährlich gibt es ungefähr hunderttausend Erdbeben. Sie werden durch Verschiebungen des Drucks auf die Erdkruste verursacht, die sich an den »schwachen Linien« bemerkbar machen. Die meisten dieser Erdbeben, von denen ungefähr tausend ernster Natur sind, ereignen sich unter dem Meer in den großen Erdbebengebieten. Diese ziehen sich vom äußersten Norden durch die ganze Mitte des Atlantik, eine Abzweigung geht nach Osten ins Mittelmeer mit Ausstrahlungen bis nach Zentralasien. Die Hauptlinie aber verläuft in einem großen Bogen um Afrika in das Große Riff von Afrika und in den Indischen Ozean hinein. Von hier aus zieht sich der Erdbebengürtel südlich von Australien hin, danach durch den Pazifik nördlich nach Indonesien, Japan, zu den Aleuten und nach Alaska. Er setzt sich nach Kalifornien fort und weiter südöstlich nach Mexiko, Chile und Peru. Ungezählte Jahrhunderte lang lag eines der Haupterdbebengebiete, um nicht zu sagen das Erdbebenzentrum, im Atlantikrücken unter dem Wasser des Atlantik. Und genau hier soll der berühmte achte Kontinent — Atlantis — in dem Ozean, der nun seinen Namen trägt, versunken sein.

Sehen wir uns den Pazifischen Ozean an, dann bemerken wir, daß er nicht, wie der Atlantik, einen zentralen Gebirgskamm hat. Der Pazifik wird als der ursprüngliche Ozean der Welt betrachtet — *Panthalassa*. Er ist das allumfassende Meer, aus dem sich nach Wegeners Theorie die ursprünglichen Landmassen der Erde bildeten und in kontinentale Gebiete aufspalteten, die wie riesige schwimmende Inseln auseinander trieben. So ergab sich die Lage der heutigen Kontinente und Inseln, die noch immer einige Zentimeter im Jahr driften.

In diesem ehemaligen Supermeer finden sich außer in der Nähe der Kontinente keine nennenswerten Gebiete, die andeuten könnten, daß einst in der Frühzeit des Menschen ein zusätzlicher

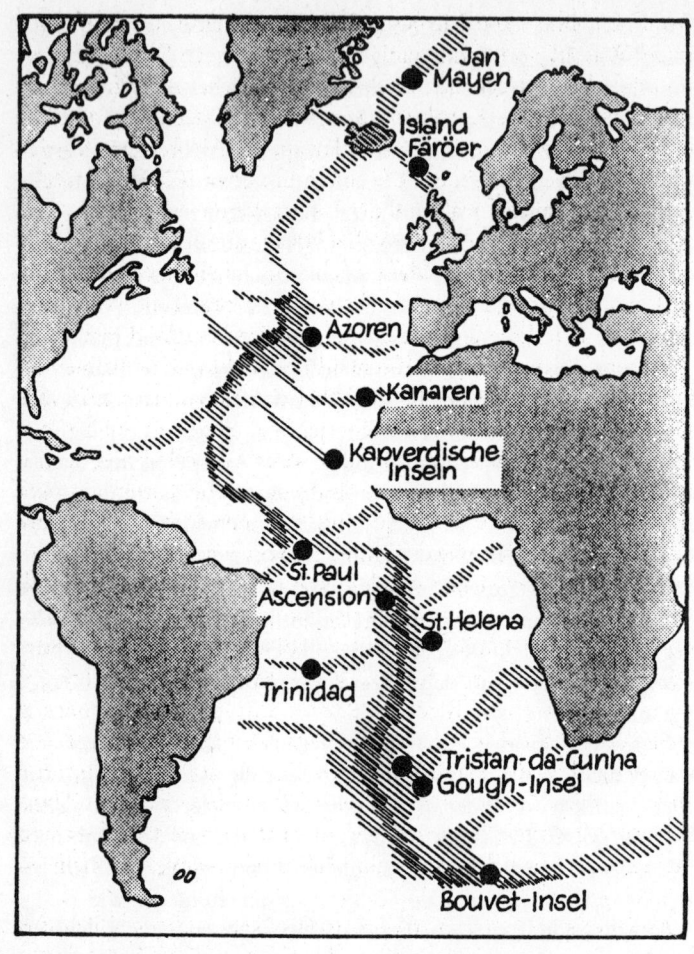

Verlauf des Atlantischen Rückens. Auf Island, der einzigen Stelle, an der die Schwelle über die Meeresoberfläche aufsteigt, befindet sich die aktive jungvulkanische Zone.

Kontinent über dem Meeresspiegel gelegen hätte. Gebirgsketten unter Wasser, von denen einige von Osten nach Westen laufen, unterbrechen gelegentlich die Wasseroberfläche in Form von Inselgruppen, wie die Karolinen, Marianen, die Marschall- und Gilbert-Inseln sowie die Kette von Hawaii, die Aleuten im Norden und Melanesien im Süden. Bei einem um etwa 200 Meter niedrigeren Wasserspiegel während der Eiszeit wären jedoch einige dieser Inseln, beispielsweise die von Hawaii, durch Land miteinander verbunden gewesen. Mehr noch: Australien hätte eine Landverbindung mit Südostasien gehabt, und große Teile vom Meeresboden in Indonesien und Malaysia wären Festland gewesen.

Da man auch auf den pazifischen Inseln zyklopische Ruinen gefunden hat, über deren Herkunft bei den Bewohnern nur vage Legenden existieren, sind mancherlei Spekulationen entstanden, diese Inseln könnten Spuren eines weiteren verlorenen Kontinents sein. Man argumentiert, daß eine solche Landmasse existiert haben müsse, um das Zustandekommen so gewaltiger Monumente zu erklären wie die Hunderte von Statuen auf der Osterinsel, deren gegenwärtige Ausdehnung nur für eine kleine Bevölkerungsgruppe ausreicht, die riesige steinerne Stadt auf der Karolinen-Insel Ponape, mächtige Ruinen auf anderen Inseln und Straßen, die ins Meer hineinführen. Man beruft sich auch auf Sagen von einem mächtigen Reich im Pazifik. Eine gewisse Erinnerung an dieses Reich, die sich bis in die jüngste Zeit gehalten hat, stellen wahrscheinlich die Tributzahlungen dar, die auf Yap, Truk und anderen Inseln Brauch waren. Die Inselbewohner pflegten Abgaben an weit entfernte Empfänger zu leisten, ohne den Grund zu kennen und nur im Bewußtsein, daß es tabu wäre, dies nicht zu tun.

Anders als im Fall von Atlantis ist der Name des angeblich verlorenen Kontinents im Pazifik unbekannt, und die Bezeichnungen Lemuria und vor allem Mu haben eher Verwirrung angerichtet. Lemuria wurde ursprünglich von Biologen als Name für einen hypothetischen Kontinent im Indischen Ozean vorgeschlagen, um die Lemuren und andere Tierarten, die es nur auf Madagaskar gibt, zu erklären. Die Bezeichnung wurde dann von den Anhängern der Theorie übernommen, die an einen verlorenen Kontinent im Pazifik glauben. Das Wort Mu machte in der Öffentlichkeit erstmals im neunzehnten Jahrhundert die Runde, als die französischen »Amerikanisten« Le Plongeon und Brasseur de Bourbourg bei einem Versuch, eine Maya-Chronik zu übersetzen, zu dem Fehlschluß gelangten, darin sei von einem versunkenen Land Mu die Rede.

Ob es einen Kontinent im unendlichen Pazifik gegeben hat, ist höchst zweifelhaft. Einige der archäologischen Rätsel sind über Inseln im Pazifik verstreut, die Tausende von Kilometern auseinander liegen. Die gesamte Breite des Pazifik trennt die verlassene Stadt Nan Madol auf den Karolinen von der archäologisch geheimnisvollen Osterinsel Rapa Nui. Sie befindet sich so weit östlich, daß sie fast genau südlich von Gallup in Neumexiko liegt. Weitere Ruinen, steinerne Straßen, Docks, Berge, deren Spitze abgetragen wurde, um eine Plattform zu schaffen, Felsskulpturen und Bilderschriften finden sich auf so weit voneinander entfernten Inseln wie Hawaii, Pitcairn, Yap, Malden, den Line- und Marquesas-Inseln.

Die verlassene Stadt unbestimmbaren Alters auf Ponape ist durch ihre Größe und Bauart ein Zeichen für eine ehemals mächtige und gut organisierte Kultur, die fast ohne Nachhall verschwunden ist. Nan Madol, auch Metalanim — oder durch die lange japanische Herrschaft auf den Karolinen Metaranimu genannt — bedeckt eine Fläche von 17,6 Quadratkilometern. Die Stadt wird von Kanälen durchzogen und ist aus tadellos zugeschnittenen, riesigen Basaltblöcken konstruiert, die von 48 Kilometern entfernten Steinbrüchen herbeigeschleppt werden mußten. Einige der Mauern sind 12 Meter hoch und 5,4 Meter dick. Ungewöhnlich an der Konstruktion sind die Kanäle, die offenbar aufwärts statt abwärts gebaut wurden. Die Landstücke zwischen den Kanälen sind zum größten Teil künstlich angelegt und eigentlich Steinplattformen im Ozean. Man hat Steine auf die Korallenriffe geschichtet, um eine Reihe von miteinander verbundenen Inseln zu schaffen. Zum Schutz der Stadt wurden riesige Wellenbrecher im Ozean angelegt, zwischen ihnen gestattete ein Tor den großen Kanus die Ausfahrt ins Meer.

In seinem Buch *The Riddle of the Pacific* (Das Rätsel des Pazifik) hat J. Macmillan Brown die Anzahl der zum Bau einer solchen Stadt benötigten Arbeitskräfte abgeschätzt und darauf hingewiesen, daß hierfür ein größerer Landkomplex erforderlich gewesen wäre, der offenbar versunken ist. »Das Emporhieven der immensen Blöcke, von denen viele 5 bis 25 Tonnen wogen, bis zu einer so beträchtlichen Höhe wie 18 Meter muß Zehntausende gut organisierter Arbeitskräfte erfordert haben, die untergebracht, gekleidet und beköstigt werden mußten. Doch im Umkreis von 2400 Kilometern leben heute nicht mehr als 50 000 Menschen. Das ist eines der Wunder des Pazifik, es sei denn, wir nehmen an, daß zwanzigmal soviel Land wie heute vorhanden war, das dann versunken ist . . .«

Einheimische Sagen, die den Bau der Stadt betreffen, kargen sehr mit technischen Details. Götterähnliche Helden sollen die Steine von den entfernten Steinbrüchen zum vorgesehenen Platz in den Mauern, Kanälen und Wellenbrechern haben fliegen lassen. Eine ähnliche Erklärung wird für die zyklopischen Bauten in den Anden gegeben. Eine zahlenmäßig große Bevölkerung mit entsprechender Organisation, passenden Geräten und Verfahren wäre indessen durchaus zum Bau von Nan Madol und den anderen rätselhaften Konstruktionen auf den anderen pazifischen Inseln befähigt gewesen.

Zur Zeit, als die Inseln durch die Weißen entdeckt wurden, wohnten dort viel mehr Menschen als in den Jahren danach, da Krankheit, Alkohol, Sklaverei und regelrechter Mord die Bevölkerung dezimierten. Im allgemeinen aber befand sich ein einst offenbar entwickeltes Volk zum Zeitpunkt seiner Entdeckung bereits im kulturellen Niedergang. Wieder zeigt sich hier eine seltsame Parallele zu den Indianern in Amerika, bei denen sich, wie im Pazifik, Sagen von älteren, mächtigeren Völkern erhalten hatten.

Es ist möglich, daß die enormen Bauten und Monumente auf Ponape, Rapa Nui und den anderen Inseln nicht von einem großen »verlorenen« Kontinent herrühren. Vielleicht wurden sie von Völkern, oder ihren Nachkommen, errichtet, die von einem großen seefahrenden Volk beeinflußt, besiegt und angeleitet worden waren, einem Volk, das entweder durch Vermischung in anderen aufging oder aus anderen Gründen verschwand. Hinweise, daß die kulturelle Entwicklung im Pazifik mit erschreckender Plötzlichkeit zum Stillstand kam, finden sich in Legenden, die von Zerstörung und jähen Katastrophen erzählen. Selbst die Ruinen tragen Spuren von einem unvermuteten Abbruch. Viele Statuen der Osterinsel waren noch in Arbeit, als irgend etwas die Künstler veranlaßte, ihr Gerät aus der Hand zu legen. Fertige Steinblöcke standen zum Verschiffen bereit, und in Nan Madol wurden einige der im Bau befindlichen zyklopischen Mauern niemals fertiggestellt.

Vielleicht haben Ausbrüche von Vulkanen, deren Gipfel die pazifischen Inseln bilden, ungeheuere Veränderungen unter der Wasseroberfläche bewirkt. Die Osterinsel liegt beispielsweise auf einem hohen Kegel, der sich vom Grund des Ozeans erhebt. Sie befindet sich zudem auf einer sehr unsicheren Basis zwischen drei »Bruchzonen« der Bruchzone der Osterinsel im Süden und der Challenger- und Méndez-Bruchzone im Norden.

Charakteristisch für den Pazifik, ebenso wie für den Atlantik, sind »Meerberge« — seltsame Kegel, aber mit abgeflachten Spitzen, die sich vom Meeresgrund zuweilen bis nahe an die Oberfläche erheben. Man hat vermutet, diese »Meerberge« könnten einst Inseln gewesen sein, deren flache Oberfläche über dem Waser lag. Andererseits finden wir an den Küsten beider Ozeane Strandgebiete, die emporgetrieben wurden und sich nun an Land in beträchtlicher Höhe befinden: auf 120 Meter bei Paracas in Peru, auf 390 Meter in der Nähe von Valparaiso in Chile, auf 450 Meter in Nordkalifornien und auf 510 Meter an der Küste von Grönland. Daß solche Landveränderungen bereits zur Zeit menschlicher Besiedlung stattfanden, wird von den Funden belegt. Teile von Fischnetzen, Töpferei und gewebtem Stoff wurden zwischen Sand und Muscheln im Boden eines ehemaligen Strandes von Peru entdeckt, der nun mehr als hundert Meter über dem Meer liegt. Da sich ehemalige Strände zu einer solchen Höhe erheben konnten, ist logischerweise anzunehmen, daß andere Landstriche in einer ausgleichenden Gegenbewegung gesenkt wurden.

Wenn man sich das riesige Verbreitungsgebiet der prähistorischen Kultur im Pazifik vor Augen hält und bedenkt, daß die Seefahrer des Pazifik es fertigbrachten, auf ihren weiten Reisen, ohne Land in Sicht, entfernte und relativ kleine Inseln anzusteuern, dann gewinnt man den Eindruck, daß die pazifischen Seeleute überlieferte Kenntnisse aus einem früheren großen Zeitalter der Schiffahrt besaßen. Sie müssen Wissen von vorzeitlichen, aber wahrhaftig nicht primitiven Seefahrern übernommen haben, die eine jüngere Welt bereisten, Karten von Ozeanen, Kontinenten und Inseln aufnahmen und die Bahnen der Sterne am Himmel kannten.

Außer den erstaunlichen Ruinen gibt es auf den pazifischen Inseln sonst mancherlei Hinweise auf eine Bindung an eine frühere, höher entwickelte Kultur. Die Seefahrer in ihren großen Doppelkanus wußten irgendwie, wie man weite Entfernungen im Pazifik zurücklegt, und dies in einer Zeit vor Kolumbus und auf Reisen, die länger waren als seine. Soweit bekannt ist, gab es gewisse Navigationshilfen aus Holz, die sich an der Position der Sterne orientierten. Vielleicht waren sie eine Hinterlassenschaft eines seefahrenden Volkes der Frühzeit. Die Reise der Inselbewohner von Tahiti nach Hawaii ist nur ein Beispiel für das Vorhandensein maritimer Fachkenntnisse. Die Maoris, die vor tausend Jahren in Massen von Polynesien nach Neuseeland auswanderten, wußten nicht nur sehr viel von den Sternen, es war ihnen auch irgendwie bekannt, daß der Planet Saturn Ringe hat. Archäologische Untersuchungen auf der Osterinsel haben drei Kulturepochen ausgemacht, von denen die älteste am weitesten entwickelt war. Auf einem Felsen der Osterinsel in die Abbildung eines alten Schiffes mit drei Masten eingemeißelt. Es ist größer und ganz anders als diejenigen, die bei den Bewohnern zur Zeit ihrer Entdeckung in Gebrauch waren.

Die Tabus auf den pazifischen Inseln, jene Dinge, die man aus Furcht vor dem Zorn der Götter und Geister nicht tun oder nicht unterlassen darf, sowie die Beschwörungsformeln der Zauberer sind vielleicht Überreste alter medizinischer Kenntnisse im Gewand der Magie. In einem umfassenden Buch über Ponape liefert Sibley S. Morill glaubwürdige Belege dafür, daß die Medizinmänner von Ponape wirksame Heilmittel für Tetanus und Gonorrhöe und »Tränke« zur Behebung von Herzanfällen und zur Schwangerschaftsunterbrechung besitzen.

Ein typisches Beispiel für den kulturellen Niedergang bei den Völkern der pazifischen Inseln ist die Schrift auf der Osterinsel, deren Kenntnis verlorenging, ehe sie entziffert werden konnte. Als die Osterinsel erstmals angelaufen wurde, konnten einige der damals rund sechstausend Bewohner noch die seltsamen *Rongo-Rongo*-Schriften lesen, die auf flache Holzbretter eingeschnitzt oder auf Felsen gemeißelt waren. Bei dieser Schrift scheint es sich um ein Silbenalphabet zu handeln, das aus mehr als fünfhundert Zeichen besteht. Einige der Glyphen stellen menschliche Figuren dar, andere sind lineare Zeichen. Nach der Dezimierung durch Sklaverei und Krankheiten, als die Bevölkerung nur noch ungefähr hundert Köpfe zählte, waren alle Lesekundigen tot. Mit ihnen waren das Geheimnis des »Alphabets« und der Inhalt der Aufzeichnungen dahingegangen. Eine ähnliche Schrift, die man gleichfalls nicht entziffern kann, ist auf den Karolinen gefunden worden.

Neben den Statuen ist die Schrift das zweite Rätsel der Osterinsel, und ein eigenartiger Zusammenhang macht alles nur noch geheimnisvoller. Die Schriftzeichen sind nämlich offensichtlich mit der Schrift einer entschwundenen Kultur auf der anderen Seite der Welt verwandt, die von der Osterinsel so weit entfernt ist, wie es auf Erden überhaupt nur möglich ist. Wenn man von der Osterinsel eine Linie durch den Mittelpunkt der Erde zieht bis zu einem diametral entgegengesetzten Punkt auf der anderen Seite,

Eine Reihe von Schriftzeichen von der Osterinsel (oben) mit fast genauer Entsprechung in der Schrift von Mohenjo-Daro und Harappa im Industal (unten) auf der anderen Seite der Erde.

dann käme sie in der Nähe des Industals in Pakistan wieder zum Vorschein. Hier lagen einst die großen Städte Mohenjo-Daro und Harappa. Man schätzt ihr Alter auf 4500 Jahre. Sie gehörten zu einer vorgeschichtlichen Kultur in Indien, die sich über die ganze Länge und Breite des Industals erstreckte. Es gab riesige, sorgsam geplante und dicht bevölkerte Städte mit Backsteinbauten, Wasserleitung, Kanalisation und Anlagen zur Müllbeseitigung. Durch eine Invasion aus dem Norden wurde diese Kultur so schlagartig vernichtet, daß man später die Gebeine der erschlagenen Bewohner noch in der Schicht der alten Straßen gefunden hat.

Die Kultur des Industals setzt man um dieselbe Zeit an wie die der Sumerer, deren Schrift wir lesen können. Die Schrift von Mohenjo-Daro und Harappa aber hat sich nicht entziffern lassen, denn die Sprache selbst verschwand mit den Menschen, die sie gesprochen hatten. Man hat die Buchstaben- oder Silbenzeichen dieser Schrift auf Spiegeln gefunden, die wahrscheinlich für Unterschriften, zum Stempeln oder zur Identifizierung benutzt wurden.

Die riesige Entfernung zwischen dem Industal und der Osterinsel macht die Tatasche schier unglaublich, daß viele Zeichen der beiden Schriften annähernd identisch sind. Eine rein zufällige Übereinstimmung kommt bei einer so beträchtlichen Anzahl und in einer so auffallenden Gleichheit der Linienführung nicht in Betracht. Die Zeichen der Osterinsel bestehen oft aus Doppellinien. Abgesehen davon ist die Ähnlichkeit so groß, daß man aus

159

vielen Zeichen der Schrift des Industals das Gegenstück in der Schrift der Osterinsel erschließen kann.

Die Schrift der Osterinsel war noch in geschichtlicher Zeit in Gebrauch, und einige der »sprechenden Hölzer« (der *Rongo-Rongo*-Tafeln) entgingen der Vernichtung durch die Missionare. Eine einzelne Schriftzeile konnte Bischof Jaussen von Tahiti mit Hilfe eines Mannes identifizieren, der von der Osterinsel kam und auf Tahiti lebte. Dieser ehemalige Bewohner der Osterinsel hatte offensichtlich den Inhalt einer Holztafel im Gedächtnis, konnte ihn aber nicht mehr mit den Schriftzeichen in Zusammenhang bringen. Auf eine Gruppe wiederkehrender Symbole verwies er jedoch immer wieder und übersetzte sie mit den Worten: »Sie richteten ihre Gebete an den Gott von Rangitea.« Wenn die Übersetzung richtig ist, wird dadurch das Geheimnis nur noch größer, den Rangitea liegt auf den Freundschaftsinseln, und 2400 Kilometer Ozean trennen es von der Osterinsel.

Die weitgehende Übereinstimmung einer Schrift auf einer entlegenen Insel mitten im größten Ozean der Welt mit einer vorgeschichtlichen Schrift in Westindien auf der anderen Seite der Erde läßt nicht nur auf eine gemeinsame Abstammung schließen, sondern auch auf eine weit verbreitete Kultur. Hier haben wir einen recht konkreten Hinweis auf ausgedehnte Seefahrten in einer Frühzeit, aus der es keine Aufzeichnungen gibt, und auf eine zuvor für unmöglich gehaltene Verbreitung der Zivilisation.

Wenn aber der Meeresspiegel tiefer lag und die Landmassen anders verteilt waren, wären solche Reisen zwar lang, aber doch realisierbar gewesen. Sie könnten in den Küstenländern der ganzen Welt die kulturelle, rassische und sprachliche Vermischung bewirkt haben.

VIII
Die Götter vom Meer und
die alten Seefahrer

Die Vorgeschichte Amerikas wird immer älter — Götter, die über das Meer kamen — Prophezeiungen, die den Spaniern halfen — Weiße und beinah schwarze Indianer — Männer mit Bart und unindianischem Aussehen — Was bedeuten die Riesenhäupter mit negroiden Zügen? — Indianer überqueren den Atlantik — Wie viele Reisen vor Kolumbus? — Alte chinesische Berichte von Amerikareisen — Ein Stein mit Runeninschrift — Phönizische Inschriften — Die Megalithbauten von Mystery Hill — Die Buffalo-Madonna — Wer hat die unzähligen Mounds erbaut? — Verschwundene Städte — Die Suche nach Manoa — Die Loltun-Höhlen und ihre merkwürdigen Skulpturen

Wer waren die frühesten Bewohner Amerikas? Fast alle Anthropologen und Archäologen akzeptieren die Theorie, daß die Vorfahren der Indianer einst von Sibirien her über die damals zugefrorene Beringstraße eingewandert sind und im Laufe der Zeit die beiden amerikanischen Kontinente von Alaska bis hinunter zur Südspitze von Feuerland bevölkert haben, woraus sich schließlich die Vielfalt wildlebender Stämme und zivilisierter Völker ergab, die von den europäischen Entdeckern vorgefunden wurden. Offenbar glaubt das alle Welt — mit Ausnahme der Indianer selbst, der früheren wie der jetzt lebenden. Bei ihnen haben sich mündlich, in Schriften und Bildwerken Überlieferungen ihrer Herkunft erhalten, von denen faktisch keine etwas mit Sibirien zu tun hat.

Die Azteken von Mexiko, ihre Vorgänger, die Tolteken, die Mayas und andere Stämme Mittelamerikas leiteten ihren Ursprung von einer Insel namens Atzlan oder Atlan im östlichen

Bilderschrift von Tempelfriesen der Maya: bis heute unentziffert.

Ozean her (zur unendlichen Genugtuung aller Verfechter der Theorie von Atlantis). In Dokumenten aus der Zeit nach der spanischen Eroberung, als die Überlieferung noch intakt war, haben sie sogar beschrieben, wo ihre frühesten Vorfahren an der mexikanischen Küste landeten, bei Vera Cruz, und wie sie als ihr wert-

Darstellungen von Tempeln in Chichen Itza, Yucatan, die einen gänzlich unindianischen Menschtypus zeigen.

vollstes Gut Bücher und Kunstwerke mitbrachten. Bischof de Landa, der unbegreiflicherweise so viele Maya-Handschriften verbrennen ließ, um dann später, was übriggeblieben war, zu durchforschen, hat nicht lange nach der Eroberung Yucatans berichtet, daß dort alle Überlieferungen auf eine östliche und fremde Herkunft der Bevölkerung wiesen. Die frühen Interpreten der Bildzeichen in den Maya-Handschriften kamen zu dem Schluß: »Die Eingeborenen glauben, ihre Vorfahren hätten das Meer überquert mit Hilfe einer Durchfahrt, die sich für sie geöffnet habe.« Die Quiche der Mayas von Guatemala erzählen in ihrer Chronik, dem *Pobul Vuh:* »Die drei Söhne des Königs von Quiche besuchten das im Osten gelegene Land, aus dem einst unsere Vorfahren kamen.«

Bei den Indianern von Nordamerika gibt es eine weitverbreitete Überlieferung, die von Einwanderung aus dem Osten, meist vom Ozean her, spricht. Die Indianer der Großen Seen glaubten, daß ihre Vorväter einst »gen Sonnenaufgang« wohnten. Die Überlieferung der Hopis berichtet von ihrer Einwanderung aus dem tropischen Süden und erzählt, sie seien einst der Vernichtung dadurch entgangen, daß sie unter dem Meer lebten, während andere Überlebende dem Untergang der »Dritten Welt« entflohen, indem sie auf riesigen Flößen aus Schilfrohr das Meer überquerten. Die Leni-Lenapi-Indianer glaubten, sie stammten von »dem ersten Land . . . jenseits des großen Ozeans«. Die Überlieferung der Sioux sagt: »Die indianischen Stämme waren früher eins, und alle wohnten zusammen auf einem Eiland . . . gen Osten oder Sonnenaufgang . . .«, und sie erzählt weiter, daß die Vorväter nach einer Überfahrt »von Wochen« mit ihren großen Kanus das neue Land erreichten. Bei den Indianern von Iowa bezeichnet eine Legende ebenfalls eine Insel als Ursprungsort. Sie sagt: »Im Anbeginn lebten alle Menschen auf einem Eiland, dort, wo das Tagesgestirn geboren wird.«

In Südamerika entwickelten die vor den Inkas lebenden Chimus an der Westküste von Peru eine hochstehende Kultur und bauten eine enorme Stadt, Chan chan, deren Ruinen sich über mehr als 28 Quadratkilometer erstrecken. Auch sie behaupteten, ihre Vorfahren seien in einer großen Flotte langer Kanus über das Meer gekommen.

Obwohl die Anthropologen mit den poetischen Legenden der Indianer über den Ort ihrer Herkunft nicht einig gehen, sind sie doch auch der Meinung, daß die Indianer ursprünglich nicht vom amerikanischen Kontinent stammen. Als einer der zwingendsten Gründe für das relativ späte Erscheinen des Menschen in der Neuen Welt wird angeführt, daß fossile Reste von großen Menschenaffen oder verwandten humanoiden Arten in Amerika fehlen. Ein weiterer ist die Tatsache, daß man jetzt keine älteren Spuren von Menschen gefunden hat als aus einem Zeitraum, der zwischen 10 000 und 30 000 Jahren vor unserer Zeitrechnung angesetzt wird, während der Urmensch in Afrika und Asien auf eineinhalb bis zwei Millionen Jahren zurückgeht.

Lange hielt man sogar 10 000 Jahre für die äußerste Grenze der Existenz des Menschen in Nord- und Südamerika. Als in den zwanziger Jahren bei Folsom in Neu-Mexiko die Knochen eines riesigen, bereits vor 10 000 Jahren ausgestorbenen Urbüffels (bos americanus) gefunden wurden und zwischen ihnen eine feingeformte, gekehlte Speerspitze, erklärten die »Experten« zunächst, das könne nur eine indianische Pfeilspitze sein, die wohl irgendein Nagetier zwischen die Knochen getragen habe. Diese Ansicht ließ sich nicht halten, als in der Folgezeit eine weitere Speerspitze gefunden wurde, die in einer Rippe eines anderen solchen Bisons steckte, denn damit war erwiesen, daß der Mensch von Folsom älter als 10 000 Jahre und einer der frühen Bewohner des Kontinents war. Inzwischen wurden an verschiedenen Stellen der Vereinigten Staaten noch weitere Spuren des prähistorischen Menschen entdeckt — eine zum Beispiel an der atlantischen Küste von Florida, wo sich zwischen Knochen von Säbelzahntigern und Kamelen Tongefäße und Steinwerkzeuge aus Menschenhand befanden.

Obwohl man annimmt, daß das Pferd bereits vom amerikanischen Kontinent verschwunden war, als der Mensch dort erschien, wurden 1938 in einigen Höhlen an der Magellanstraße (Fells Cave, Cerro Sota und Pallo Aike) beieinander liegende Knochen von primitiven Pferden und Menschen gefunden, deren Datierung später ergab, daß sie etwa 9000 Jahre alt waren. Das bedeutet nicht unbedingt, daß Pferde damals als Haustiere gehalten wurden. Es ist durchaus möglich, daß die prähistorischen Bewohner von Feuerland das Fleisch der Pferde aßen und sie nicht als Reit- oder Tragtiere benutzten.

Es gibt jedoch einen noch erstaunlicheren Hinweis auf das Alter des Menschen in Südamerika. In der Nähe von Pisco in Peru, nicht weit entfernt von den rätselhaften Nazca-Markierungen, hat der peruanische Archäologe Dr. Julio Tello in den Ruinen zweier von ihm entdeckter, vorwiegend aus Porphyr erbauter Küstenstädte Tongefäße ausgegraben, die mit Darstellungen von Lamas geschmückt sind. Das Sonderbare daran ist: Diese Lamas sind mit fünf Zehen an jedem Fuß abgebildet, statt mit zwei Zehen oder dem gespaltenen Huf, den heutige Lamas haben. Jedoch vor Zehntausenden von Jahren hatten die Lamas tatsächlich fünf Zehen.

Erinnerungen an ausgestorbene Elefantenarten (Mammut und

Mastodon) könnten das Elefantenmotiv in der alten mexikanischen Kunst wie auch den berühmten »Elefanten-Mound« (Hügel) in Wisconsin erklären. Eine solche Deutung legen auch andere seltsame Tierdarstellungen nahe. In Tiahuanaco, Bolivien, wurden Tongefäße gefunden, auf denen das Toxodon abgebildet ist, ein Säugetier, das, wie wir wissen, in jener Gegend nur in einer weit zurückliegenden Vorzeit existiert hat. Auf Felsblöcken im Gebiet des Amazonas entdeckte man die eingekratzten Umrisse von Tieren, die Dinosauriern ähneln. In Mexiko kamen bei Ausgrabungen sogar kleine Dinosaurierplastiken zutage; und Darstellungen von Drachen, die wir Riesenechsen aussehen, kann man auf Tempelfriesen an den verschiedenen Stellen von Mexiko und Mittelamerika bewundern.

Natürlich können die Bildzeichen vom Amazonas auch einfach phantastische Ungeheuer oder stilisierte Drachen wie in China darstellen, und tatsächlich ähneln die Maya-Drachen den chinesischen in erstaunlichem Maß. Die Echtheit der kleinen Dinosaurierplastiken hingegen, die man in Acambaro entdeckte, wurde schon während der Ausgrabung zweifelhaft, als man nämlich herausfand, daß Bewohner der Gegend in Aussicht genommene Grabungsorte mit hausgemachten Tondinosauriern eigener Herstellung spickten. — Aber wie immer man auch den tatsächlichen Zeitraum der Existenz des Menschen in Amerika einschätzen mag, es wird immer offensichtlicher, daß er hier schon seit beträchtlicher Zeit gelebt hat und sicherlich lange genug, um mit anderen Kulturen und ihrem Einfluß in Berührung zu kommen, und nicht nur mit der Einwanderung aus Sibirien über die Beringstraße.

Bei den kulturell hochentwickelten Völkern im alten Amerika gab es eine seltsame und zählebige Überlieferung, die von wiederholten Besuchen weißhäutiger, bärtiger Götter, Halbgötter und Lehrer erzählte. Im alten Mexiko war es der »weiße Gott« Quetzalcoatl, der mit dem Planeten Venus in Verbindung stand und Blumenopfer bevorzugte anstelle der Menschenopfer, die damals den dunkleren Göttern dargebracht wurden. Von Quetzalcoatl wird berichtet, er habe die Vorfahren der Azteken vielerlei Künste und Wissen gelehrt und sei von einem Ort im östlichen Meer gekommen, der je nachdem Tula, Tollan oder Hue Hue (alt, alt) Tlapallan genannt wird. Außer seiner weißen Haut und dem Bart war an Quetzalcoatl bemerkenswert, daß er lange, mit Kreuzen bestickte Gewänder trug.

Ein ähnlicher Gott mit fast demselben Hintergrund an Legenden wurde bei den Mayas als Kukulkan verehrt. Die Atlantologen betrachten die Quetzalcoatl-Kukulkan-Legende, bildlich gesprochen, als einen wichtigen Stützpfeiler im Gebäude ihrer Theorie von Atlantis, während andere mutmaßen, der Gott könnte in Wirklichkeit ein Minoer, Phönizier, Karthager, Römer oder Wikinger gewesen sein. Die Iren dagegen glauben in ihrer maßlosen Keltenbegeisterung, es könnte sich um den heiligen Brendan handeln, der im Jahr 484 n. Chr. mit einem Expeditionscorps von Mönchen von dem irischen Hafen Tralee aus nach Westen segelte und niemals wiederkam, oder vielleicht auch um den mächtigen irischen Kriegshelden Cuchulain wegen der Ähnlichkeit mit dem Namen Kukulkan.

Bei den Mayas hatte sich auch eine sagenhafte Erinnerung an andere hellhäutige Lehrer erhalten, die zu ihnen kamen und dann wieder in ihre Heimat zurückkehrten, »eine Insel oder ein Land im Meer, wo die Sonne aufgeht«. Die Quiche-Mayas von Guatemala nannten ihren Lehrergott Kukumatz. Itzamna, der Maya-Gott der Medizin, der Schrift und der Bücher, ist wohl ein weiteres Beispiel für Gebiete der Kultur, die im alten Amerika in hohem Ansehen standen.

In Kolumbien ähnelt der Sonnengott der Chibchas, Bochica, Quetzalcoatl in seiner Eigenschaft als Lehrer und Kulturbringer. Die Bochica-Legende weicht jedoch von den anderen insofern ab, als der Gott und seine Gemahlin auf Kamelen reitend vom Osten her nach Kolumbien kamen. Same, der halbgöttliche Lehrer, dessen Andenken die Indianer von Brasilien in Ehren hielten — er lehrte sie Landwirtschaft und Magie —, soll auch von Sonnenaufgang her über das Meer nach Brasilien gekommen sein. Wie

Quetzalcoatl und die anderen mythischen Lehrer besaß auch er einen ganz unindianischen weißen Bart.

Eine wieder andere, aber ebenso interessante Legende wurde 1566 von de Landa, dem Bischof von Chiapas, ins Spanische übertragen, nachdem er die Maya-Handschriften, unersetzliche Quellen für weitere Information, größtenteils hatte verbrennen lassen. Die Erzählung handelt von einer Gruppe von Kolonisten in langen Gewändern, die eines Tages im Gebiet der Mayas eintrafen. Nach den Kalkulationen des Bischofs und seines Assistenten ereignete sich das ungefähr um das Jahr 1000 v. Chr. Ihr Anführer war ein Halbgott namens Votan, der an einigen Stellen auch als Enkel von Quetzalcoatl bezeichnet wird. Er und seine Begleiter sollen Mayafrauen geheiratet und die Stadt Pelenque gegründet haben. Besonders interessant an der Votan-Legende ist die Erwähnung, daß er mehrmals über den Ozean in seine Heimat zurückkehrte, um noch mehr Gefolgsleute herüberzuholen.

Diese überall lebendigen Legenden haben offensichtlich eine entscheidende Rolle beim Zusammenbruch des Aztekenreiches und später der Mayastädte unter dem Ansturm der Spanier gespielt. Cortez und seine Konquistadorentruppe landeten nämlich durch ein unwahrscheinliches Zusammentreffen im »Namensjahr« *ce-acatl* (ein Rohr) des Gottes Quetzalcoatl, fast so, als kehrte der Gott an seinem eigenen Geburtstag zurück, wie er es für eine ferne Zukunft prophezeit hatte, als er einstmals nach Hue Hue Tlapallan von dannen segelte. Beim Anblick der hellhäutigen Spanier schien es den Azteken fast gewiß, daß die Fremden Sendboten von Quetzalcoatl sein müßten, und daß Cortez oder vielleicht der blonde Hauptmann Alvarado, den sie Toniantiuh (Kind der Sonne) nannten, entweder der Gott selbst oder ein naher Verwandter sei.

Als die Kämpfe begannen, herrschte bei den Azteken, einem im Grunde kriegerischen und streitbaren Volk, große Verwirrung und Unentschlossenheit aus dem dunklen Gefühl, der Krieg könnte gegen den Willen der Götter verstoßen — ein Phänomen, das nicht nur auf diese Periode der Geschichte beschränkt ist.

Das riesige Inkareich, das sich von Kolumbien bis nach Chile und landeinwärts bis nach Bolivien erstreckte — Fachautoritäten schätzen, daß es zwanzig Millionen straff organisierter und sozialistisch regierter Bewohner umfaßte — brach aus denselben Gründen zusammen. Von dem Inka-Gott und Lehrer Viracocha (Windiges Meer) ging die Sage, er sei über den großen Ozean gekommen und in ein Land im Westen zurückgekehrt — eine Umkehrung der Quetzalcoatl-Kukulkan-Legende. Als den alten Peruanern plötzlich die Spanier gegenüberstanden, überwältigte sie offenbar das Gefühl, daß Pizarro und seine Leute irgendwie mit Viracocha verwandt sein müßten. Ihr Widerstandswille wurde zudem durch die Prophezeiung des zwölften Inkas, Huayana Kapac, gelähmt. Er hatte sterbend vorausgesagt, in der Regierungszeit des dreizehnten Inkas würden »weiße Männer von der Sonne her kommen und die Peruaner besiegen«.

Es ist seltsam, daß in Verbindung mit dem Glauben an göttliche Wohltäter aus Übersee mehrfach Prophezeiungen auftraten, als der Untergang der alten indianischen Kulturen Amerikas bevorstand. Auch die Schwester des letzten Aztekenherrschers, Prinzessin Papantzin, hatte vorausgesagt, daß weiße Götter von der See an der Küste von Mexiko landen würden; und diese Prophezeiung beeindruckte ihren Bruder Montezuma so sehr, daß ihn beim Erscheinen der Spanier jeder Mut zum Handeln verließ. Bei den Mayas hatte Chilam Balam, ein Hoher Priester, verkündet, am Ende des dreizehnten Zeitalters würden wiederum weiße Männer nach Yucatan kommen.

Bei den Azteken gab es hingegen noch eine andere Prophezeiung. Sie besagte, daß nach der Ankunft der weißen Männer und der Vernichtung der alten Götter und ihrer Tempel dereinst ein Tag kommen würde, an dem die alten Götter und die alte Herrschaft im Tal von Mexiko wiedereingesetzt würden. Diese Prophezeiung lebt bei einigen unassimilierten Stämmen noch immer fort, freilich ist der Tag ihrer Erfüllung ungewiß.

Auf ihrem Eroberungszug durch das alte Amerika trafen die spanischen Konquistadoren auf Überreste sowohl einer weißen wie auch einer sehr dunklen Rasse. In einer Stadt namens Atlan an der atlantischen Küste von Panama fanden sie hellhäutige Bewohner vor, deren Frauen sie in der Farbe an ihre Frauen zu Hause in Spanien erinnerten. Aber in der Begeisterung über diese Entdeckung ging alles Weitere an anthropologischer Beschreibung, wenn es je existiert hat, verloren.

Sehr dunklen, fast schwarzen und außerordentlich kriegerischen Stämmen begegneten die Eroberer in den Dschungeln von Südamerika. Als die Spanier Peru erreichten, fiel ihnen dagegen auf, daß die Erbaristokratie des Inkareiches eine besonders helle Haut hatte und manchmal braunes, rotes oder blondes Haar. Die weißeste Haut von allen aber hatten, wie ihnen schien, die auserwählten schönen Sonnenjungfrauen.

Die alten Peruaner mumifizierten ihre Toten wie die Ägypter. Sie wandten dabei zum Teil dieselben Techniken an, wie das Entfernen der Eingeweide und das Einbalsamieren, und sie gaben den Mumien auch Dinge aus ihrem persönlichen Besitz und kostbare Gegenstände mit auf die Reise ins Jenseits. Dieser fürsorgliche Brauch hat natürlich dazu geführt, daß die Gräber in Peru, wie in Ägypten, wieder und wieder ausgrabt und geplündert wurden. In Peru hat das zu einer überraschenden anthropologischen Entdeckung geführt: viele der alten Peruaner hatten rotbraunes oder aschblondes Haar, so wie die Spanier sie einst als Lebende gesehen hatten.

Auffallend ist die Häufigkeit fremdartiger Charakteristika in der altamerikanischen Bildkunst. Viele Darstellungen männlicher Köpfe zeigen den ganz unindianischen Bart der legendären »Weißen Götter«. Das Profilbild eines Mannes auf der Rückseite eines frühen amerikanischen Spiegels aus der Nähe von Vera Cruz erinnert zudem an Abbildungen, wie man sie aus Ägypten, Kreta oder Phönizien kennt.

Andere in Stein gehauene Darstellungen von Männern mit Bart und sichtlich unindianischen Zügen findet man, manchmal in ganzen Gruppen, in den Maya-Ruinen von Chichen Itza in Yucatan sowie in Tres Zapotes und La Venta bei Vera Cruz. Auch die

Rückseite eines Spiegels aus vorkolumbischer Zeit, gefunden bei Vera Cruz. Der Kopf zeigt unindianische Züge, die eher an die ägyptische, kretische oder phönizische Kunst erinnern.

zahlreichen kleinen Ton- und Steinfiguren, die wieder und wieder in Mexiko und Mittelamerika ausgegraben werden, sehen ganz anders aus als Indianer, viele haben Gesichtszüge, die eher für Semiten charakteristisch sind. In der Gegend von Vera Cruz hat man außerdem riesige in Basalt gehauene Köpfe mit deutlich negroiden Zügen entdeckt. Diese mächtigen Häupter, bis zu 24 Tonnen schwer und aufgestellt fast zwei Meter hoch, wurden bei Tres Zapotes freigelegt, wo sie tief und fast nicht mehr sichtbar in den Urwaldboden versunken lagen. Ähnliche Köpfe mit Helmen wurden in der Nähe des Meeres in La Venta im Staat Tabasco gefunden. Weiter landeinwärts, in den Ruinen von Monte Alban, zeigt ein in Stein gehauenes Fries von Tänzern in der Prägung der Gesichtszüge sowohl negroide wie semitische Typen. Diese Steinbilder und kleinere Kunstwerke (zu denen auch die Spielzeug- oder Votivfiguren mit Rändern gehören) werden der Kultur der Olmeken zugeschrieben, die man gegenwärtig für die älteste in Mexiko hält.

Wenn man über dieses Nebeneinander verschiedener nicht-indianischer Rassen in Amerika Betrachtungen anstellt, erinnert man sich unwillkürlich daran, daß die Maya-Chronik, das *Popul Vuh*, ein Land der Vorzeit erwähnt, »in dem Weiße und Schwarze in Frieden beeinander wohnten« — eine recht ungewöhnliche Bemerkung auf einem Kontinent, dessen Bewohner weder schwarz noch weiß waren.

Constance Irwin, die Verfasserin des Buches *Fair Gods and Stone Faces* (Weiße Götter und Steingesichter), hat einen ideenreichen Versuch gemacht, die offensichtlichen rassischen Anachronismen im alten Mexiko zu erklären. Sie vermutet, daß die auf den Friesen und in kleinen Plastiken abgebildeten Menschen semitischen Aussehens phönizische Händler waren — wozu auch der Stil ihrer Kleider, Schuhe und Helme paßt — oder später karthagische Flüchtlinge, die der Zerstörung Karthagos durch die Römer entkommen waren. Und Frau Irwin nimmt an, daß die negroiden Tänzer von Monte Alban und die kolossalen Köpfe von La Venta und Tres Zapotes Afrikaner darstellen, die von den Phöniziern und Karthagern, vielleicht als Sklaven, mitgebracht wurden. Damit wäre jedoch nicht erklärt, warum in den Riesenköpfen gerade Afrikaner dargestellt wurden, deren vermutlicher Status als Sklaven eine Glorifizierung von ähnlichem Ausmaß wie bei den Pharaonenstatuen Ägyptens wohl kaum zugelassen hätte. Was die Köpfe bedeuten und wen sie abbilden, ist noch immer ein ungelöstes Rätsel. Abgesehen davon stellt sich die Frage, ob sie die Krönung kolossaler Säulen waren — Reste solcher Säulen sind auf dem archäologischen Gelände von Tula in Mexiko zu sehen — oder ob sie Teile von Statuen waren, die verschwunden sind oder niemals vollendet wurden.

Die Meeresströmungen im Atlantischen Ozean haben zweifellos die Überfahrt von Europa nach Afrika auf der Südroute der Nordatlantikströmung begünstigt. Ein Segelschiff, das die Küsten von Westeuropa mit der Strömung zu den Kanarischen Inseln verließ, mit Hilfe dort vorherrschender Winde die nördliche Passatströmung erreichte und auf ihr zur Nordostküste von Südamerika segelte oder durch die Antillen ins Karibische Meer, konnte in Venezuela oder Kolumbien landen, auf der Halbinsel Yucatan oder, sie umschiffend, in Vera Cruz. Eine sehr früh angenommene Schiffahrt würde Licht in das Dunkel zahlreicher Geheimnisse bringen, wie in das Versteck römischer Münzen in Venezuela, die Hunderte phönizischer Inschriften in Brasilien und die Rätsel von La Venta und Tres Zapotes. Sie würde auch die viel erörterten, jedoch offiziell noch nicht anerkannten Spuren mediterraner oder anderer, bisher unbekannter Kulturen an der Küste der Vereinigten Staaten von Florida bis nach Maine erklären, da diese Küste für Seefahrer aus dem Süden durch den Golfstrom und günstige Winde leicht erreichbar war.

Umgekehrt konnten der Golfstrom und die Nordatlantikströmung seefahrende Indianer nach Europa tragen, wie es offensichtlich im ersten Jahrhundert n. Chr. auch geschehen ist. Damals wurde ein langes Kanu mit rothäutigen Insassen von der See an die Küste Europas getrieben. Die Fremdlinge wurden in Haft genommen und dem römischen Prokonsul Publius Metellus Cellar als Sklaven geschenkt. Von einem dieser Atlantikreisenden existiert sogar eine römische Büste, die im realistischen Stil der römischen Kunst die charakteristischen Gesichtszüge eines Indianers zeigt. Sogar Kolumbus hat sich notiert, daß in Galway in Irland ein langes Boot an die Küste getrieben wurde mit zwei toten Männern darin, die »chinesisch« aussahen. Höchstwahrscheinlich aber waren es entweder Indianer oder Eskimos, die, ohne es zu wissen, des Kolumbus großer seemännischer Leistung zuvorgekommen waren.

Günstige Strömungen haben auch die Wikinger benutzt, die schon früh in Grönland siedelten und Amerika erreichten. Der Grönlandstrom brachte sie nach Westen, mit dem Labradorstrom fuhren sie an der Küste von Neufundland entlang, von der aus sie leicht den St. Lorenz-Golf überqueren konnten, zur Insel Neufundland, nach Nova Scotia und weiter der Küste entlang nach Süden. Obwohl solche Fahrten über den Atlantik, besonders im Norden, aber auch von Westafrika nach Brasilien, bedeutend kürzer waren als die weiten Reisen der Südseeinsulaner mit ihren viel kleineren Booten, hat man sich in Amerika lange geweigert, einen der Berichte über transatlantische Reisen vor Kolumbus als zutreffend anzuerkennen. Michael Bowen, ein Forscher auf dem Gebiet früher Reisen nach Amerika, hat für diese Tendenz den Ausdruck »NEBC Prinzip« geprägt; eine Abkürzung von »No-Europeans-Before-Columbus« (keine Europäer vor Kolumbus). In seinem Buch *They All Discovered America* (Sie alle entdeckten Amerika) verfolgt Bowen im einzelnen die recht gut belegten vermutlichen Reisen vor Kolumbus: die des Portugiesen Cortereal (1477), des schottischen Prinzen Henry Sinclair und der Brüder Zeno von Venedig (1395), des Nordländers Paul Knutson (1355), des Prinzen Madoc von Wales (1171), des Bischofs Erik Gnupsson im Auftrag des Vatikans (1121), des Isländers Thorfinn Karlsefni (1010), des Wikingers Leif (1003) und Thorvald Erikssons (1007) und andere, weniger gut belegte Fahrten, die weiter zurück im Nebel der Frühzeit liegen. Die Reisen der Wikinger um das Jahr 1000 sind auch archäologisch gesichert. Die Glaubwürdigkeit der anderen vorkolumbischen Reisen hingegen wird bis heute bezweifelt und erst recht die Wahrscheinlichkeit transatlantischer oder interatlantischer Verbindungen in früher Zeit.

Die amerikanischen Stämme und Völker bewahrten die Erinnerung an diese Besuche in ihren Legenden, während die Besucher, wenn sie in ihre Heimat zurückgekehrt waren, oft mit einer gewissen verständlichen Übertreibung über die fernen Länder berichteten. Die Nordmänner führten in ihren Sagas Chroniken von Grönland (das heute kaum grün aussieht, doch damals war es dort wärmer, und die Steinbauten ehemaliger Dörfer liegen jetzt unter dem Eis) und berichteten auch von Vinland, dem Land der Weintrauben (wahrscheinlich Neu-England). Das Land aber, in dem Brendan eine Kolonie früher ausgewanderter irischer Mönche entdeckt haben soll, wird so geschildert, daß man an Bermuda, die Bahamas, die Großen Antillen oder sogar an die Ostküste von Florida denken könnte.

Einige Gegenden der Neuen Welt verdanken ihren Namen dem Umstand, daß die Europäer sie nach wirklichen oder legendären Ländern benannten, die sie ungefähr dort vermuteten, wo sie die neuen Länder entdeckten. Das gilt für Westindien und die Indianer und andererseits für die Antillen (ursprünglich Antilla), eine Benennung, die sich vielleicht auf Atlantis bezog. Ferner ist es der Name Brazil oder Hy Brazil, der in der irischen Sage ein geheimnisvolles Land im Westen bezeichnete. Seltsamerweise bedeutet der rätselhafte Ausdruck (I BRZL) in den alten semitischen Sprachen »Insel des Eisens« und noch im modernen Hebräisch ist B-R-Z-L das Wort für Eisen. Die Iren wußten nicht, was der Ausdruck bedeutet, und gebrauchten ihn nur als Namen eines sagenhaften Landes im fernen Westen, nach dem dann die Entdecker Brasilien benannten. Da es tatsächlich reich an Eisen ist, erhielt es eine recht zutreffende Bezeichnung mit dem mysteriösen Namen Hy Brazil »Insel des Eisens«.

Von Westen her sind vermutlich chinesische Expeditionen nach Amerika gelangt. Das *Hai King* (etwa 2250 v. Chr.) beschreibt eine Überquerung des »großen östlichen Ozeans« und vom Ort der Landung aus eine lange Reise nach Süden mit einem Erkundungszug landeinwärts bis zu einem »Tal mit riesigen leuchtenden Felsenwällen« — vermutlich dem Grand Canyon. Von einer anderen, südlicheren Reise über den Pazifik in einer großen Hochseedschunke hat der Chinese Hwui Shin, ein buddhistischer Priester, im fünften Jahrhundert n. Chr. berichtet, also zur Zeit der sogenannten Sechs Dynastien. Er nannte die Länder jenseits des Meeres, die er besucht hatte, Fusang (das chinesische Wort bedeutet »Aloebaum«), und seine Schilderung scheint Mexiko — wo es Aloebäume gibt — und Mittelamerika zu beschreiben. Expeditionen aus Asien, wie die, an der Hwui Shin teilnahm, oder auch frühere, könnten die Übertragung des Drachenmotivs in die alte mexikanische Kunst erklären, ebenso wie die Darstellungen des Lotos, der Swastika (die Chinesen nannten sie »Buddhas Herz« mehr als 2000 Jahre, ehe Hitler von ihr Kenntnis erhielt) und andere Motive des Fernen Ostens. Die

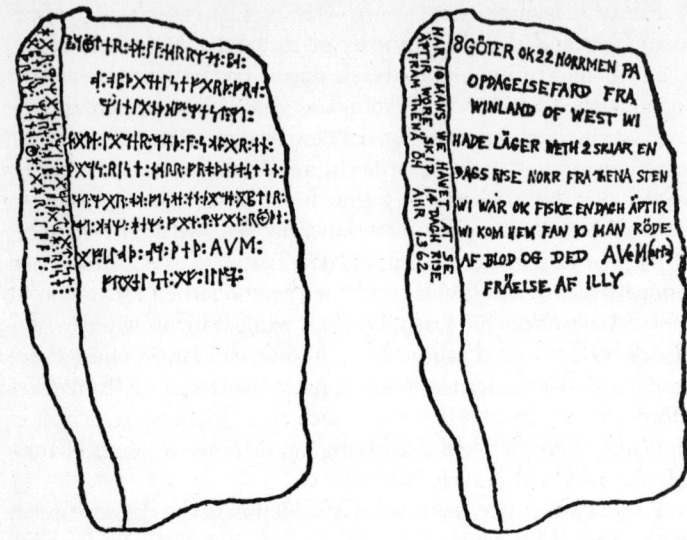

Der in Kensington, Minnesota, entdeckte Runenstein mit seiner umstrittenen Inschrift, die auf eine Reise von Wikingern in das nordamerikanische Binnenland hinweist:

»(Wir sind) 8 Goten und 22 Norweger auf/ (einer) Expeditionsreise von/ Vinland durch den Westen Wir/ hatten (ein) Lager bei (einem See mit) zwei Inseln eine/ Tagesreise nördlich von diesem Stein/ Wir waren (draußen) und fischten eines Tages Nachdem/ wir zurückkamen fanden (wir) 10 (unserer) Männer rot/ mit Blut und tot AV(e) M(aria)/ Rette (uns) vor (dem) Bösen«

Asiaten, die das mythische Drachenmotiv mitbrachten, oder auch frühe Reisende aus dem Mittelmeerraum haben vielleicht den amerikanischen Bison gesehen. Er muß ihnen so ungeheuerlich erschienen sein wie ein wirklicher Drache. Auf der Piri-Reis-Karte steht auf der Seite, wo Amerika liegt, eine Bemerkung in alttürkischer Schrift über »Ungeheuer, sieben Spannen lang. Zwischen ihren Augen ist ein Abstand von einer Spanne. Aber es sind harmlose Geschöpfe . . .«

Auf beiden amerikanischen Kontinenten gibt es zahlreiche Spuren, die augenscheinlich von Reisenden oder Kolonisten aus der Zeit vor Kolumbus stammten. Nichts davon hat die Wissenschaft anerkannt. Die meisten Funde wurden für Fälschungen erklärt. Der berühmte Kensington-Stein, den 1898 ein Farmer in Minnesota ausgrub, ist ein bemerkenswertes Beispiel. Eine Runeninschrift auf dem Stein beschreibt eine Reise von Goten oder Schweden und Norwegern von Vinland nach Westen, berichtet von einem Überfall auf Ihr Lager und fügt eine Bitte um Hilfe an. Die Tatasche, daß der Stein von einem späteren Nachfahren der Wikinger in einer skandinavischen Gemeinde gefunden wurde, war bezeichnenderweise einer der Gründe, weshalb der Stein nach jahrzehntelangem Für und Wider — von Nichtskandinaviern — als unecht verworfen wurde.

Weniger leicht lassen sich die zahlreichen, ja buchstäblich Hunderte von phönizischen oder karthagischen Inschriften in Brasilien als Fälschungen aus nationalem Geltungsbedürfnis erklären. Eine davon, eine Steintafel aus dem Staat Paraiba, hat, seit sie 1872 gefunden wurde, bis in die jüngste Zeit scharfe Debatten erregt. Auf ihr hat man unter anderem entziffert: ». . . Wir sind . . . von Sidon . . . Der Handel hat uns an diese entfernte Küste verschlagen, ein Land von Bergen . . .« »Zehn« Schiffe, sagt die Inschrift, waren es ursprünglich, die von einem phönizischen Hafen im Golf von Akaba absegelten (nicht weit davon entfernt liegt heute der israelische Hafen Elath). Man hat die Tafel lange für eine Fälschung gehalten; aber es erscheint wenig sinnvoll, daß die Brasilianer so beharrlich diese und andere phönizische Inschriften gefälscht und an den entlegensten Orten vergraben haben sollten. Professor Cyrus Gordon, eine Autorität auf dem Gebiet der altsemitischen Sprachen, hat 1968 dargelegt, daß seiner Ansicht nach ein mutmaßlicher Fälscher bestimmte Eigenarten des phönizischen Schreibstils um 1872 nicht hatte kennen und anwenden können, weil sie damals selbst Philologen noch unbekannt waren.

Noch schwieriger zu fälschen wäre ein in Stein gemeißeltes

Schiff, das einem phönizischen oder minoischen Fahrzeug ähnelt und, in einen Felsblock gehauen, in Massachusetts im Assawompset-See liegt. Die Schwierigkeit bestände in diesem Fall darin, daß der riesige behauene Block sich unter Wasser befindet und nur zeitweilig sichtbar war, als sich der Wasserstand während der Dürre von 1957 gesenkt hatte. Dazu ist zu bemerken: Wenn der Wasserspiegel des Meeres in einer gewissen Periode der Vorzeit beträchtlich niedriger gewesen ist, hätte das auch zu einem niedrigeren Stand der Binnengewässer geführt. Das würde nicht nur diese jetzt unter Wasser befindliche Abbildung eines alten Schiffes erklären, sondern auch unter Wasser liegende Bauten in einigen Seen von Neu-England und auf Haiti. Spuren vom Eindringen prähistorischer Kulturen nach Nordamerika müßten demnach vor allem unter Wasser auf dem Kontinentalschelf oder in Buchten, Einfahrten und Ankergründen der Küstengewässer zu finden sein.

An Land hingegen weisen weit verstreute Funde verschiedener Art sichtbar darauf hin, daß es im Osten der Vereinigten Staaten einst Siedlungen gab, deren Bewohner einer mediterranen oder womöglich einer atlantischen Kultur angehörten. Mit solchen Resten hatte man so wenig gerechnet, daß man sie oft nicht erkannte, weshalb sie auf jede erdenkliche Weise verändert, verstreut und zerstört wurden, ehe man daranging, sie fachgerecht zu untersuchen. Ein gutes Beispiel dafür sind die Megalithbauten von *Mystery Hill* in North Salem, New Hampshire, wo etwa vierzig Kilometer von der jetzigen atlantischen Küste entfernt 22 Ruinensteine ehemaliger Bauten auf einem sechzig Meter hohen Hügel stehen. Ursprünglich wurden sie als *Pattees Höhlen* bezeichnet nach dem ersten bekannten Siedler auf dem Hügel, der die Bauten in seine Keller und Lagerräume einbezogen hatte, ohne nach ihrem Alter und ihrer Herkunft zu fragen. In der Folgezeit erlitten sie das Schicksal vieler solcher Stätten — sie wurden als Steinbruch benutzt, in diesem Fall für den Bau der Kloaken der Stadt Lawrence in Massachusetts.

Was von den Ruinen übrigblieb, wurde schließlich von der

New England Antiquities Research Association erworben, die unter der Leitung von Robert Stone ein Forschungsprogramm durchführt, um die Bauten näher zu bestimmen und zu datieren. Die Radiokarbondatierung einer Holzkohlenschicht über den Ruinen ergab, als einen Annäherungswert, die Zeit von 1225 bis 865 v. Chr.

Der Komplex umfaßt Durchgänge, Tunnel und Felskammern, aus Riesenblöcken ohne Verwendung von Mörtel errichtet, Menhire, Dolmen und eine Platte, die ein Opferstein gewesen sein könnte. Über die Erbauer der Anlage gibt es die verschiedensten Hypothesen. Man hat sie den Phöniziern, Karthagern, Minoern, irischen Mönchen und sogar den Indianern zugeschrieben. Ein Kritiker sprach von »betrunkenen Indianern«, um die Geistesverfassung derer zu kennzeichnen, die das scheinbar planlose Durcheinander zustande gebracht hätten. Robert Stone hat sich nicht nur mit den Ruinen selbst beschäftigt, sondern durch Vergleich mit ähnlichen Stätten in der ganzen Welt nach einer Erklärung gesucht. Er ist der Ansicht, daß es sich um Megalithbauten handelt, die denen auf der Iberischen Halbinsel, besonders der in Portugal gefundenen, verwandt sind; eine gewisse Ähnlichkeit bestehe auch zu prähistorischen Bauten auf Malta, Sardinien und anderen Inseln im Mittelmeer.

Obwohl man in *Mystery Hill* auf den Steinen Symbol- oder Buchstabenzeichen gefunden hat, die dem phönizischen oder einem verwandten Alphabet zu ähneln scheinen, hat man noch keine Inschrift identifizieren und übersetzen können. Andere, augenscheinlich phönizische Schriftzeichen wurden in Mechanicsburg in Pennsylvanien entdeckt. Dort wurden seit 1948 etwa tausend Steine mit eingeritzten Zeichen ausgegraben; es waren keine Inschriften, sondern einzelne phönizische Buchstaben. Charles M. Boland, der das Material zusammen mit Dr. William Strong aus Mechanicsburg untersucht hat, weist darauf hin, daß die seltsamen gravierten Steine auf eine Weise bearbeitet sind, daß sie nach Art eines Alphabets zueinander passen.

Zuweilen hat sich sogar herausgestellt, daß rätselhafte Steininschriften oder Zeichen, die man für verhältnismäßig jung hielt und den Indianern zuschrieb, verständliche Worte der phönizischen, minoischen oder einer verwandten Sprache wiedergeben. Ein interessanter Fall dieser Art ist eine Steintafel, die 1885 bei Morganton in Loudon County, Tennessee, gefunden wurde. Man hielt die Zeichen darauf für eine Inschrift der Cherokesen, da dieses indianische Volk, ehe es in den Westen vertrieben wurde, in Georgia ein eigenes Alphabet entwickelt hatte, von dem einige Buchstaben eine gewisse Übereinstimmung mit den Zeichen der Inschrift aufwiesen. Deuten konnte man sie allerdings nicht.

Als jedoch Dr. Cyrus Gordon von der Brandeis-Universität die Tafel von oben nach unten herumdrehte, gelang es ihm, die Inschrift zu entziffern. Seiner Ansicht nach sind es die Worte »Für Jehu« in kanaanitischer Sprache. Es kann, wie man sieht, auch Gelehrten passieren, daß sie eine Inschrift fünfundachtzig Jahre lang verkehrt herum betrachten.

In jüngster Zeit, 1968, fand Manfred Metcalf, ein Zivilangestellter von Fort Benning in Georgia, als er Steine für einen Gartengrill suchte, eine Inschrift, die schließlich von Dr. Gordon und Dr. Joseph Mahan vom *Columbus Museum of Art* als minoisch erkannt wurde. Sie zeigt Zahlen und das minoische Symbol der Doppelaxt.

Außerdem tauchen immer wieder Berichte von noch unbekannten Funden und Stätten auf, die ihre Erhaltung der Abwanderung der Bevölkerung aus ländlichen Gegenden in die Städte, nach Westen und in die östlichen Großstadtzentren verdanken. In manchen Gebieten liegen weite Flächen von ehemaligem Akkerland brach und sind wieder vom Wildwuchs bedeckt. Durch diesen Rückfall in einen wildnisähnlichen Zustand sind auch Zeugnisse der amerikanischen Frühzeit wieder in Vergessenheit geraten oder überhaupt unentdeckt und unerkannt geblieben. Es ist aber durchaus möglich, daß im Baumdickicht und Gestrüpp dieser Gebiete, auf dem Grund von Seen und Flüssen und in den Ufergewässern der ehemaligen Küstenlinie noch weitere Reste von Megalithbauten oder einer vorindianischen Kultur aufgefunden werden.

Mehrere steinerne Stufenpyramiden sollen in den großen Zypressensümpfen der Everglades stehen, scheu gemieden von den Seminolen-Indianern, die zufällig auf sie gestoßen sind. Den Berichten nach befinden sie sich südwestlich von Okeechobee, nördlich der alten Straße von Fort Lauderdale nach Naples in Florida, auf der Strecke, die *Alligator Alley* genannt wird. Solche Pyramiden könnte ein vorindianisches Volk erbaut haben, sie könnten auch von den Caloosa-Indianern stammen, die an der Küste und auf den Sandbänken von Florida pyramidenförmige Mounds (Erdhügel) voller Muscheln, hochentwickelter Keramik und anderer Kunsterzeugnisse hinterlassen haben und vielleicht selbst die Nachkommen einer älteren Kultur gewesen sind.

Da es immer deutlicher wird, daß die Vorgeschichte Amerikas viel weiter zurückreicht, als man früher geglaubt hat, nimmt man ältere Funde nun noch einmal unter die Lupe, um sie neu einzuschätzen und einzuordnen. In West-Virginia wurde 1896 in einer geheimnisvollen Berghöhle über dem Kanawhatal, bei Chelyan, nicht weit von einem langen Steinwall, der den Gipfel des Mount Carbon umkränzt, eine große Holzstatue entdeckt. Sie stellt eine Frau dar, die ein Büffelkalb in den Armen hält. Die Cherokesen und Shawnee-Indianer der Gegend hatten solche großen Holzbildwerke niemals geschnitzt, und als man sie fragte, wer den Steinwall denn gebaut hätte, antworteten sie, wie die südamerikanischen Indianer, wenn man ihnen ähnliche Fragen stellt, lange vor ihnen hätte einst ein weißes Volk in dem Tal gelebt. An diese »Buffalo-Madonna« knüpften sich bald allerlei Vermutungen und Hypothesen. So nahm man an, Vorläufer der Indianer hätten den Büffel als Nutztier gezüchtet für den Transport von Menschen und Material, um sein Fleisch zu verzehren und die Haut als Leder zu verwenden. Die »Buffalo-Madonna« befindet sich jetzt im Museum in Montreal; man hält sie für ein ungewöhnliches Kunstwerk aus dem Adena-Zeitraum der Mound-Bauer Kultur, der ungefähr bis zum Jahr 1500 v. Chr. zurückreicht.

Die Kultur der Mound-Bauer hat, obwohl sie näher und greifbarer ist, der Archäologie nicht weniger Rätsel aufgegeben. Leider ist schon vieles, was von ihr zeugt, der zerstörenden Wirkung der Zeit und dem Bagger zum Opfer gefallen.

Die ersten weißen Siedler, die nach Nordamerika kamen, fanden Tausende von Mounds und abgeflachten Pyramiden vor, in den Tälern des Mississippi und Ohio, im Mittelwesten und im Gebiet des Golfs von Mexiko. Einige dieser Erdbauwerke und künstlichen Hügel waren riesenhaft — der *Cahoika Mound* in Illinois bedeckt eine Fläche von mehr als 60 000 Quadratmetern und ist so hoch wie ein Haus mit zehn Stockwerken —, einige waren kleiner, offensichtlich Begräbnisstätten. Einige hatten die Form von Tieren — der Schlangen-Mound bei Louden in Ohio ist die größte Darstellung einer Schlange in der Welt mit achtzehn Meter langen geöffneten Kiefern. Und einige waren Pyramiden mit einer Plattform, die augenscheinlich einen inzwischen verschwundenen Tempel getragen hatte. Andere boten auf ihrer Hochfläche Raum für mehrere Gebäude oder ganze Siedlungen, die durch ringsum laufende Erdwälle geschützt waren. Diese Anlagen sind das Ergebnis von Erdarbeiten riesigen Umfangs. Um sie zu veranschaulichen, hat Dr. James Ford vom *American Museum of Natural History* die Erdmasse eines »City«-Mounds bei Poverty Point in Louisiana mit der Cheopspyramide verglichen. Er hat ausgerechnet, daß der Mound »mehr als fünfunddreißigmal den Rauminhalt der Großen Pyramide« hat.

Zunächst schenkten die Siedler den Mounds wenig Beachtung und betrachteten sie nur als willkommene Zufluchtsorte vor Überschwemmungen oder anderen Gefahren, die ihr Leben bedrohten. Wenn sie gelegentlich die Indianer nach den seltsamen Hügeln fragten, war die Antwort gewöhnlich, sie seien vor langer Zeit von früheren Bewohnern der Gegend erbaut worden, von denen auch die Indianer nicht wüßten, wer sie gewesen seien. Beim Anlegen ihrer Felder und Gehöfte brachten die Siedler viele Mounds zum Verschwinden, sie ebneten die Hügel ein oder machten sie durch Bebauung unkenntlich. Später fingen sie an, darin nach Schätzen zu graben. Es gab Mounds in Gruppen und solche, die durch Wege miteinander verbunden waren. Ein solcher Komplex ist heute der Golfplatz von Newark in Ohio und dadurch wenigstens teilweise erhalten geblieben.

Im neunzehnten Jahrhundert belebte sich in den noch jungen Vereinigten Staaten, die gern auf eine eigene ältere Tradition zurückgeblickt hätten, das Interesse an den Mounds und ihren Erbauern; bald erreichte es einen Höhepunkt. Robert Silverberg hat in seinem grundlegenden Werk *Mound Builders of Ancient Amerika* sehr ergötzlich beschrieben, zu welch phantastischen Resultaten einige Untersuchungen jener Zeit in ihrem Übereifer gelangten, als Grabungen in den Mounds einen wahren Reichtum an Funden erbrachten. Angesichts der ungewöhnlichen Skulpturen, Menschen- und Tierdarstellungen, kunstvollen Kupferarbeiten, Helme, Waffen und der Fülle an Schmuck und Perlen zog man als Erbauer der Mounds derartig verschiedene Völker wie die Bewohner von Atlantis, die Waliser oder selbst die zehn verlorenen Stämme Israels in Erwägung. Man schrieb diesen Vorläufern der Indianer enorm große Städtebauten zu und die Haltung des Büffels und sogar des Mammuts als Haustiere. Ja, man nahm an, daß diese beiden urweltlichen Hilfskräfte einen großen Teil der schweren Erdarbeit bei der Errichtung der großen Mounds geleistet hätten.

Spätere Generationen haben die Erbauer der Mounds mit kritischeren Blicken betrachtet. In Fachkreisen teilt man heute Silverbergs Ansicht, daß die Mounds von kulturell höher entwickelten Vorfahren der indianischen Stämme errichtet wurden, und daß die für solche Leistungen erforderlichen Fähigkeiten den späteren Indianern in einer kulturellen Rückentwicklung verlorengingen. Einige Funde in den Tausenden von Mounds, die in den letzten 160 Jahren fachgerecht geöffnet oder auch ausgeraubt wurden, gaben Anlaß zu einer gewissen Skepsis. In einem alten Mound in Wisconsin wurde ein interessantes Silberarmband entdeckt, bei näherer Untersuchung jedoch entzifferte man das eingeprägte Wort »Montreal«. In einem anderen Mound in Illinois wurde ein

Metallplättchen gefunden mit einer Inschrift, die chinesischen Zeichen ähnelte. Es stellte sich heraus, daß sie wirklich chinesisch waren. Trotzdem war das Plättchen archäologisch bedeutungslos, denn es war ein Markenname für Tee. Die Tatsache, daß manche Indianer in neuerer Zeit noch die Mounds als Begräbnisstätte benutzt haben, oder daß gelegentlich einmal jemand versucht, die Vorgeschichte Amerikas ein wenig zu korrigieren, ändert jedoch nichts an der wahren Bedeutung der alten Aufschüttungen.

Es gilt heute als offensichtlich, daß die pyramidenförmigen Mounds im Gebiet des südlichen Mississippi und des Golfs von den Kulturen Mexikos beeinflußt wurden, während die nördlichen Mounds tatsächlich von kulturell fortgeschrittenen Indianerstämmen erbaut wurden, deren späte Nachkommen solche Leistungen nicht mehr zustande brachten, wäre das eine Parallele zu der rückschrittlichen Tendenz der süd- und mittelamerikanischen Kulturen. Bei ihnen wie bei vielen anderen alten Kulturen findet man in weiter zurückliegenden Zeiträumen Zeugnisse einer höher entwickelten Stufe als in den folgenden Perioden. Das trifft zu für Mexiko, wo die Azteken die Kulturhöhe ihrer Vorgänger, der Tolteken und Olmeken, nicht mehr erreichten. Obwohl sich wissenschaftliche Kenntnisse, Kunst und Literatur bei den Azteken erhalten hatten, praktizierten sie Menschenopfer und Kannibalismus. Es trifft auch zu für das Gebiet der Mayas, wo die Zivilisation sich schon vor der Eroberung durch die Spanier auf dem Abstieg befand. Und es gilt auch für das Reich der Inkas, deren Bauten, so bedeutend sie waren, sich mit den Bauwerken früherer Perioden nicht vergleichen lassen, und deren Überlieferung von der ehemals vorhandenen Kunst des Schreibens erzählte, die ihnen verloren gegangen war.

Ein weiteres Beispiel sind die Inseln im Pazifik. Dort ist eine frühe Zivilisation, die fähig war, Städte aus Steinen und riesige Statuen zu errichten, in Barbarei und Kannibalismus zurückgefallen. Das Phänomen, wie eine Kultur und Zivilisation verfallen und buchstäblich verschwinden können, wenn ihre Impulse stocken oder verlorengehen, ist deutlich am Schicksal der großen südostasiatischen Städte abzulesen, die in geschichtlicher Zeit von ihren Bewohnern verlassen wurden. Zu ihnen gehören die untergegangenen Tempelstädte Ankor Wat und Ankor Thom in Kambodscha. Nur ihre aus Stein gebauten Tempel und Paläste sind erhalten geblieben, während die Holzbauten der umfangreichen Großstadtbevölkerung im Lauf von weniger als tausend Jahren verfallen und verschwunden sind. Ferner gehören dazu die riesigen Dschungelstädte von Ceylon, Anuradhapura und Polannaruwa, von denen man lange nur aus der Überlieferung wußte. Anuradhapura erstreckte sich einst über fünfundzwanzig Kilometer vom einen Tor zum andern, und man schätzt, daß es von mehr als einer Million Menschen bewohnt war.

Zahlreiche versunkene Städte sind in den Dschungeln von Mittelamerika entdeckt worden. Sollten noch weitere aufgefunden werden, könnte das ein Licht auf die Vorgeschichte Amerikas und der übrigen Welt werfen. Sie werden für gewöhnlich zuerst aus der Luft geortet, wenn es den Piloten auffällt, daß sich Gruppen seltsam symmetrisch geformter, baumbedeckter Hügel plötzlich aus dem Urwald erheben. Es hat sich wiederholt herausgestellt, daß sich unter solchen Formationen Tempel- und Palastkomplexe von Mayastädten verbargen. In Südamerika gibt es immer wieder auflebende, merkwürdige Legenden von verlorenen Städten in den Dschungeln des Amazonas. Dort sollen sogar, wie es zuweilen heißt, noch Abkömmlinge der steinzeitlichen Erbauer leben. Schon den Spaniern und Portugiesen wurden, als sie auf der Suche nach Gold nach Südamerika kamen, Wunderdinge von diesen Städten berichtet, besonders einer, Manoa genannt. Die Beschreibung, welche die Indianer Francisco Lopez zur Zeit der Eroberung Perus gaben, mußte wahrlich jeden Schatzjäger verführen: »Ma-Noa liegt auf einer Insel in einem großen Salzsee. Seine Mauern und Dächer bestehen aus Gold und spiegeln sich in einem goldgetäfelten See. Das Eßgeschirr und alle Geräte für den Palast . . . sind aus purem Gold und Silber gearbeitet, sogar die unscheinbarsten Dinge sind aus Silber und Kupfer gefertigt . . . In der Mitte der Insel steht ein der Sonne geweihter Tempel, umgeben von Statuen aus Gold, die Riesen darstellen. Auf der Insel gibt es auch Bäume aus Gold und Silber ... und die Statue eines Prinzen, ganz mit Goldstaub bedeckt.«

Jahrhundertelang tauchten immer wieder Berichte von einer solchen Goldstadt auf. Manchmal hieß es, weiße Indianer wohnten dort, sie sei von gefährlichen wilden Stämmen umringt, und manchmal hieß es, sie sei verlassen. Im Gebiet des Amazonas sei sie zu suchen, oder weiter nördlich in Richtung von Guayana und Venezuela, sagten die Berichte, die indirekt erheblich zur Erforschung von Brasilien beigetragen haben. Sogar Sir Walter Raleigh hat 1595 erfolglos versucht, die Stadt zu finden. Angefeuert von den Erzählungen eines gewissen Raposo, der behauptete, er habe die Stadt im Jahr 1743 besucht, begab sich 1764 unter der Leitung von Bodavilla ein Expeditionskorps von vierhundert Mann auf die Suche nach Manoa; nur fünfundzwanzig kehrten zurück, ohne etwas gefunden zu haben. Ein andermal verschwand eine ganze brasilianische Heereseinheit von 1400 Mann im Urwald. Die Suche nach der goldenen Stadt Manoa oder nach anderen verborgenen Städten hat auch noch in unseren Tagen Opfer gefordert, 1925 den bekannten Urwaldforscher Oberst Fawcett und in jüngerer Zeit, 1950, den französischen Forscher Manfrais.

Ganz utopisch sind solche Unternehmungen nicht, wenn man bedenkt, daß in den letzten siebzig Jahren tatsächlich mehrere solcher »verschwundener Städte« gefunden wurden. Dazu gehört die berühmte, im Hochgebirge von Peru gelegene Stadt Machu Picchu, die zu Beginn des zwanzigsten Jahrhunderts entdeckt wurde, und die im Dschungel verborgene 3500 Jahre alte Maya-Hauptstadt Dzibilchaltun, auf die man erst vor etwa zwanzig Jahren gestoßen ist, obwohl sie nur wenige Kilometer von Meridia in Yucatan entfernt liegt. Es ist durchaus möglich, daß die steinernen Reste der einen oder anderen großen Stadt in Brasilien oder an der Südgrenze von Venezuela und der Guanyana-Staaten noch ihrer Entdeckung harren. Wiederholt haben Piloten behauptet, sie hätten die typischen Formationen solcher Städte geortet,

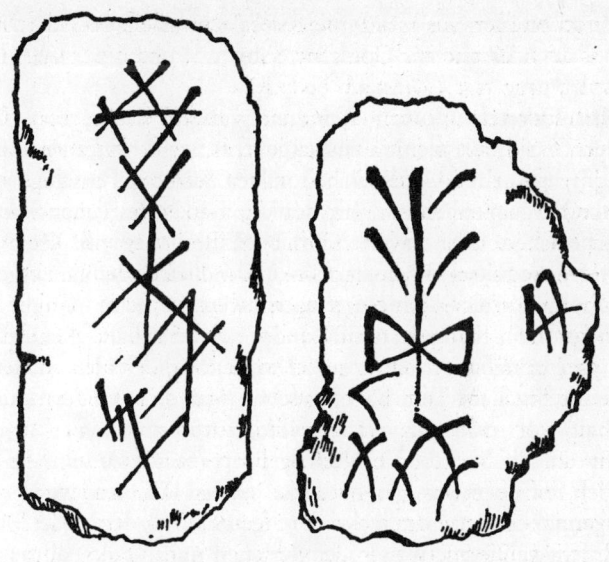

Das phönizische Doppelbeil: Steinritzung, die in Brasilien entdeckt wurde.

konnten sie jedoch bei späteren Flügen nicht mehr auffinden, was bei der Größe des Gebiets durchaus begreiflich ist.

Viel zweifelhafter, wenn auch nicht gänzlich von der Hand zu weisen, ist die Annahme, daß sich in diesen verborgenen Städten noch Nachkommen eines alten Kulturvolkes erhalten hätten. Ihr Geheimnis hüte, so sagt man, der nahezu undurchdringliche Urwald, zumal dort Stämme leben, die sich durch eine mangelnde Begeisterung für Fremde und den höchst wirksamen Gebrauch vergifteter Pfeile auszeichnen. Was die immer wiederkehrenden Erzählungen von Goldschätzen betrifft, so sind sie vielleicht aus dem verständlichen Wunsch der Indianer erklärlich, die lästigen und oft auch bedrohlichen Fremden loszuwerden. Als sie begriffen, was die Weißen am meisten anzog, schickten sie sie auf die

Suche in entlegene Gebiete jenseits des nächsten Flusses, des nächsten Tales, der nächsten Bergkette, irgendwohin, wo sie selbst nicht lebten.

Aber Fawcetts Worte — seine endgültigen, da er von seiner letzten Expedition niemals zurückgekehrt ist —, klingen faszinierend nicht nur für Goldsucher, sondern auch für Forscher, welche die Vergangenheit und ihre dunklen und verborgenen Stätten zu erhellen suchen. Fawcett schrieb: »Eines ist gewiß: Die Antwort auf die Rätsel Südamerikas — und vielleicht der ganzen prähistorischen Welt — könnte gefunden werden, wenn man die Lage dieser alten Städte feststellte und sie wissenschaftlicher Erforschung zugänglich machte. So viel weiß ich: die Städte existieren . . . Ich selbst habe Teile davon gesehen — und das ist der Grund, weshalb ich mich gezwungen fühle, zurückzugehen . . . Die Überreste scheinen die Vorwerke größerer Städte zu sein, die . . . wie ich fest überzeugt bin, entdeckt werden könnten, wenn eine sachgemäß organisierte Suche durchgeführt würde. Leider ist es mir nicht gelungen, Wissenschaftler auch nur zur Annahme der bloßen Vermutung zu überreden, daß es Spuren einer alten Kultur in Brasilien gibt. Ich habe viele Gegenden bereist . . . Die Indianer haben mir wieder und wieder von den Bauten erzählt, von den Besonderheiten der Leute und all den seltsamen Dingen in jenem Land . . .«

Außer verborgenen Städten im Urwald und auf fast unzugänglichen Bergen und den im Wasser versunkenen Ruinen auf dem Kontinentalschelf haben die Funde im Höhlensystem von Yucatan für die Vorgeschichte von Amerika Bedeutung. Auch hier finden sich Beweise, daß einst Besucher von weither nach Amerika kamen. Besonders bemerkenswert ist der Komplex der Loltun-Höhlen in den Púuc-Hügeln von Mittel-Yucatan. Dort hat der Archäologe und Zoologe Dr. Manson Valentine bedeutende Entdeckungen gemacht. Er schreibt: »Die Höhlen sind in archöologischer Hinsicht vielleicht der bedeutendste unterirdische Komplex in Amerika. Alte und weit verbreitete Legenden erwähnen ihn. Der Name Loltun bedeutet ›Blume im Stein‹, wahrscheinlich wegen der einzigartigen Anordnung weiter Gänge und Räume, die von der riesigen Eingangshalle wie die Blätter einer gigantischen Blume abzweigen. Die Steinblume, die an den Lotos erinnert, ist ein archaisches, weithin verehrtes Symbol, das sich an vielen geheiligten Gebäuden befindet oder die Stirn von Göttern schmückt. Es war in der ganzen Welt verbreitet, auch bei den Mayas. Nahe verwandt ist es mit dem bedeutungsvollsten und verbreitetsten aller Symbole, dem Kreuz im Kreis. Auch mit ihm kann Loltun verglichen werden, wenn man die rundum führenden Durchgänge in Betracht zieht, die sozusagen die Speichen eines Rades verbinden. Schon in einer Zeit, die jenseits jeder Datierungsmöglichkeit liegt, waren diese Kavernen den Menschen bekannt und sind von ihnen von da an ständig benutzt worden. In den erstaunlichen Räumen finden sich Beweise in Fülle, daß die vielen seltsamen Bildwerke, bearbeiteten Naturformationen und in Stein gehauenen Zeichen nicht von den Mayas geschaffen wurden, sondern von einer älteren Rasse oder verschiedenen Rassen . . .«

Einige der ungewöhnlichen Funde Valentines sind kolossale Statuen, die augenscheinlich in einem sehr frühen Zeitalter aus den Tropfsteinsäulen der Höhlen herausgehauen wurden. Deutliche Wasserstandszeichen in den Höhlen und an diesen Bildwerken zeigen, daß der ganze Komplex, der heute mehr als hundert Meter über dem Meer liegt, sich eine gewisse Zeit lang unter Wasser befunden haben muß, und zwar *nachdem* die seltsamen Steinfiguren geschaffen wurden. Die Theorie, daß die ganze Kalksteinformation der Gegend einmal unter dem Meeresspiegel lag, wurde bestätigt, als Taucher, welche die benachbarten heiligen Brunnen, die *Cenotes*, untersuchten, ozeanische Gewächse mit nach oben brachten.

Die wissenschaftliche Erkundung der Loltun-Höhlen steht noch ganz am Anfang, doch einiges ist schon klar erkennbar. Obwohl die Mayas den Komplex generationenlang benutzt haben, scheinen die älteren Statuen aus der Zeit vor der Überflutung der Höhlen von einem Volk mit einer gänzlich anderen Kultur zu stammen, die in manchem an die alten Kulturen des Vorderen Orients erinnert. Dr. Valentine bemerkt dazu: »Eine dieser Figuren, ein fast drei Meter hoher finsterer Riese mit einem Vollbart, scheint Flügel zu haben. Sein Körper ist waagrecht und senkrecht von tiefen Höhlen durchbohrt, die wahrscheinlich dazu dienten, Fackeln oder andere zeremonielle Gegenstände zu tragen . . . Das Seltsamste und Wichtigste an Loltun ist jedoch der Umstand, daß sich hier zahllose Steinskulpturen finden, Darstellungen von Menschengesichtern, Tieren, Göttern und anderem mehr. Viele davon, wie auch die vielen in Fels gehauenen Zeichen, haben nicht die geringste Ähnlichkeit mit den Bildwerken der Mayas; und die Gesichter sind in der Regel Gesichter von Männern mit einem Vollbart . . .«

Wie gewöhnlich, wenn es sich um Relikte alter Kulturen in Amerika handelt, existieren bei den eingeborenen Indianern der Gegend nur Legenden: »Die heutigen Mayas sagen, sie hätten als Volk überhaupt nichts mit den Bildwerken in Loltun und den benachbarten Höhlen zu tun. Sie behaupten, diese Dinge stammten von den ›ersten Bewohnern‹ von Yucatan, kleinen, buckligen Leuten, die sie Púus nennen. Nach der Sage soll dieses Volk vollständig bei einer Katastrophe umgekommen sein, die Yucatan in ferner Zeit heimsuchte und alles an der Erdoberfläche vernichtete, so daß nur die Bildwerke übrigblieben als eine Erinnerung daran, daß hier einmal die Púus gelebt hatten. Die Mayas erzählen, später seien ihre Vorfahren, die ersten Mayas, in die Höhlen gekommen und hätten dort die seltsame Hinterlassenschaft der Púus gefunden.«

Die Erscheinung, daß Völker ihren frühen Vorläufern außergewöhnliche physische Merkmale zuschreiben, ist weit verbreitet. In vielen Ländern findet man Legenden von kleinen Leuten, die meist in Höhlen leben, oder Sagen von Urzeitriesen. Die Zwerge oder Trolle entstanden wohl aus der Vorstellung, daß Wesen von kleiner Gestalt leichten Zugang zu Höhlen hätten, während den Riesen in den Anden, auf Irland, im Mittelmeerraum, in Nordafrika und auf den Pazifischen Inseln wahrscheinlich ihre übernatürliche Größe verliehen wurde, um die Errichtung sonst unerklärlicher Bauten zu begründen.

Wann immer an der Küste eines Landes oder einer Insel Menschen einr anderen Rasse auftauchten, die sich im Aussehen von den dort lebenden Bewohnern unterschieden, mußten diese Fremden den Eingeborenen natürlich seltsam und exotisch erscheinen. Dies Besondere und Andersartige trat dann in den Darstellungen hervor, die von den Ankömmlingen entweder während ihres Aufenthalts oder später von Zeit zu Zeit nach den vorhandenen Statuen, Basreliefs oder Malereien geschaffen wurden. So blieben in solchen Kunstwerken die charakteristischen Unter-

Prähistorische Höhlenmalerei in der Wüste Kalahari, Südafrika. Die Figur trägt eine für die Zeit und den Ort fremdartige Kleidung mit Handschuhen, Schuhen und anderen Einzelheiten.

191

schiede zum Aussehen der eingeborenen Bevölkerung lange erhalten. Auf diese Weise wurden mediterrane und afrikanische Züge in der alten amerikanischen Kunst verewigt und die Ausdrucksformen einer fremden, anderen Welt in den Statuen der Osterinsel. So geben wohl auch die seltsam gekleideten Figuren auf den Felsmalereien nordafrikanischer Höhlen und in den Höhlen der Wüste Kalahari in Südafrika den Eindruck wieder, den einst exotische Fremde machten; und so hat sich auf den ägyptischen Wandbildern von Medinet Habu die Erinnerung an ein unbekanntes »Volk vom Meer« erhalten. Sogar in Altbabylonien, im Zweistromland von Euphrat und Tigris, das als eines der Ursprungsgebiete kultureller Entwicklung auf Erden gilt, berichten die ältesten sumerischen Legenden, die Kultur sei den Sumerern über das Meer gebracht worden.

Gemeinsam ist fast allen uns überlieferten Legenden von Stämmen und Völkern, bei denen »Götter vom Meer« erschienen, daß sie als Kulturbringer in Frieden kamen. Eine bemerkenswerte Ausnahme ist Platos Erzählung von einem Kriegsheer der Bewohner von Atlantis, dem die Entschlossenheit des Volks von Athen, seiner Heimatstadt, passenderweise Einhalt gebot.

Auf die Gefahr hin, Völkern einer Frühzeit, von der wir keine Vorstellung haben, Beweggründe unserer Zeit unterzuschieben, könnte man folgende Hypothese entwickeln. Vielleicht waren diese »Götter vom Meer« seefahrende Völker, die ferngelegene Orte in damals unterentwickelten Gebieten der Erde besuchten, um dort Gewerbetätigkeit zu begründen. Sie lehrten die eingeborene Bevölkerung die Herstellung verschiedener begehrter Güter: Schmuck, Keramik, Gewebe, Skulpturen, so daß sie später Schiffsladungen dieser Erzeugnisse übernehmen und damit in den zivilisierten Teilen der Welt Handel treiben konnten, in Gebieten, von denen viele heute vermutlich unter Wasser oder vielleicht sogar unter dem Polareis liegen. Als die Seefahrer dann später nicht mehr wiederkehrten (vielleicht weil sich in ihrer Heimat Katastrophen ereignet hatten), wartete die Bevölkerung der verschiedenen Außenhandelsposten weiter auf die Rückkehr der

Stein mit einem Megalithrelief, der in Kolumbien gefunden wurde. Die
Art der Bearbeitung zeugt von hohem Alter, die Bedeutung der Zeichen
ist unbekannt.   (Foto: J. Manson Valentine)

Vollkommen runde Kugeln von beachtlicher Größe und Anzahl sind im
Urwald von Costarica, in Mexiko, Aruba und Haiti gefunden worden.
Gegen die Annahme, daß es natürliche Gebilde sind, sprechen gelegent-
liche Werkzeugspuren.
(Foto mit Erlaubnis von C. M. Peralta)

▲ Alte Steinmauer bei Nan Matal auf der Karolinen-Insel Ponape. Im Vordergrund ein von Menschen angelegter Kanal zwischen Blöcken und Ruinen.

Überreste einer im Ozean errichteten Steinmauer zum Schutze des alten Hafens von Nan Matal.
▼ (Beide Fotos: Bernice P. Bishop Museum, Honolulu, Hawai)

◄

„Wächter" am Eingang der Loltun-
Höhlen. Der Kopf der Figur hat un-
indianische Züge und scheint einen
Helm zu tragen.

◄

Tierskulptur aus den Loltun-Höhlen,
vermutlich ein Jaguar. Die gewaltige
Skulptur ist stark verwittert.

▼

Blick in einen der großen Räume
der Loltun-Höhlen, Yucatan.
(Fotos: J. Manson Valentine)

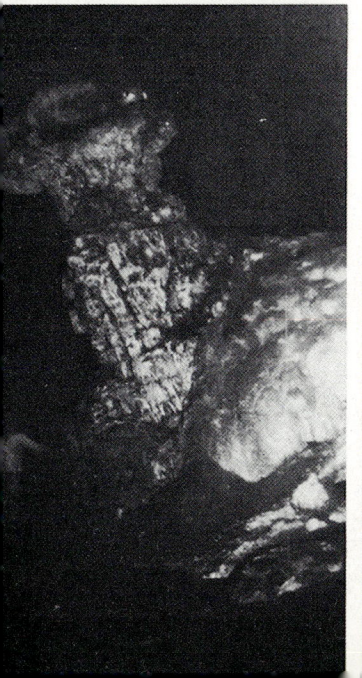

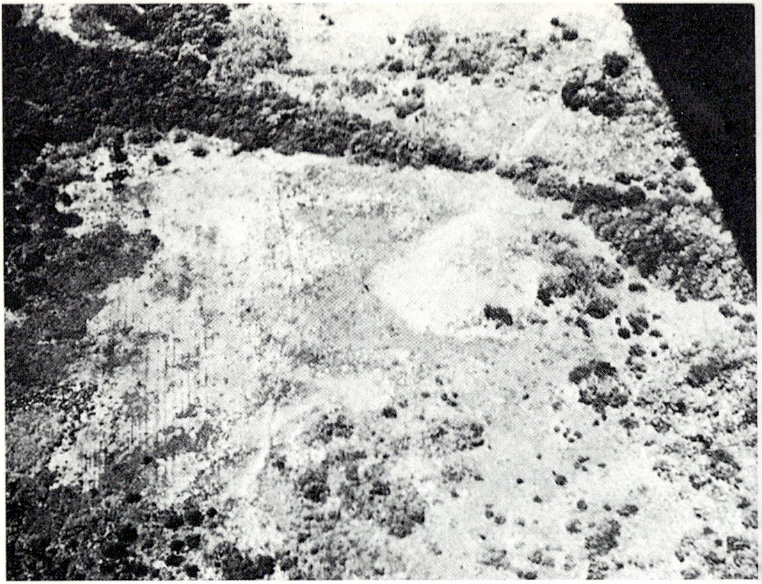

Luftaufnahme der verfallenen und überwachsenen Pyramide von Mound Key, Florida. In der Mitte des Bildes sind Spuren ehemaliger Stufen zu erkennen.
(Foto: J. Manson Valentine)

Luftaufnahme von Carnac in der Bretagne. In langen Reihen aufgestellt, bedecken Tausende von Menhiren viele Kilometer weit die Küste.

Exakt rechtwinklig ausgehauener Raum einer ehemaligen Höhle oberhalb von Cuzco, Peru, der in vorgeschichtlicher Zeit durch eine gewaltige Eruption aus dem Berginnern herausgeschleudert wurde.

Ausgehauene Treppe derselben Höhle bei Cuzco. Die Räume und Gänge, zu denen sie ehemals führte, sind durch tektonische Kräfte bei der Gebirgsbildung zerstört worden.

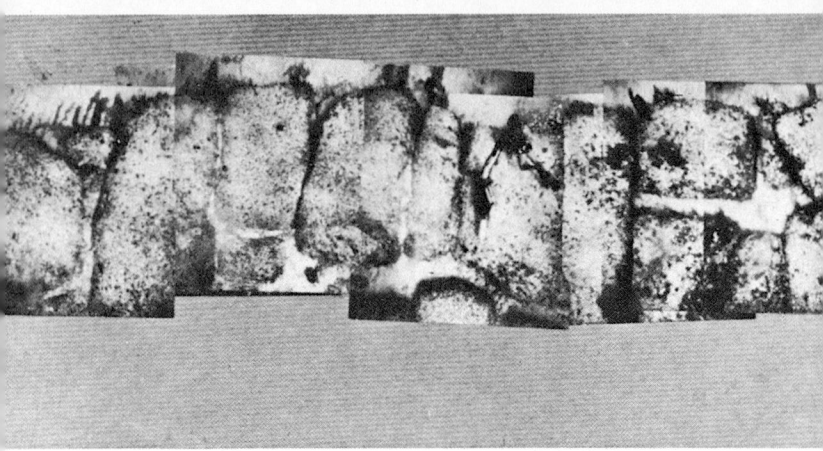

Die unter Wasser entdeckte Mauer oder Straße von Bimini, von oben gesehen. Das ungewöhnliche Bild entstand aus einer Serie fortlaufender Aufnahmen, die Dimitri Rebikoff in einem von ihm entwickelten Verfahren direkt unter der Wasseroberfläche gemacht hat, um einen Überblick über den Verlauf der gewaltigen Steinkonstruktion zu geben. Die Taucher,

Der Taucher untersucht eine Fuge zwischen den Blöcken auf Spuren von Werkzeugen oder von Mörtel und daraufhin, ob sich darunter eine weitere Schicht von Blöcken befindet. Die Größe der Steine und die Art, wie sie zusammengefügt sind, erinnern an die Megalithbauten in verschiedenen Teilen der Welt, vor allem an diejenigen von Peru.

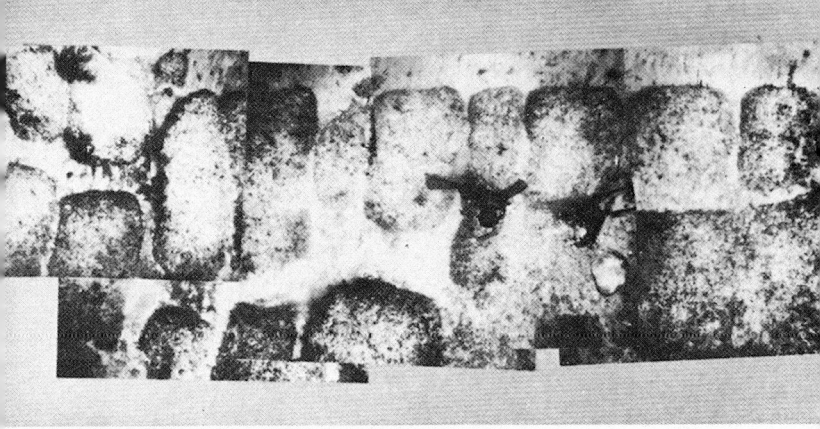

in der Mitte der Aufnahme rechts und links oben, befinden sich auf den Steinen in etwa fünf bis sieben Meter Tiefe. Die Mauer oder Straße besteht aus Kalksteinblöcken von durchschnittlich 4,5 x 6 Meter Oberfläche. Ihre ganze Länge wird auf etwa 480 Meter geschätzt.

Taucher beim Fotografieren der „Bimini-Mauer". Am rechten Rand der Aufnahme ist eine Rinne sichtbar, die die Formation fast überall in zwei Teile trennt. Sie könnte, nach Ansicht einiger Fachleute, entstanden sein, als die Mauer oder Hafenmole infolge eines Erdbebens auseinanderbrach. (Fotos: Dimitri Rebikoff)

Ruinen von Mystery Hill in North Salem, New Hampshire. Die Überreste einer vermutlich prähistorischen Anlage, unten der Opferstein von Mystery Hill. Das vertiefte Rechteck diente wahrscheinlich dazu, das Blut der Opfer aufzufangen. Unter dem Stein wurde ein Sprachrohr entdeckt, das zu einem verborgenen Raum führte und vielleicht für Orakelsprüche verwendet wurde.
(Fotos: M. D. Pearson mit Erlaubnis von Robert E. Stone, New England Archaeological Research Society)

»Götter vom Meer« und fuhr fort, die Dinge herzustellen, für die sie ausgebildet waren. Aber während die Zeit verstrich und eine Generation von der anderen die Technik und die Fertigkeiten lernte, gingen die ursprüngliche Kraft und Präzision verloren, und schließlich schwand sogar die Erinnerung daran, weshalb sie diese Dinge herstellten und von wem die Originale stammten, die ihnen jahrhundertelang als Muster gedient hatten.

Eine merkwürdige Parallele dazu gibt es in unserer Zeit. Im Zweiten Weltkrieg waren die Eingeborenen von Neu-Guinea entzückt, daß »weiße Götter« in Flugmaschinen ihr Land besuchten und erstaunliche Erfindungen und Schätze mitbrachten, die sie großzügig an die beglückte und verwirrte Bevölkerung verteilten. Ja, die Fremden gaben ihnen sogar Wundermittel, mit denen sie ihre Krankheiten heilen konnten. Bis heute warten die Leute in einsam gelegenen Dörfern auf die »weißen Götter«, die ihre Väter in den großen Jahren von 1942 bis 1945 kennengelernt hatten. Und sie und ihre Kinder fabrizieren weiter unbeholfene Nachbildungen von Flugplätzen, Flugzeugen, Jeeps und Windsäcken aus Erde, Stöcken, Steinen und Stoff in der Hoffnung, die wunderbaren Götter vom Himmel könnten eines Tages wiederkommen.

IX
Die verlorenen Zeitalter
des Menschen

Vor einer Million Jahren ein Werkzeuglager — Feuerstätten
vor 500 000 Jahren — Wie man Höhlenbären überlistet — Der
Cromagnon-Mensch mit dem großen Gehirn — Ein gut gekleidetes
Volk in der mittleren Steinzeit — Größe und Untergang von
Tartessos — Der Ursprung des Alphabets — Eine Tonscheibe mit
beweglichen Typen bedruckt — Notierungen auf Tierknochen —
Die bemalten Kiesel von Mas d'Azil — Die »Alphabet«-Funde von
Glozel — Anfänge der Schrift vor 30 000 Jahren

Wenn man annimmt, daß eine hochstehende Zivilisation lange vor den vermeintlich ältesten Kulturen des Vorderen Orients existierte, geht es nicht nur darum, ihre Relikte und Spuren zu finden. Es erhebt sich auch die Frage, in welcher längeren Periode der Vorzeit sich in Gebieten der Erde, die später zum Teil überflutet wurden, eine Zivilisation entwickelt haben könnte.

Der Zeitvorhang für das erste Auftreten des Menschen ist in den letzten Jahren in nahezu atemberaubendem Maß zurückgezogen worden. Die Funde von Dr. Louis Leakey in Afrika zeigen — obwohl ihre endgültige Anerkennung noch aussteht —, daß eine Vorform des Menschen in der Olduvai-Schlucht, Tansania, schon vor eineinhalb bis zwei Millionen Jahren existiert hat. Für solche Zeiträume ist die Radiokarbondatierung nicht mehr anwendbar (sie funktioniert nur bis zu einem Alter von 50 000 Jahren), und man muß mit einer anderen Methode, wie zum Beispiel der Kalium-Argon-Datierung, das Alter der Lagerstätten menschlicher Relikte und Erzeugnisse zu bestimmen versuchen. So ließ sich feststellen, daß ein wahrscheinlich von Menschenhand erbauter Wall oder Windschutz aus dieser unglaublich frühen Periode stammt. Ein primitiver Wall ist natürlich nicht unbedingt ein Zeichen von Kultur oder Zivilisation, da auch Insekten und andere Tiere ihre Bauten anlegen, wie bekanntermaßen Biber, Vögel, Bienen und Ameisen und, was weniger bekannt ist, der Tintenfisch mit seinen Unterwasserbauten aus Korallen und Felsgeröll. Zu alledem weiß man, daß einige der großen Affenarten, wie die Paviane, Stöcke und Steine für kriegerische Angriffe auf andere Paviangruppen benutzen.

Darum sollte man vielleicht erst im vollen Sinne von Menschen sprechen, wenn bestimmte Kriterien vorliegen; der Gebrauch artikulierter Sprache, von dessen Beginn wir allerdings noch keine Vorstellung haben, oder der Gebrauch zweckmäßig bearbeiteter Steine als Werkzeuge, wozu, soviel wir wissen, noch kein Tier imstande war, ferner Zeichnungen und Malereien, der Gebrauch des Feuers und schließlich die Domestizierung von Tieren und der Anbau von Getreide.

Es ist so gut wie sicher, daß Hackwerkzeuge in den Vallonet-Höhlen von Frankreich schon vor ungefähr einer Million Jahren benutzt worden sind und daß die behauenen Steinäxte der Olduvai-Schlucht etwa aus derselben Epoche stammen. Sie wurden mit Knochen zusammengeschichtet gefunden, als habe man einen besonderen Vorrat angelegt, fast wie ein prähistorisches Werkzeuglager.

In der Welt gingen die Lichter an, als es die Menschen vor 700 000 bis 500 000 Jahren lernten, Feuer anzuzünden. Die Sage von Prometheus, der den Göttern das Feuer stahl, spiegelt diesen bedeutenden Schritt zur Zivilisation. Er bezeichnet, wie groß auch immer der Spielraum gewesen sein mag, den Zeitpunkt, von dem an der Mensch sich deutlich von seinen anthropoiden Verwandten unterschied. Anzeichen menschlicher Feuerstätten aus dieser äußersten Frühzeit sind in Asien, Afrika und Europa gefunden worden. In China hat man, zumal in Chou-Kou-Tien bei Peking, in nächster Nähe datierbarer Aschenreste dieser Zeit menschliche Schädelknochen gefunden.

Das Zeitalter, in dem wir leben, das Holozän, begann vor etwa 11 000 Jahren, ihm voraus ging das Pleistozän, das die Perioden der Eiszeit umfaßt. Nach verschiedenen Berechnungen reicht es 500 000 bis 2 000 000 Jahre zurück. Die ältesten Spuren beginnender Zivilisation beim Menschen wären daher etwa am Anfang des Pleistozän anzusetzen. Diese Hypothese ist zwar in der Fachwissenschaft noch umstritten, erweist sich aber durch neue Funde zunehmend als haltbar.

Die landläufige, von Kino und Fernsehen genährte Vorstellung vom Menschen der Vorzeit ist die eines primitiven, affenähnlichen Höhlenwesens, das an Knochen nagte und auf seine Feinde mit Keulen losging. Anthropologische und archäologische Untersuchungen ergeben ein etwas anderes Bild. Man weiß, daß der prähistorische Mensch in Gruppen oder Stämmen gelebt hat und über Werkzeuge und andere Erzeugnisse seiner Kunstfertigkeit verfügte. Er wird nach bestimmten Perioden klassifiziert und bezeichnet, die sich durch die Art der Bearbeitung von Knochen und Steinen unterscheiden. Sie tragen ihrerseits die Namen der Orte oder Gegenden, wo die ersten Exemplare einer typischen Art gefunden wurden. Eine weitere Einteilung grenzt das Paläolothikum, die Altsteinzeit, in der die Steine lediglich behauen wurden, gegen das Mesolithikum, die Mittelsteinzeit, und das Neolithikum, die Neusteinzeit, ab. Beide Perioden sind durch feinere und vielfältigere Bearbeitungsmethoden gekennzeichnet. Ihren Beginn setzt man heute etwa vor 30 000 Jahren an.

Selbstverständlich haben sich bei der Beschäftigung mit einer so weit zurückliegenden Zeit die Theorien und Ansichten oft geändert. Bis zum Beginn der Neuzeit erklärten zum Beispiel die Geistlichen als wissenschaftliche Autoritäten ihrer Zeit, die vielen in Europa gefundenen prähistorischen Steinäxte seien bei den Kämpfen zwischen Gott und dem Teufel vom Himmel heruntergeschleudert worden. Neuerdings war dann die Korrektur so mancher Theorie fällig. Man hatte sich zum Beispiel gefragt, was die vielen zertrümmerten Schädel riesiger Höhlenbären zu bedeuten hätten, die in prähistorischen Höhlen gefunden wurden. Zunächst glaubte man, die Bären seien erlegt worden, um als Nahrung oder als Opfertiere zu dienen. Heute nimmt man eher an, daß prähistorische Höhlenbewohner, denen die Bären den Besitz ihrer Höhle streitig machten, die Vernichtung ihrer mächtigen Gegner langfristig geplant haben. Sie warteten, bis die Bären Winterschlaf hielten, und warfen dann Felsen auf die Köpfe der schlafenden Tiere. Zu neuen Erkenntnissen führte auch die wissenschaftliche Beschäftigung mit der Höhlenperiode. Wahrscheinlich haben die Menschen damals nicht ausschließlich in Höhlen gewohnt, und man kam zu dieser Annahme nur deshalb, weil sich bestimmte Zeugnisse prähistorischer Kultur allein in der Tiefe der Höhlen erhalten haben.

Etwa 150 000 Jahre lang hat der Neandertaler Europa bevölkert, wie es scheint. Fossilien dieses Menschentyps wurden aber auch in anderen Teilen der Welt gefunden. Die Anthropologen konnten danach sein Aussehen rekonstruieren: einen stämmigen, untersetzten Körper mit fliehender Stirn, der außerordentlich kräftig war.

Ungfähr vor 30 000 bis 40 000 Jahren erschien in Europa eine neue Rasse, der Cromagnon-Mensch, zwar vorübergehend ein Zeitgenosse, sicher aber kein Abkömmling des Neandertalers. Offensichtlich hat die Cromagnon-Rasse das Verschwinden der Neandertaler ausgelöst, vielleicht hat sogar eine Art von Vernichtungskrieg stattgefunden. Der Cromagnon-Mensch hat nach Ansicht der meisten Anthropologen von Anfang an ein größeres Gehirnvolumen als der moderne Mensch gehabt. Die Art, wie er sich ernährte, seine hochentwickelten Waffen, Skulpturen und seine in zahlreichen Höhlen in Frankreich und Spanien erhaltenen Malereien zeigen einen unerhörten kulturellen Abstand zum Neandertaler, der ihm offensichtlich weichen mußte. Der Cromagnon-Mensch war groß, schlank, gutgeformt und — er hatte sein hochentwickeltes Gehirn. An Dr. Jerome Bruner, einer Autorität auf dem Gebiet der geistigen Entwicklung des Menschen, wurde einmal die hypothetische Frage gerichtet, wie sich ein junger Cromagnon-Mann an einer Universität, etwa Harvard, ausnehmen würde. Er antwortete: »Jedenfalls würde er keineswegs unerfreulich auffallen.«

Es gibt auch keinerlei Anhaltspunkte dafür, daß sich die Cromagnon-Leute aus der Neandertal-Kultur entwickelt hätten. Zu allen Zeiten der menschlichen Geschichte haben primitive und höher entwickelte Stämme und Völker gleichzeitig nebeneinander existiert. So ist es seit der Periode der Neandertaler bis heute gewesen, und stets haben die Primitiveren den Schaden davongetragen, wenn es zu einer direkten Auseinandersetzung kam.

Die Periode nach dem Erscheinen des Cromagnon-Menschen vor ungefähr 30 000 bis 35 000 Jahren ist daher der Zeitraum, in dem konkrete Anzeichen jener frühen hochstehenden Zivilisation vor Ägypten und Sumer zu finden sein müßten. Bemerkenswert ist, daß der Cromagnon-Mensch zuerst an der atlantischen Küste von Frankreich und Spanien in der Gegend des Golfs von Biscaya aufgetreten ist und daß bei seiner Ausbreitung über Europa und Nordafrika anscheinend mehrere Kulturwellen aufeinanderfolgten, deren jede plötzlich in Erscheinung trat. Ein Blick auf eine Karte von Europa, auf der die Fundorte dieser verschiedenen prähistorischen Kulturen markiert sind, vermittelt den Eindruck, daß die Träger des jeweils neuen Stils vom Meer her die Westküsten Europas erreicht haben. Diese Hypothese erscheint vielleicht nicht als zu weit hergeholt, wenn man an die Häufigkeit von Schiffsdarstellungen in der Kunst der neueren Steinzeit denkt. Sie findet naturgemäß befriedigte Zustimmung bei allen, die an die Existenz des Kontinents Atlantis vor dem Ende der Eiszeit glauben. Außerdem hat Lewis Spence darauf hingewiesen, daß die prähistorischen Kulturen des Aurignacien, Magdalénien und Azilien in Europa (um 32 000, 16 000 und 12 000 vor unserer Zeit) ungefähr mit dem periodischen Absinken ozeanischer Landmassen korrespondieren, die ehemals durch den Rückgang von Gletschern oder durch klimatische und seismische Veränderungen während der beiden letzten Eiszeiten hervorgetreten waren. Auch hätten Flüchtlinge, die aus anderen Erdteilen nach Europa kamen, wahrscheinlich nur einen unvollkommenen Teil ihrer

Kultur bewahren können. Und dennoch waren sie dann damit den Neandertalern einige Lichtjahre voraus.

Seltsamerweise vermitteln die wenigen gefundenen Relikte den Eindruck, als hätte sich etwas derartiges ereignet, nicht nur beim ersten Erscheinen der Cromagnon-Leute, sondern auch noch später, als sie in Europa schon seßhaft waren. Wir meinen das Auftreten einer Kultur, die nach der französischen Stadt Solutré Solutréen genannt und zwischen den längeren Perioden des Aurignacien und Magdalénien vor 22 000 bis 20 000 Jahren angesetzt wird. In ihr finden sich Erzeugnisse eines geheimnisvoll unbekannten Volkes, phantasievolle und zarte Gravierungen auf Steinen und Halbedelsteinen, für die man sich keine nützliche Verwendung vorstellen kann. In einem Zeitalter, in dem unserer Ansicht nach fast alle Anstrengungen des Menschen darauf gerichtet waren, sich Nahrung zu beschaffen und sich vor den Unbilden der Witterung und vor allen möglichen Gegnern zu schützen, hat dieses ungewöhnliche Volk unerklärlicherweise feine, zarte, verschlungene Muster entworfen und außer den gewöhnlichen Steinen auch Halbedelsteine bearbeitet. Man gewinnt fast den Eindruck, als hätten sie eine ihnen vertraute Kunst mit der nun notwendig gewordenen Technik der puren Lebenshaltung zu kombinieren versucht. Manche ihrer Klingen und Pfeilspitzen sind so fein und zierlich, daß sie als Waffen oder auf der Jagd nichts getaugt hätten. Man kann nur vermuten, daß sie zeremoniellen Zwecken oder als Zierat dienten. Die Höhlenmalereien des Solutréen zeigen einen eigenartig geistvollen Stil. Knöcherne Nähnadeln mit kleinem Öhr lassen darauf schließen, daß dieses Volk sich aus Leder oder Häuten gut sitzende und feingenähte Kleidung hergestellt hat. Welch ein Unterschied zu der üblichen Vorstellung von einem halbtierischen Höhlenmenschen mit einem rohen Bärenfell über den Schultern!

In dieser Hinsicht hochinteressante Höhlenzeichnungen sind bei Lussac in Frankreich entdeckt worden und werden zur Zeit noch im *Musée de l'Homme* in Paris wissenschaftlich ausgewertet. Es sind Darstellungen von Menschen aus der Zeit des Magdalé-

Höhlenzeichnung aus der Epoche des Magdalénien von Lussac in Frankreich.
Die Zeichnung, 12 000 bis 15 000 Jahre alt, wirkt eigenartig modern und
deutet eine passend genähte Kleidung an.

nien in gut passender, seltsam modern wirkender Kleidung, ausgeführt in einer erstaunlichen Mischung impressionistischer, rea-
listischer und abstrakter Stilelemente. Einige der europäischen
und afrikanischen Höhlenmalereien aus den Perioden des Aurignacien und Magdalénien wirken so modern, dekorativ und geist-
reich in ihrer Technik, daß man sie für moderne Fälschungen gehalten hat. Erst sorgfältige Untersuchungen durch so hervorra-
gende Fachkenner prähistorischer Höhlenmalereien wie den verstorbenen Abbé Breuil haben den Beweis ihrer Echtheit erbracht.
Viele Wissenschaftler, die diese Malereien gesehen haben, sind

derselben Ansicht wie der Prähistoriker Robert Silverberg: ». . . noch bis zum Jahr 1400 ist es den besten europäischen Malern nicht gelungen, ihren Werken so viele lebendig charakteristische Züge zu verleihen.«

Man weiß weder wie noch warum diese Malereien geschaffen wurden. Das Wie bezieht sich auf die Beständigkeit der Farben und auf die Frage, wie eine so exakte Arbeit in dunklen Höhlen ausgeführt werden konnte. Welche Beleuchtungsmethode hatten diese Menschen? Offensichtlich haben sie keine Fackeln benutzt, da in den Höhlengewölben keine von Rauch geschwärzten Stellen zu finden sind. Auch das Warum ist in mehrfacher Hinsicht eine offene Frage. Wurden die wilden Stiere, Löwen, Mammute, Rhinozerosse, Bären, Gazellen, Pferde und andere Tiere aus rituellen Gründen dargestellt, um Erfolg bei der Jagd zu erlangen? Oder waren es lediglich Abbildungen zum Schmuck der Wände? Aber am rätselhaftesten ist, weshalb diese Malereien in so schwer zugänglichen Höhlen ausgeführt wurden. Einige sind im Laufe der Jahrtausende abgesunken und befinden sich heute unter der Erdoberfläche.

Neuerdings wird vermutet, daß die Menschen des Magdalénien Wohnungen und sogar Städte außerhalb der Höhlen besaßen, in denen wir ihre Spuren finden. All solche Bauten müssen längst verschwunden sein, sofern sie nicht aus Stein bestanden (und prähistorische Steinbauten sind außerordentlich schwer zu datieren) oder unter Wasser oder im Schlamm erhalten blieben. Zudem ist es nicht unmöglich, daß auch Steinzeitmenschen imstande waren, Zement zu verwenden. Das zeigt die unglaublich raffinierte Verwendung von Zement bei den Mayas und die Erfindung eines feuerfesten Zements durch Chibcha-Indianer von Kolumbien in Kulturperioden, die man beide in der Steinzeit ansetzt. Bauten unter Verwendung von Zement, Mörtel, Bewurf oder Stuck wären in waldreichen Gegenden oder solchen mit starken Klimaschwankungen schneller zerfallen als in einem trockenen Klima wie in Ägypten und den benachbarten Gebieten. Und genau dort sind die Reste von Städten gefunden worden, die man für die ältesten des Menschen hält: eine von Mauern umgebene Stadt bei Jericho und Ruinen bei Wadi el Natuf mit einem Alter von 10 000 Jahren. Vielleicht sind auch die archaischen Megalith-Bauten und Strukturen an den Westküsten von Europa, im Mittelmeerraum und in Nord- und Südamerika viel älter, als man bisher angenommen hat. Es ist möglich, daß sie von späteren Generationen instand gesetzt oder teilweise umgebaut wurden, wodurch sie jünger scheinen, als sie tatsächlich sind. Der französische »Luft-Archäologe« Pére Poidebard, der als einer der ersten sensationelle Entdeckungen vom Flugzeug aus machte, fand bei seinen Ausgrabungen im Vorderen Orient, daß die römischen Städtebauer und Militärarchitekten ältere Baukomplexe der Assyrer, Babylonier und Hethiter einfach in ihre Anlagen einbezogen hatten. Und die letzteren hatten selbst schon ältere Steinzeitkonstruktionen überbaut. Dasselbe ist der Fall bei den riesigen Pyramiden und Tempelplattformen in Amerika. Wenn man sie bei Grabungen öffnet, stößt man auf eine oder mehrere innere Pyramiden, von denen immer eine neuere eine ältere überdeckt. In gewissem Sinn sind wahrscheinlich auf dieselbe Weise ganze Kapitel der Menschheitsgeschichte von neueren Völkern zugedeckt worden. Sie hatten kein Interesse daran, die Geschichte und die Werke ihrer Vorgänger zu erhalten, und benutzten unbekümmert, was ihnen aus dem Bestand der älteren Kulturen brauchbar erschien. Und am Ende vergaßen sie, was vor ihnen einmal dagewesen war.

Große und mächtige Städte sind einfach verschwunden. Im Fall von Babylon, einst einer Großstadt mit einer Millionenbevölkerung, war jede Spur ihres Standorts unter der Wüste verlorengegangen, bis sie nach 2000 Jahren wiederentdeckt wurde. Spina, eine große Seehandelsstadt der rätselhaften Etrusker, die vor den Römern Italien beherrschten, wurde erst 1935 vom Flugzeug aus entdeckt. Fast zufällig erkannte man in der verschiedenen Schattierung des Bewuchses im Küstenmarschland die Umrisse von Palästen und Gebäuden und den Verlauf von Straßen und Kanälen.

Andere alte Städte, die aufgefunden wurden, wie Tiahuanaco in Südamerika, Siedlungen aus der Bronzezeit in Nordeuropa, verlassene Städte in den Wüsten von Zentralasien und im Tal des Indus sind für die Geschichte verloren, da es keine zeitgenössische schriftliche Überlieferung über sie gibt, zumindest keine Aufzeichnungen, die wir lesen können. Die alten Chaldäer ließen einen langen Zeitraum für prähistorische Kulturen offen; sie legten genau 39 180 Jahre zwischen die Sintflut und ihre erste historische Dynastie.

Geschichte gewinnt für uns erst Gestalt, wenn sie aufgeschrieben ist und mit Daten verbunden werden kann. Wo schriftliche Zeugnisse fehlen, bleiben Kulturen und Zivilisationen einer Flut von Vermutungen und Annahmen überlassen. Jahrtausende der Vorgeschichte existieren nur als Legenden im Gedächtnis der Völker oder sind überhaupt vollkommen vergessen. Das Wort »Vorgeschichte« bezeichnet die wirkliche Geschichte der Steinzeit und der Bronzezeit, aber soweit sie nicht schriftlich überliefert ist, bleibt sie natürlich Vorgeschichte.

Eine vorgeschichtliche Stadt, die man noch nicht gefunden hat, ist hingegen im Altertum oft in Schriften erwähnt worden: das sagenhafte Tartessos an der Westküste von Spanien, das angeblich in der Nähe des heutigen Cadiz lag. Wir haben zwar ein nicht ganz gesichertes Datum der Eroberung und Zerstörung der Stadt durch die Karthager im Jahr 533 v. Chr., in griechischen Schriften finden sich zahlreiche Hinweise auf ihren Reichtum und ihre Bedeutung, auch in der Bibel ist von Tharsis (Tartessos) die Rede; aber die Lage der Stadt selbst ist noch unbekannt. Man vermutet sie unter dem Meer, unter dem Schlamm der Guadalquivirmündung oder sogar unter den heutigen Straßen von Sevilla. Andererseits bringt man zyklopische Ruinen bei Niebla und Ronda, die teilweise nach Fluteinbrüchen im Jahr 1923 ans Licht kamen, mit dem verschwundenen Tartessos in Verbindung. Nicht weit davon finden sich bei Huelva riesige Hafenmauern und Steintreppen, die dem zyklopischen Mauerwerk der Inkas und ihrer Vorläufer ähneln.

Ein höchst interessanter Aspekt von Tartessos oder Tharsis ist, daß es an der atlantischen Küste von Spanien lag und schon in sehr früher Zeit eine bedeutende Handelsflotte besaß. Die Bibel erwähnt diesen Handel bei der Beschreibung von Salomons Reichtum (1. Könige, 10,22): »Denn der König hatte Schiffe von Tharsis auf dem Meer mit den Schiffen Hirams; einmal in drei Jahren kamen die Schiffe von Tharsis und brachten Gold, Silber, Elfenbein, Affen und Pfauen.« Und bei Hesekiel 27,12 finden wir: »Tharsis hat mit dir seinen Handel gehabt und allerlei Ware, Silber, Eisen, Zinn und Blei auf deine Märkte gebracht.« Frühe griechische Berichte erzählen, Schiffe, die in Tartessos anlegten, hätten dort Silber in solchen Mengen gefunden, daß sie ihre Blei-anker durch silberne für die Rückfahrt ersetzten.

Die Existenz einer uralten Handelsmetropole an der atlanti-schen Küste hat zu der Vermutung geführt, daß Tartessos selbst Atlantis gewesen sein könne, oder daß die Minoer und Griechen die Atlantislegende auf die reiche und mächtige Stadt übertrugen,

Altiberische Inschrift auf einem Tonkrug von Cerro San Miguel, Estremadu-ra, Spanien. Es könnte sich um eine punische Schrift aus einer unbekannten Sprache (Tartessos?) handeln

die nach ihrer Eroberung tatsächlich verschwand. Die Karthager machten es doppelt sicher, daß das ergiebige Warenlager, das sie erobert hatten, für andere buchstäblich nicht mehr vorhanden war. Sie schlossen einen Vertrag mit Rom, der den gesamten Ozeanhandel jenseits von Gibraltar allein karthagischen Schiffen vorbehielt.

Die verschwundene Kultur von Tartessos soll nach den alten Berichten eine Schrift besessen haben, in der die Einwohner seit vielen tausend Jahren Aufzeichnungen machten. Strabo, ein griechischer Historiker des ersten Jahrhunderts v. Chr., schrieb: »Von allen Iberern sind sie am höchsten zivilisiert. Die Kunst des Schreibens ist ihnen bekannt, und sie haben alte Bücher, dazu Gedichte und Gesetze in Versen, die sie für 7000 Jahre alt halten.« Felsinschriften im Südwesten von Spanien, in Nordafrika und auf den Kanarischen Inseln zeigen verschiedene Arten von Schriften, die wahrscheinlich alphabetisch und keine Bilderschriften sind. Sie ähneln der phönizischen oder etruskischen Schrift, konnten aber noch nicht entziffert werden und sind vielleicht mit der Schrift von Tartessos verwandt. Ein deutscher Professor hat in der Gegend, in der vermutlich einmal Tartessos lag, einen Ring mit einer Inschrift gefunden, die man sozusagen auf etruskisch aussprechen könnte, deren Sinn sich aber nicht entziffern läßt.

Die Frage, wann das Alphabet erfunden wurde, führt zu einem relativ späten Schritt in der Entwicklung der Schrift. Denn die Erfindung des Alphabets, die den Phöniziern zugeschrieben wird, geht nur bis zum Anfang des zweiten Jahrtausends v. Chr. zurück. Das bedeutet selbstverständlich nicht, daß der Mensch vor dieser Zeit keine Schrift kannte, sondern nur, daß er kein Alphabet benutzte, mit dem er Worte aus einzelnen Buchstaben formen konnte. Statt dessen wurden Bilder verwendet wie die alten ägyptischen Hieroglyphen oder die chinesischen Ideogramme, oder eine weitere Vereinfachung der Hieroglyphen wie die Keilschrift der Babylonier, deren Zeichen ganze Silben darstellten. Eine Silbenschrift wird heute noch in Japan, Korea und einigen anderen Ländern gebraucht; aber sie ist mühsamer als das Alphabet, weil sie eine viel größere Anzahl von Zeichen erfordert, und auch nicht so allgemein verwendbar. Den Ursprung des phönizischen oder nordsemitischen Alphabets, von dem alle anderen abstammen, hat man bis nach Byblos im Libanon zurückverfolgen können, wo es vor mehr als 4000 Jahren schon benutzt wurde. (Nicht von ungefähr sind Worte wie Bibel, Bibliothek, Bibliographie aus dem Namen Byblos abgeleitet.)

Phönizische Schrifttypen hat man nicht nur im westlichen Teil des Mittelmeerraums und an der Westküste von Spanien gefunden, sondern auch auf den Inseln des Atlantiks und in Amerika. Das weist darauf hin, daß die Phönizier große Seefahrer waren, was wir schon wußten; es läßt sich aber auch darauf schließen, daß Afrikaner, Iberer und andere Anwohner des Atlantiks wahrscheinlich diese alphabetische Schrift benutzt haben, um ihre eigenen Sprachen zu schreiben. Viele der Inschriften mit phönizischen Buchstaben, die im Amazonasgebiet, auf Felsen der atlantischen Inseln und sogar an der Küste von Nordamerika gefunden wurden, hat man lange für Fälschungen gehalten. Es besteht jedoch die Möglichkeit, daß hier mit phönizischen Buchstaben ganz andere Sprachen geschrieben wurden.

Bedenkt man, welch außerordentlich hohes Alter Tartessos und seinen schriftlichen Aufzeichnungen nachgesagt wurde, und zieht auch die unentzifferten Inschriften in Spanien, Nordafrika und auf den Kanarischen Inseln in Betracht, dann gelangt man dazu, eine interessante Möglichkeit zu erwägen. Vielleicht haben die Phönizier ihr Alphabet gar nicht aus dem vorhandenen Material an Keilschrift und Hieroglyphen entwickelt? Vielleicht haben sie es während ihrer Fahrten aus einer westlichen Quelle übernommen und es zunächst als eine nützliche Kurzschrift für Bezeichnungen und Verständigung in ihrem Handel verwendet?

Eine hochinteressante Theorie über den Ursprung des Alphabets haben zwei Autoren entwickelt: Hugh Moran in seinem Buch *The Alphabet and the Ancient Calendar Signs* (Das Alphabet und die alten Kalenderzeichen) und Dr. Carus Gordon, der mehrere Bücher über die frühen Kulturen und Schriften im Mittelmeerraum geschrieben hat. Moran und Gordon nehmen an, daß unser Alphabet sich aus den Tierkreiszeichen und den Zeichen, mit denen die Tage eines Mondmonats gezählt wurden, entwikkelt hat.

Die ältesten Formen des Alphabets enthielten im allgemeinen unter dreißig Buchstaben, das heißt, sie waren einerseits von der Zahl der Tage im Monat beeinflußt und andererseits von den wiederkehrenden Konstellationen des Tierkreiszeichens und anderer Gestirne. Die Seefahrer des Altertums waren zweifellos darauf angewiesen, auf irgendeine Weise die Zahl ihrer Reisetage genau festzuhalten; so mögen sie Zahlen durch vereinfachte Zeichen dargestellt und notiert haben, aus denen sich dann ein Alphabet entwickelt hat. Man weiß, daß in den ersten Alphabeten die Buchstaben sowohl zum Zählen wie zum Schreiben benutzt wurden. Im Hebräischen zum Beispiel, einer alten Sprache, die noch sehr lebendig ist, wurden die Zahlen durch die Namen der Buchstaben des Alphabets bezeichnet: alef, bet, gimmel, dalet war eins, zwei, drei vier. Heute noch haben in Israel manche Uhren auf dem Zifferblatt hebräische Buchstaben anstelle römischer oder arabischer Ziffern.

Der geheimnisvolle Ursprung des Alphabets geht daher wahrscheinlich auf die noch ältere Errungenschaft des Zählens zurück, und so wäre das Alphabet letzten Endes ein Kind der Mathematik. Die Erfindung des Alphabets oder der Lautschrift war — um Shepherds Worte bei der ersten Mondlandung zu zitieren — »ein großer Schritt vorwärts für die Menschheit«, ohne den wir sicherlich niemals genügend Wissen hätten aufspeichern können, um den Mond zu erreichen. In gewissem Sinne hat für diese große wissenschaftliche Leistung unserer Zeit vielleicht vor Jahrtausenden der Mond selbst den ersten Anstoß gegeben. Denn seine Phasen veranlaßten die ersten Astrologen, Astronomen, Mathematiker oder auch die Seefahrer, die Zeit nach dem Mond zu berechnen. Die Zählung der Tage nach dem Mond führte dann zu Zeichen, die mit den Symbolen für den Tierkreis ein System ergaben, aus dem sich schließlich das Alphabet entwickelte.

*Der Diskus von Phaistos, etwa 17. Jahrhundert v. Chr. Der Durchmesser be-
trägt 16 cm. 61 Felder (Wörter) mit 41 Zeichen, die mit Matritzen in den
weichen Ton gegraben wurden: somit ein Vorläufer der Druckkunst.*

Als einen Beleg für diese Theorie kann man die Phaistos-Scheibe von Kreta betrachten, eine runde Tonscheibe, auf deren beiden Seiten in Spiralen hieroglyphenähnliche Figuren eingepreßt
sind. Wenn die Annahme stimmt, daß auf der Scheibe Tierkreis-
symbole als phonetische Zeichen verwendet wurden, wäre sie ein
erhaltenes Beispiel für die Entwicklung des Alphabets aus den
Tierkreiszeichen. Seit der Entdeckung der Phaistos-Scheibe im
Jahre 1908 haben Philologen immer wieder versucht, die Zei-
chenfolge wie einen Sprachtext zu entziffern, für den man nur
den Schlüssel finden müßte, um ihn übersetzen zu können. Leon
Pomerance, ein hervorragender Kenner der minoischen Kultur,
vertritt die Auffassung, daß es sich gar nicht um Sprache handelt.
Er glaubt, daß allegorische Zeichen für die Konstellationen des
Tierkreises und anderer Gestirne ein System von Anspielungen
und Bedeutungen bilden, das interpretiert, aber nicht übersetzt
werden kann. Wenn man es richtig deute, würde sich eine an die
Sonne gerichtete Hymne oder Anrufung ergeben. Eine der immer wiederkehrenden Figuren auf der Scheibe ist ein Kopf, der
anscheinend eine Federkrone trägt, weshalb einige Gelehrte einen

transatlantischen Einfluß vermuten und andere an eine Beziehung zu Atlantis denken. Andere Figuren der Phaistos-Scheibe finden sich wieder auf Monumenten auf Kreta und den anderen Inseln der Ägäis und des Mittelmeers wie auch in einer zweiten größeren Spirale eingemeißelter Zeichen auf einem runden Stein in Dendera in Ägypten.

Die Phaistos-Scheibe bietet noch eine besondere Überraschung: offensichtlich sind die Symbolfiguren einzeln in den feuchten Ton eingepreßt worden, mit anderen Worten, die Scheibe wurde mit beweglichen Typen bedruckt, mehrere tausend Jahre, ehe das Drucken erfunden wurde. Allerdings weiß man, daß Schriftstempel — oft rundgebogen, so daß sie im Abrollen druckten — im Altertum weithin in Gebrauch waren sowohl bei den Ägyptern wie bei den Sumerern in Mesopotamien, im Undustal und in anderen frühen Kulturen. Das Besondere an der Phaistos-Scheibe ist, daß hier eine Anzahl wiederkehrender Spiegel oder Symbole zu einem längeren Text zusammengestellt wurde. Das Prinzip des Druckens mit Typen war also schon in sehr früher Zeit bekannt, aber ob es jemals auf Papyrus, Stein oder einer papierähnlichen Substanz angewandt wurde, wird wohl immer ein ungelöstes Rätsel für uns bleiben.

Durch neue Funde und ein genaueres Studium älterer rücken die Uranfänge der Schrift in immer fernere Zeiträume zurück. Ob es sich nun um Markierungen handelt, die in Tierknochen eingekerbt wurden, oder um Zeichen, die auf Steine gemalt oder eingemeißelt, in Ton eingeritzt oder auf die Wände von Höhlen gemalt wurden. Gemalte Szenen sind noch nicht als Schrift zu betrachten, erst wenn sich aus Bildern Symbole und Signaturen entwickeln, die konkrete und abstrakte Vorstellungen vermitteln, ist der Schritt zur Schrift vollzogen.

In Westeuropa sind schriftähnliche Zeichen aus einer so frühen Periode der Steinzeit gefunden worden, daß man glaubt, es könne sich nicht um Schrift handeln, obwohl die Objekte an sich unzweifelbar echt sind. Auf einem Stück Rentierknochen aus einer Höhle bei Rochebertier in Frankreich kann man Zeichen erken-

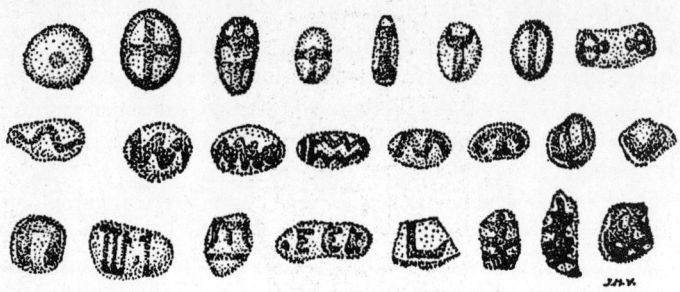

Einige der bemalten Steine von Mas d'Azil aus der Epoche des Magdalénien mit Symbolzeichen.

nen, die der unbekannten Inschrift auf dem Ring von Tartessos ähneln, und auf Geweihen aus den Höhlen von Mas d'Azil und La Madeleine entdeckte man ebenfalls Signaturen, die an phönizische Buchstaben erinnern. Dort sind auch die berühmten bemalten Kiesel von Mas d'Azil in großen Mengen gefunden worden. Eine ganze Anzahl dieser Steine sind mit Zeichen bemalt, die wie Buchstaben aussehen. Allerdings können diese vermeintlichen Buchstaben auch Symbole, Totemfiguren, Abzählzeichen oder einfach Muster sein, obwohl Muster als bloßer Zierat für das Zeitalter des Magdalénien ebenso bemerkenswert wären wie die anderen Bedeutungen, die man den Steinen zugeschrieben hat. Einer der Kiesel trägt das Kreuz im Kreis, ein Zeichen, das man wie die Swastika häufig und in den verschiedensten Teilen der Welt gefunden hat.

Wie die Swastika war es ein Symbol für Lebenskraft und Göttlichkeit Jahrtausende vor der Umwandlung in Symbole des Nationalsozialismus und Rassenwahns, wie es mit der Swastika in Deutschland und dem Kreuz im Kreis oder »Keltischen Kreuz«: in Frankreich geschah.

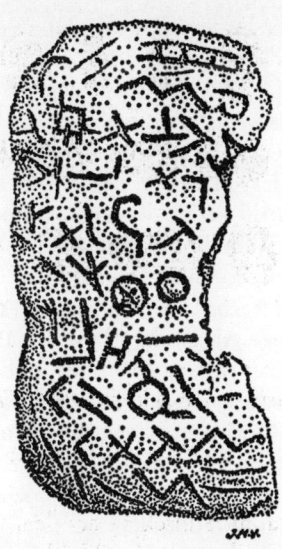

Tafel mit buchstabenähnlichen Zeichen aus der Epoche des Magdalénien, 1924 in Glozel bei Vichy in Frankreich gefunden.

Noch sensationeller sind die »Alphabet«-Funde von Glozel, die 1924 bei einer Ausgrabung in der Nähe von Vichy in Frankreich zutage kamen und seither Gegenstand heftiger wissenschaftlicher Auseinandersetzungen sind. Zwischen Ziegeln, Äxten und Töpferei aus der Zeit des Magdalénien wurden Steintafeln mit merkwürdigen Gravierungen entdeckt. Besonders auffallend ist eine Tafel aus dem Gesamtfund, auf der eine ganze Sammlung von Zeichen oder Buchstaben eingraviert ist. Mehrere davon entsprechen phönizischen oder griechischen Buchstaben, andere sind nicht identifizierbar. Vom archäologischen Standpunkt aus sind Anzeichen einer echten Schrift in dieser frühen Zeit und dieser Gegend unannehmbar. Obwohl die Echtheit der Tafeln von vielen Prähistorikern bestätigt wurde, sind die Zeichen noch immer ein ungelöstes Rätsel.

Wenn man beweisen könnte, daß die geheimnisvollen Signaturen wirklich eine Art von Buchstaben sind, würde das bedeuten, daß ein unbekanntes Volk in Westeuropa Jahrtausende vor den ersten Anfängen der Hieroglyphenschrift bei den Ägyptern schon eine echte Schrift besaß — eine höchst beunruhigende Vorstellung für die traditionelle Archäologie.

Eine ebenso unorthodoxe Theorie, die eine Vorform der Schrift noch weiter zurück in die Zeit des Aurignacien verlegt, hat der Anthropologe Alexander Marshack 1971 der Öffentlichkeit vorgelegt. Er hat Adler-, Mammut- und Wildknochen aus Höhlen des Aurignacien, die sich in verschiedenen europäischen Museen befinden, einer intensiven Untersuchung unterzogen und dann die Ansicht vorgetragen, daß die verschiedenartigen Kerben und Gravierungen auf den Knochen wahrscheinlich Merkzeichen eines Mondkalenders ist. Diese mit allerlei Werkzeugen eingeschnittenen Zeichen wären demnach als eine Vorform von Schrift zu betrachten oder zumindest als eine Art von Aufzeichnung. Damit würden die ersten Formen schriftlicher Aufzeichnung mehr als 30 000 Jahre zurückreichen.

Man hatte die Einschnitte auf diesen Knochen auch schon früher bemerkt, sie aber für Verzierungen gehalten oder für Kerben am Handgriff mutmaßlicher Werkzeuge, die das Festhalten sichern sollten. Als Alexander Marshack eine Serie von Symbolen erkannte, die den verschiedenen Phasen des Mondes ähnelten, und Gruppen eingekerbter gerader Linien, als habe man sie durch Zählung kontrolliert, schloß er daraus auf einen Mondkalender. Daraufhin untersuchte er weitere Museumsstücke, manchmal mit Hilfe von besonderer Beleuchtung und starker Vergrößerung, um die genaue Form der Markierungen sichtbar zu machen. Mehrmals fand er in die offensichtlichen Kalenderzeichen auch Tier- und Frauenfiguren eingestreut, die sich einerseits wahrscheinlich auf die Jagd und andererseits vielleicht auf den Zyklus der weiblichen Menstruation beziehen.

212

Bisher hat man angenommen, die Kunst des Schreibens sei nicht älter als 5000 oder höchstens 6000 Jahre. Wenn wir jetzt Hinweise haben, daß ein so wichtiger Schritt zur Zivilisation wenigstens in Ansätzen schon vor mehr als 30 000 Jahren vollzogen wurde, ergibt sich ein beträchtlicher Zeitraum für die Entwicklung hochstehender prähistorischer Kulturen, von denen wir gegenwärtig nur vage Andeutungen haben. Man kann natürlich einwenden, daß wirkliche Zivilisation erst mit dem Anbau von Getreide und der Domestizierung von Tieren beginnt. Aber auch hierfür reichen die Belege bereits mehrere tausend Jahre vor den traditionellen Beginn in Mesopotamien zurück. Man hat festgestellt, daß es Anbau von Pflanzen schon vor 11 000 bis 12 000 Jahren gab, und wahrscheinlich werden zukünftige Forschungen und Entdeckungen den Termin noch weiter nach rückwärts verschieben.

Die Theorie von verschwundenen Zeitaltern der Zivilisation, von hochentwickelten Kulturen in einer so frühen prähistorischen Periode fällt natürlich ganz aus dem Rahmen aller bisher geltenden Vorstellungen von der Entwicklung der Zivilisation. Daher wird dieser ganze Komplex von der etablierten Wissenschaft und vor allem der Archäologie mit Skepsis, Mißtrauen und Beunruhigung betrachtet.

Das ist verständlich in einer Zeit, in der archaische Monumente und Kunstgegenstände gelegentlich Besuchern von anderen Sternen zugeschrieben wurden, die von Planeten unseres Sonnensystems wie Venus und Mars oder auch von Planeten anderer Sonnensysteme gekommen sein sollen. Aber der begreifliche Wunsch der Fachleute, die Dinge in einigermaßen gesicherten Grenzen zu halten, bedeutet nicht, daß neue Forschungsergebnisse nicht frühere Vorstellungen grundlegend verändern könnten. Das hat sich im Lauf der Geschichte beim Auftreten neuer wissenschaftlicher Theorien und Erfindungen oftmals ereignet. Und man kann in diesem Wandlungsprozeß ein Spiegelbild vom Kommen und Gehen der Kulturen unserer eigenen menschlichen Art hier auf unserer Erde erblicken.

X
Urerinnerungen
der Völker

Überall in der Welt Legenden von der Großen Flut — Ein indisches
Spiel in Mexiko — Die Panflöte wird in den Anden gespielt — Der
Turmbau zu Babel oder: gab es einmal eine völkerverbindende
Sprache? — Griechisch in Mexiko? — Sprachübereinstimmungen
rund um die Welt — An was erinnern Karnak — Thule — Atlantis?
— Die verlorene Sprache der Kanarischen Inseln — Gibt es ein
Artgedächtnis der Tiere? — Flamingos auf dem Andenplateau —
— Die »schweigenden« Partien im menschlichen Gehirn — Ein
abgekapselter ererbter Erinnerungsstrom?

In der ganzen Welt gibt es Legenden und Überlieferungen mit
einem im wesentlichen so ähnlichen Inhalt, daß man kaum an
einem gemeinsamen Ursprung zweifeln kann. Am dramatisch-
sten ist die Sintflutlegende, nach welcher Gott oder die Götter —
je nach der Religion — eine vor dem Ende der letzten Eiszeit be-
stehende Zivilisation wegen ihrer Verderbtheit zu vernichten beschlossen. Jedesmal gab es Auserwählte, einen Mann, ein Paar
oder mehrere, die überleben sollten und die vor der Katastrophe
gewarnt wurden. Unsere eigene jüdisch-christliche Überlieferung
von Noah und den zehn Generationen vor ihm hat ihren Ursprung vielleicht in einer ähnlichen babylonischen Legende oder
ist doch mit ihr verwandt. Das gilt auch für die islamische Ver-
sion, in der das zum Untergang bestimmte Volk als das »Volk
von Ad« bezeichnet wird — worin die Atlantologen einen Hinweis erblicken. Die Große Flut und die darauffolgende Neube-
siedlung der Erde durch auserwählte Überlebende war in der Antike allen Völkern bekannt, in Griechenland und im ganzen Mittelmeerraum, in Nordeuropa, lange ehe das Christentum er-

schien, aber auch schon bei den Sumerern, in Babylon, Persien, Indien, China und in anderen Gebieten von Asien. Die Legende war sogar auch bei den Indianern der Neuen Welt verbreitet mit gewissen Abweichungen in der Art, wie die Überlebenden der Katastrophe entkamen; auch war die Auswahl der zur Rettung bestimmten Tiere der amerikanischen Tierwelt angepaßt. Es waren Lamas, Büffel, Jaguare, Kojoten und andere, je nach der betreffenden Gegend. Manchmal stimmt sogar die Zahl der Tage, an denen es regnete, auf beiden Seiten des Atlantiks fast überein, von den vierzig Tagen der Bibel bis zu sechzig in manchen indianischen Versionen.

Diesen Flutlegenden entsprechen geologische Funde: Anzeichen von Hochwasser auf Hochflächen und Bergen in der ganzen Welt, Spuren von ozeanischem Leben im Himalaya und eine Meeresablagerung zwischen den alten Kulturschichten in Mesopotamien. Daraus läßt sich schließen, daß ein- oder mehrmals eine Flut oder ein großes Ansteigen der Gewässer begleitet von Flutwellen stattgefunden hat. Die Überlebenden berichteten davon, und ihre Erzählungen blieben in Legenden, die mehrfach umgeschrieben wurden, bis heute erhalten. Wenn bei solchen Katastrophen ganze Landstriche und vor allem wahrscheinlich zahlreiche Inseln überschwemmt wurden, müssen die Überlebenden, die an verschiedenen Küsten landeten, gedacht haben, sie seien die einzigen dem Unheil Entkommenen. Jedenfalls erzählten sie das den halbbarbarischen Völkern, bei denen sie Aufnahme fanden. In anderen Worten: es gab viele »Noahs«.

Eine sprachliche Verbindung zwischen den Namen der verschiedenen Überlebenden und dem jüdisch-christlichen Noah ist nicht erkennbar. In der babylonischen Legende war es Ut-Napishtam, Yima im alten Iran, Deukalion bei den Griechen und Römern, Baisbasbata in der Hindu-Mythologie, Coxcox oder Tezpi bei den Azteken und ihren Vorläufern und Tamandaré in den Guarani-Legenden von Brasilien, Paraguay und Argentinien.

Von der großen Pyramide von Cholula in Mexiko wird berichtet, sie sei von ihren Erbauern als Zuflucht vor einer kommenden Flut errichtet worden, man habe sie jedoch verlassen, ehe sie die vorgesehene Höhe erreichte, weil eine Sprachverwirrung einsetzte. Hier taucht ein zweites Legendenmotiv auf, das den Ozean überquerte, das des Turms von Babel. Es trug dazu bei, daß die spanischen Priester glaubten, der Teufel stecke hinter all den seltsamen Übereinstimmungen mit dem Christentum, die sie vorfanden; er habe sie ins Werk gesetzt, um die wahren Gläubigen in die Irre zu führen. Überall in Mexiko entdeckten sie Kreuze auf den Skulpturen, auch das Gewand Quetzalcoatls trug Kreuze, in der Religion der Azteken gab es Sündenbekenntnisse, Fasten, Buße und Vergebung, allerdings verbunden mit dem ganz unchristlichen Ritual der Menschenopfer.

Da sich Gebräuche, Legenden und Berichte leicht über Europa, Asien und die Mittelmeerländer bis nach Afrika verbreiten konnten, sind die weiter entfernten Teile der Welt, entlegene Inseln in den beiden Ozeanen und die verhältnismäßig abgelegenen amerikanischen Kontinente, für die Ausbreitung von Kulturmerkmalen besonders aufschlußreich. Wenn man in so abgeschiedenen Gegenden Erinnerungen und kulturelle Einzelheiten findet, die sie mit anderen Teilen der Welt gemeinsam haben, darf man vermuten, daß sie in prähistorischer Zeit vielleicht gar nicht so isoliert gewesen sind.

Wie der einzelne Mensch behalten auch die Völker am besten in Erinnerung, was ihnen nützlich oder angenehm, schön und erfreulich erschien, andererseits aber auch das, was sie in Angst und Schrecken versetzte. Die Verwendung von Baumwolle im alten Amerika fällt unter die Kategorie des Nützlichen. Aber auch hier ergeben sich geheimnisvolle Zusammenhänge, wenn man, wie Constance Irwin in ihrem Buch bemerkt, die Chromosomen zählt. Die wilde Baumwolle von Amerika hatte dreizehn kleine Chromosomen, während die Baumwolle in der Alten Welt dreizehn große Chromosomen hatte. In Huaca Prieta jedoch, einer der ältesten datierten Stätten von Peru (2347 v. Chr.) hat man Baumwolle mit dreizehn kleinen und dreizehn großen Chromosomen gefunden, die wahrscheinlich aus einer Kreuzung von europäischer und amerikanischer Baumwolle vor Tausenden von Jahren stammte. Außerdem stimmten die Webstühle zur Verarbeitung der Baumwolle in Peru fast völlig mit denen im alten Ägypten überein, sogar darin, daß sie ebenfalls elfteilig waren. Thor Heyerdahl nimmt an, daß der Austausch solcher Dinge von Osten nach Westen vor sich ging. Es gibt aber auch die Möglichkeit, daß beide Gebiete von einer gemeinsamen, zentral gelegenen Quelle befruchtet wurden.

Als die Spanier nach Mexiko kamen, beobachteten sie die Azteken bei einem Spiel (solange ihnen die Eroberer Zeit zum Spielen ließen), das genau dasselbe war wie das seit alten Zeiten in Indien und Persien beheimatete Spiel *parchesi*. Nur wurden in Mexiko anstelle von Würfeln markierte Bohnen benutzt. Die Azteken nannten das Spiel *patolli*, ein Name, der entfernt an den asiatischen erinnert. Sie wußten jedoch nicht, wer es erfunden hatte oder mit welchen Schiffen es den Pazifik überquert hatte, falls es wirklich gerade über diesen Ozean nach Mexiko gekommen sein sollte.

Manchmal findet man an einer ganz unerwarteten Stelle einen Hinweis auf einen Zusammenhang zwischen der Alten und der Neuen Welt. Ein Beispiel dafür ist ein altes irisches Volksmärchen, das fast genauso von den Ojibwe-Indianern im vorkolumbischen Amerika erzählt wurde.

Eines Tages kamen die Vögel zusammen, um zu erproben, welcher von ihnen am höchsten fliegen könne. Manche stiegen sehr schnell auf, ermüdeten aber bald und wurden von anderen mit stärkeren Flügeln überholt. Doch der Adler stieg höher als alle empor und wollte schon den Sieg beanspruchen, als der graue Hänfling, ein sehr kleiner Vogel, von dem Rücken des Adlers aufflog, wo er sich unbemerkt niedergelassen hatte. Und da er frisch und noch nicht erschöpft war, gelang es ihm, am höchsten zu steigen. Als die Vögel wieder herunter kamen und Rat hielten, wem der Preis zu verleihen sei, wurde er dem Adler gegeben, weil er nicht allein näher zur Sonne hinaufgelangt war als die anderen größeren Vögel, sondern auch noch den Hänfling auf seinem Rücken getragen hatte. Aus diesem Grunde wurden die Federn des Adlers das höchste Ehrenzeichen, das ein Krieger tragen kann.

Das gälische Märchen: Eines Tages kamen alle Vögel zusammen und beschlossen miteinander, daß ihrer aller Könige sein solle, wer von ihnen am höchsten fliegen könne. Als sie gerade dabei waren, aufzusteigen, ließ sich ein Zaunkönig unbemerkt auf dem Schwanz des Adlers nieder. So flogen sie höher und immer höher hinauf, bis der Adler sich meilenweit über den andern befand und keinen Flügelschlag mehr tun konnte, so müde war er. »Nun«, sagte er, »bin ich der König der Vögel.« »Du lügst«, sagte der Zaunkönig und schwang sich eineinhalb Ruten über den großen Vogel empor. Nun gut, der Adler war so erzürnt, daß er dem Zaunkönig, als er wieder herunterkam, einen Schlag mit seinem Flügel versetzte. Und von damals bis auf den heutigen Tag hat der Zaunkönig niemals weiter als bis zu einem Hagedornbusch fliegen können.

In seinem Buch *Men out of Asia* (Menschen aus Asien) weist Harold Sterling Gladwin auf eine Übereinstimmung im Bereich der Musik hin. Die Panflöte, ein Instrument aus einer Reihe von Rohrpfeifen, das der Gott Pan und die Hirten im alten Griechenland spielten, findet sich fast in derselben Form auf den Salomon-Inseln im Pazifik auf dem Hochland der Anden. Dort spielen die Hirten heute noch den Lamas und Schafen die Panflöte vor, und sie ist auch ein wesentliches Element der lieblichen Volksmusik. Außer der Ähnlichkeit in der Struktur ist sogar die Tonhöhe der Flöten an diesen weltweit voneinander entfernten Orten dieselbe.

Auf der Suche nach sehr frühen Kontakten zwischen Amerika und der übrigen Welt muß man eine gewisse Vorsicht bei der Beurteilung einfacher Zeichen walten lassen, die sich in Stein gehauen, in Metall eingeritzt, auf Tongefäße gemalt oder in Stoffe eingewebt finden. Viele Symbolzeichen für Menschen, Tiere, die Sonne, den Mond, die Sterne, Berge und Teile des menschlichen

Körpers haben nämlich fast überall mehr oder weniger die gleiche Form, einfach weil es die einfachste und naheliegendste Art der Darstellung ist. Gelegentlich findet man jedoch so komplizierte Muster, daß ihr Auftreten an weit voneinander entfernten Orten kaum als eine rein zufällige Übereinstimmung angesehen werden kann. Das zeigt sich zum Beispiel sehr deutlich, wenn man die »chinesischen« Motive auf den Friesen von El Tajin und an anderen Orten in Mexiko mit ähnlichen Mustern in China vergleicht, die aus der Zeit der ersten Dynastien, der Hsia, Shang und Chou (2000 bis 250 v. Chr.) stammen.

Ein anderes überraschend übereinstimmendes Muster ist das Labyrinth oder der Irrgarten. Man findet es in den indianischen Kulturen von Nord- und Südamerika, in ägyptischen Gräbern und im alten Kreta. Dort wurde es seiner besonderen Bedeutung wegen sogar auf Münzen geprägt. In der griechischen Sage war das Labyrinth das Gefängnis des schrecklichen Minotaurus, des

Die gleichen Ornamente in zwei Erdteilen: Oben Bronzevase der altchinesischen Chou-Dynastie, unten totonakisches Steinreflief, Mexiko.

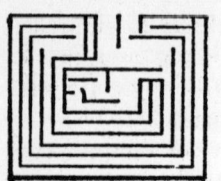  

Labyrinthzeichnung aus Ekuador (links), zwei Labyrinthmuster der Hopi-Indianer (Mitte und rechts).

Stiermenschen. Das war eine mythische Interpretation seiner wirklichen, wahrscheinlich mit religiösen Zeremonien verbundenen Bedeutung. Eine Parallele dazu sind die vorkretischen Grablabyrinthe im alten Ägypten, allegorische Darstellungen der Wanderungen der Seele nach dem Tod.

Offensichtlich haben Völker Erinnerungen an längst verschwundene Kulturen bewahrt und weitergegeben. Das könnte eine Erklärung dafür sein, daß verhältnismäßig primitive Stämme uralte Muster und sogar Formen der Bauweise wiederholen, obwohl das Zivilisationsniveau, nachdem der ursprüngliche Antrieb verloren gegangen war, sich inzwischen immer mehr gesenkt hatte. Auf diese Weise mögen die gigantischen Statuen auf der Osterinsel entstanden sein, die Steinstrukturen auf den Karolinen und Marianen und die riesigen Steinfiguren in Neu-Guinea, die der sonst ganz unkultivierte Stamm der Malekulas unentwegt zu Ehren seiner »Ahnen« nachbildet. So lassen sich vielleicht auch die zahlreichen rätselhaften Megalithbauwerke erklären: die Steinfestungen auf Irland und den Aran-Inseln, die riesigen Bauten auf den Mittelmeerinseln, in Portugal und Südspanien, die Tausende sorgfältig aufgereihter Menhire von Carnac in der Bretagne, Stonehenge und Avebury in England und die prähistorischen Bauten an den Küsten und Wasserstraßen von Amerika.

Aber es gibt noch ein anderes Band der Erinnerung: das der Sprache. Es ist sehr interessant, daß sich Sprache in mündlicher

Form, eines der flüchtigsten und veränderlichsten Kommunikationsmittel, über unzählige Generationen hinweg erhalten hat. Sprachen waren da, ehe es schriftliche Aufzeichnungen gab, und einige reichen bis in prähistorische Zeiten zurück.

Als man sich im neunzehnten Jahrhundert der Vorgeschichte und dem Ursprung des Menschen zum ersten Mal mit wissenschaftlichen Methoden zuwandte, wurden viele Sprachen, alte und moderne, miteinander verglichen. Man suchte nach gemeinsamen Bedeutungen, Wortwurzeln und Konstruktionen, die einen gemeinsamen Ursprung andeuten könnten. Vielleicht ließe sich sogar die Ursprache der Menschheit vor der Spaltung entdecken, von der die Sage vom Turmbau zu Babel allegorisch berichtet. Fast alle europäischen Sprachen und einige des Mittleren Ostens bis nach Indien hin sind miteinander sowohl im Wortschatz wie in der Art der Konstruktion verwandt. Sie stammen wahrscheinlich von einer vorgeschichtlichen »Vater«-Sprache ab, aus der die gemeinsamen Züge sich herleiten. Die deutschen Linguisten bezeichnen diese Sprachfamilie als Indogermanisch, sonst wird gewöhnlich die neutralere Bezeichnung der französischen Linguisten Indoeuropäisch bevorzugt.

Beim Studium des Alters und Ursprungs der indoeuropäischen Sprachen ist die Vermutung aufgetaucht, daß die Urheimat der gemeinsamen Vatersprache wahrscheinlich in Europa an den Flüssen Rhein, Elbe, Oder und Weichsel zu suchen sei. Man geht dabei von drei Worten aus, die in dieser Sprachfamilie weitverbreitet, aber in keiner anderen zu finden sind: Turtel(taube), Buche und Salm. Die Tiere wie der Baum aber haben schon früh im Gebiet der oben genannten Flüsse existiert. Wegen der geographischen Nähe zur indoeuropäischen Sprachgruppe haben die semitischen Sprachen des Vorderen Orients — in geringerem Umfang auch die Turksprachen von Zentralasien — mit ihr viele Wortwurzeln gemeinsam. Kaum eine Beziehung besteht zur Sprachgruppe des Fernen Ostens, zu den Hunderten von Sprachen des südlichen Afrika, den Sprachen der Pazifischen Inseln und den mehr als tausend indianischen Sprachen. Wenn Kolumbus wirklich den ersten Kontakt zwischen Amerika und der übrigen Welt hergestellt hätte, dürften die indianischen Sprachen mit den europäischen und asiatischen überhaupt keine gemeinsamen Worte haben.

Es ist daher keineswegs überraschend, im Kern übereinstimmende Worte in alten und modernen indoeuropäischen Sprachen zu finden, da sie durch die großen Völkerwanderungen weit über Europa und bis nach Asien hinein verbreitet worden sind. Höchst ungewöhnlich aber wäre, es, Worte anderer Sprachen bei den Indianern oder in anderen linguistisch isolierten Gegenden anzutreffen. Da es jedoch der Fall ist, könnte das bedeuten, daß irgendwann vor vielen tausend Jahren eine oder mehrere ozeanische Kulturen Sprach- und Zivilisationselemente bis an die fernsten Küsten verbreitet haben.

Möglicherweise ist die Legende vom Turmbau zu Babel, die verschiedentlich auf beiden Seiten des Atlantiks auftaucht, eine gemeinsame Erinnerung der Völker an das Verschwinden einer älteren Sprache. Sie war wahrscheinlich nicht die Muttersprache der verschiedenen Völker, sondern wurde als Verständigungsmittel beim Austausch von Kultur und Waren benutzt, wie es heute mit Englisch in Asien und Afrika geschieht und mit anderen Sprachen, die als Zweitsprache benutzt werden, wie Französisch, Russisch, Spanisch, Arabisch und neuerdings auch Malaiisch und Suaheli.

Das Verschwinden einer Sprache, die einer weltweiten Verbindung zwischen Völkern gedient hatte, und die Erkenntnis, was man mit ihr verloren hatte, haben vielleicht die seltsame Legende vom Turmbau zu Babel entstehen lassen, und so wurde der verschwundenen Sprache ein Denkmal in Worten gesetzt. Zuweilen wird vom Verlust einer gemeinsamen Sprache auch in Legenden erzählt, in denen der Turmbau nicht vorkommt. Das *Popul Vuh*, ein Kompendium alter Malayaüberlieferungen, enthält das Folgende:

»Diejenigen, die gen Aufgang der Sonne blickten ... hatten nur eine Sprache ... So war es, nachdem sie nach Tulan gekommen waren, ehe sie nach Westen gingen. Hier veränderte sich dann die Sprache der Stämme. Ihre Sprache wurde verschieden. Alles, was sie gehört und verstanden hatten, als sie von Tulan aufbrachen, war für sie unverständlich geworden . . .«

Und an anderer Stelle:

»Denn die Sprache(n) . . . waren schon verschieden geworden . . . O weh, o weh, wir haben unsere Sprache aufgegeben! Warum haben wir das getan? . . . Unsere Sprache war eine, als wir von Tulan aufbrachen, eine in dem Land, in dem wir geboren wurden . . .«

Für die Indianer war es ein großer Nachteil, daß es keine Sprachbrücke zu den spanischen Eroberern gab, denn wenn sie von Anfang an gewußt hätten, was die Spanier planten, wäre die Geschichte der Neuen Welt wahrscheinlich etwas anders verlaufen. Die Spanier redeten die Indianer zunächst meist auf Lateinisch an, später versuchten sie es mit Griechisch, da einige Mayasilben eher griechisch klangen als lateinisch. Es gab natürlich viele Mißverständnisse. Als die Spanier in Yucatan den Anführer einer Gruppe von Mayas auf Lateinisch fragten, wie ihr Land heiße, antwortete der Mann »Yucatan?« (Was habt ihr gesagt), und folglich erhielt das Gebiet diesen Namen. Ein andermal war ein Spanier im Begriff, einen Indianer zu töten, als dieser plötzlich auf Spanisch sagte: »Caballero, erschlagt mich nicht! Ich bin ein Kastilianer wie Ihr.« Er sprach die Wahrheit. Er war vor einiger Zeit als Schiffbrüchiger an Land gekommen und ein Sklave der Mayas geworden. Als er wieder zu seinen Landsleuten stieß, erwies er sich als ein nützlicher Dolmetscher mit den Mayas und durch seine Kenntnis der Mayasprache auch mit den Azteken.

Als sich einige Vertrautheit mit den indianischen Sprachen eingestellt hatte, entdeckten die spanischen Priester in den Sprachen von Mittelamerika in Peru allerlei Worte, die sie für Griechisch, Hebräisch oder sogar Baskisch hielten. Sie deuteten diese sprachlichen Übereinstimmungen auf die verschiedenste Weise, unter anderem als Fingerzeig darauf, daß die Indianer die zehn verlorenen Stämme Israels sein könnten oder andererseits Abkömmlinge der

Bewohner von Atlantis. In beidem erblickte man nur einen zusätzlichen Grund dafür, sie zu unterwerfen und zu bekehren. Einige damals aufgezeichnete Worte zeigen überraschende Ähnlichkeiten mit europäischen Sprachen. In Nahuatl (Aztekisch) ist das Wort oder die Vorsilbe für »Gott« oder »Götter« *teotl,* das in Zusammensetzungen zu *teo* verkürzt wird (*thesos* ist »Gott« im Griechischen) und oft in Verbindungen wie *teocalli* — »Haus Gottes« erscheint (*kalia* bedeutet »kleine Wohnung« im Griechischen). *Teotl (teo)* kommt auch oft in Ortsnamen vor wie dem berühmten *Teotihuacan* bei Mexiko (wörtlich »die Stätte derer, welche die Götter haben«). Die seltsame doppelte Ähnlichkeit von *teocalli* mit *theou kalia* (»Wohnung Gottes« im alten Griechisch) ließ den berühmten deutschen Südamerikaforscher Alexander Humboldt begeistert ausrufen: »Das ist reines Griechisch!« Diese Feststellung ging zwar etwas zu weit, aber sie war unter den Umständen des späten achtzehnten Jahrhunderts verständlich.

Die Aymara-Sprache im Hochland der Anden gebrauchte das Wort *mallku* für »König«, das an das hebräische *melek* oder das arabische *malik* erinnert; während das Wort *garua* (»Sprühregen«) in Quechua, der Sprache der Inkas, und im Baskischen genau dasselbe war. Man stieß auf eine Beschwörungsformel der Mayas, die einem bei den geheimen Feiern der griechischen Mysterien gebräuchlichen Spruch fast völlig glich. Der Name des mexikanischen Regen- und Wassergottes *Tlaloc* ist mit dem griechischen Wort für »Meer« *thalassa* verglichen worden, nicht nur wegen der ähnlichen Laute, sondern weil das Meer das Element des Gottes ist. Sogar in den Vereinigten Staaten gibt es eine — allerdings vielleicht zufällige Ähnlichkeit zwischen dem Namen des berühmten Flusses *Potomac* und dem griechischen Wort für »Fluß« *potamos.*

Wenn man Sprachen oder Sprachgruppen auf ihre Verbindung mit anderen hin untersucht, muß man sich davor hüten, keine voreiligen Schlüsse aus zufälligen Übereinstimmungen zu ziehen. Das englische und deutsche Adverb »so« wird zum Beispiel in Japan in fast demselben Sinne gebraucht. Das englische Wort

»hole« (Loch, Höhle) lautet in der Maya-Sprache ganz gleich. Die Tatsache, daß »so« schon vor jedem Kontakt mit dem Westen ein Wort der japanischen Sprache war, ist ein linguistischer Zufall. Aber die Tatsache, daß das Japanische heute mehr als zweitausend aus dem Englischen übernommene Worte hat, wäre für einen Archäologen der Zukunft ein ausreichender Beweis für einen bedeutenden englischen Einfluß. Darum ist bei der Überprüfung früher Kontakte mit Amerika auch Vorsicht geboten, keine neuen Worte heranzuziehen, die aus dem Vokabular der Eroberer in die indianischen Sprachen gelangt sein könnten. Eine gewisse Sicherheit in dieser Hinsicht hat man bei Grundworten, Bezeichnungen von Dingen, die konstant bleiben, wie Namen von Tieren, einfachen Nahrungsmitteln, Familien- und Stammesbeziehungen und mythischen Wesen. Ebenso empfiehlt es sich, Sprachen zum Vergleich heranzuziehen, die zur Zeit der Entdeckung Amerikas oder der Pazifischen Inseln bereits alt oder nicht mehr in Gebrauch waren.

Außer einem gewissen griechischen Einfluß finden sich seltsame Importe aus anderen alten Kulturen im Vokabular der Neuen Welt. *Tepe* bedeutet »Hügel« in den Turksprachen von Zentralasien, und ein ähnliches Wort — *tepec* oder *tepetl* — heißt »Hügel« oder »Berge« im Nahuatl der Azteken. Es erscheint in den Namen *Chapultepec* — »Heuschreckenhügel« — und *Popocatepetl* — »Rauchender Berg«. Im alten Ägypten wurde das Krokodil, ein heiliges Tier, *s-b-k* genannt (die Vokale sind ungewiß) und im Nahuatl *cipactli*. Das lateinische *papilio* — »Schmetterling« — erscheint im Nahuatl als *papalotl*. Sogar das uralte sumerische Wort für »Antilope« — *mash* — findet sich in der ähnlichen Form *mazatl* im Nahuatl und bedeutet »Wild«. So nannten dann die Azteken die Pferde der Spanier, da es bei ihnen keine Pferde und also auch kein Wort dafür gab. In der Maya-Sprache lautet das Wort für »Priester« *balaam*, während *bileam* im Hebräischen »Magier« bedeutet.

Auch in den Sprachen kleinerer und wenigr bedeutender Stämme begegnet man überraschenden Ähnlichkeiten. Der phönizi-

sche Name für den Sonnengott war *Shapash,* und *shapash* heißt
»die Sonne« bei den Klamath, einem indianischen Stamm im
nördlichen Kalifornien und südlichen Oregon. In der Hopi-Spra-
che heißt der Sonnengott *Taiowa,* während das japanische Wort
taiyo-wa »die Sonne« bedeutet. *Kharus* ist »Gold« im Phönizischen, und *cuarasi* bedeutet »Sonne« in der Guarani-Sprache des
Südostens von Südamerika. Die Verbindung wird erst deutlich,
wenn wir uns daran erinnern, daß in Südamerika das Gold in einer engen Beziehung zur Sonne stand; die Inkas nannten es »die
Tränen der Sonne«.

Die frühere Hof- und Verwaltungssprache der Inkas, Quechua,
die heute noch von den Indianern im Hochland der Anden gesprochen wird, zeigt eine gewisse Verwandtschaft mit so weit entfernten Sprachen wie dem Baskischen und dem Japanischen. Beide ähneln dem Quechua in einigen seiner Silben, das Baskische
auch in der Konstruktion, da es wie Quechua eine agglutinierte
Sprache ist. Aber entgegen früheren Phantasieberichten ist eine
Verständigung zwischen Japanisch und Quechua oder Baskisch
und Quechua nicht möglich. Zwar sind manche Worte überraschend gleich, aber ihre Bedeutung ist verschieden. Das Baskische, das wahrscheinlich älter ist als die anderen europäischen
Sprachen, hat keinerlei Berührungspunkte mit ihnen außer einer
kleinen Sprachinsel im Kaukasus und dem Ungarischen. Wie dieses, wie Quechua und einige andere indianische Sprachen gehört
es zu den agglutinierenden Sprachen.

Erstaunlich ist, daß man auch Spuren längst verschwundener
Sprachen im Quechua antrifft. Das Wort für »Lüge« (Unwahr-
heit) lautet hier *llullu* und *lul* im alten Sumerisch. »Schilfrohr« ist
sug im Sumerischen und *soco* im Quechua, während das Quechua-
Wort für »Korb« — *kusuru* — mit dem sumerischen *kasher* die
Konsonanten gemeinsam hat. Manchmal mag die Ähnlichkeit
zwischen Worten wie dem babylonischen *laklak* für »großer Vogel« und dem Quechua-Wort *lleka-lleka* für »Reiher« darauf beruhen, daß sie beide lautmalend ein Geräusch wiedergeben wie in
diesem Fall den Flügelschlag des großen Vogels.

Im Quechua findet man außerdem eine Reihe von Worten, die auch auf den Inseln des Pazifiks vorkommen, besonders in der Maori-Sprache von Neu-Seeland. Auch mit den Sprachen von Malaya und Indien hat Quechua Gemeinsames. Aus einer ganzen Reihe fast gleichlautender Worte im Quechua und Maori kann man den Schluß ziehen, daß einmal kulturelle Kontakte durch Ozeanreisen über den Pazifik bestanden haben.

MAORI:

Muna	Nocu	Kiri	Mutu	Pura	Kura	Kumara
Liebe	Mein	Haut	Viel	Zwischen	Häuptling	Kartoffel

QUECHUA:

Munay	Nuca	Kara	Mutu	Pura	Kuraca	Kumara
Liebe	Ich	Haut	Viel	Zwischen	Häuptling	Kartoffel

Noch auffallender ist, daß es in der Sprache von Hawaii und im alten Griechisch übereinstimmende Worte gibt. Danach könnte man annehmen, daß Griechisch oder etwas Ähnliches sprechende Seefahrer einst einen Ozean befahren haben, dessen Existenz den Griechen geschichtlicher Zeit unseres Wissens unbekannt war. Arnold Wadler hat in seinem Buch *One Language* (Eine Sprache) eine Reihe von Worten zusammengestellt, die im Klang und in der Bedeutung weitgehend übereinstimmen, nur hat die melodiöse Sprache von Tahiti und Hawaii eine gewisse Tendenz zur Vereinfachung.

HAWAIISCH:

Aeto	Noo-Noo	Manao	Mele	Lahui	Hiki	Noko
Adler	Gedanke	Denken	Singen	Volk	Komm	Lebe, sitze

ALTGRIECHISCH:

Aetos	Nous	Manthano	Melodhia	Laos	Hikano	Naio
Adler	Intelligenz	Lernen	Melodie	Volk	Ankommen	Wohnen

Was ist mit den Berichten von der weltweiten Seefahrt minoischer, griechischer oder phönizischer Flotten geschehen? Wahrscheinlich sind sie bei der Eroberung und Zerstörung phönizischer Städte vernichtet worden, von denen das letzte Karthago von den Römern ausgetilgt wurde. Nur von einer Reise ist eine Nachricht auf uns gekommen. Es war eine eher gemächliche Fahrt rund um Afrika, die von den Phöniziern im Auftrag des ägyptischen Pharaos Necho ausgeführt wurde. Sie ging vom Roten Meer aus, weil zu jener Zeit der frühere »Suez«-Kanal vom Golf von Suez zum Nil und weiter ins Mittelmeer nicht mehr befahrbar war. (Wie sich die Dinge wiederholen!) Von dieser Reise wissen wir wahrscheinlich nur deshalb etwas, weil sie als Unternehmen des ägyptischen Reiches in ägyptischen Aufzeichnungen erwähnt wird. Die Phönizier selber hielten ihre Reisen und Handelsstraßen immer streng geheim vor möglichen Konkurrenten und bedrohten jeden Verräter ihrer Staatsgeheimnisse mit der Todesstrafe.

Es besteht jedoch die Möglichkeit, daß die Flotten, die hier und dort in der Welt Kultur- und Sprachspuren hinterließen, nicht aus den bekannten griechischen und phönizischen Handelszentren kamen, sondern aus viel früheren, in geschichtlicher Zeit längst verschwundenen Ländern, von denen nur ein unvollkommener und immer mehr schwindender Nachhall von Sprache und Kultur auf einsamen Inseln und an fernen Küsten erhalten blieb. Wir werden wohl niemals erfahren, was diese Seefahrer sprachen, ob es Sumerisch, Phönizisch, Griechisch, Baskisch, Maya, Quechua war oder, was wahrscheinlicher ist, eine noch ältere Sprache, von der alle anderen Sprachen nur noch Spuren bewahrten. Vielleicht vernehmen wir in diesen Relikten ein Echo aus jenen Tagen, als die Meere niedriger und die Inseln größer und zahlreicher waren, ehe Klimaumschwünge und Erderschütterungen weite Partien der Welt veränderten und ihre Bewohner vernichteten und zerstreuten.

Die Flotten, die in vorgeschichtlicher Zeit Zivilisation und Kultur über die Ozeane und Küsten verbreiteten, sind verschwunden. Doch ist es nicht ausgeschlossen, daß eines Tages noch das eine oder andere dieser Schiffe gefunden wird, die vielleicht unter dem Eis von Grönland, unter Korallenbänken, in Sandbänken oder im Schlamm von Flußmündungen oder in den Tiefen des Meeresgrundes verborgen liegen. Nur einzelne Worte erinnern an die Ausbreitung jener frühen Kulturen. Wie Treibgut, das von weither an einen Strand gespült wurde, finden wir sie in den Sprachen, über Jahrtausende im Gedächtnis der Völker bewahrt.

Zu diesen Urerinnerungen gehört offenbar auch ein ungewöhnlicher Name für einen Ort oder eine Stadt, der in verschiedenen Teilen der Welt auftaucht, als habe man neue Städte nach einer alten benannt, wie New York an York erinnert, und wie viele amerikanische Städte im Gedenken an europäische ihre Namen erhielten. Etwas Derartiges mag der Fall sein in Carnac in der Bretagne mit seinen langen Reihen von Menhiren an der Küste wie in Karnak in Ägypten mit seinen Reihen riesiger Tempelsäulen. Kanarak heißt eine alte Stadt im Süden von Indien, in Schottland gibt es zwei, beide Carnock geschrieben. Orte mit ähnlichen Namen sind Kanak in der Türkei, Kanayka in Kasachstan, Carna in Irland, Carnaxide in Portugal. Karthago, die alte nordafrikanische Metropole, könnte mit dem Kar von Karnak in Beziehung stehen; das Wort *kart* bedeutete im Phönizischen »Stadt«. Ein ähnliches Wort für »Stadt« — *car* — findet sich bei den Indianern von Arauca in Südamerika und als *ker* wiederum in der Bretagne.

Dem Ortsnamen Tula begegnet man im Westen von Irland und im Osten von Mexiko. Dort ist er außerdem noch die legendäre Heimat Quetzalcoatls im östlichen Meer. Die römische Bezeichnung Thule bezog sich wahrscheinlich auf die Hebriden-Inseln oder auf Island, und die Worte »Ultima-Thule« auf einer alten lateinischen Karte sollten das westliche Ende der Welt anzeigen. Das Vorkommen der Worte Tula oder Thule bildet ein großes Dreieck um den Atlantischen Ozean, und ähnlich führen die verschiedenen Namen für Atlantis in einen großen Kreis von Venezuela über Yucatan, Mittelamerika, Mexiko und die Antillen nach Europa, weiter nach Osten ins Mittelmeergebiet, nach Nordafrika und nach Westen zurück zu den Kanarischen Inseln. Die Erhaltung des Wortes Atlantis oder seiner Hauptbuchstaben A-T-L-N bei so vielen Stämmen und Völkern rings um den Atlantischen Ozean ist die vielleicht erstaunlichste all dieser Erinnerungen an eine versunkene Zeit, und sie wird durch die regionalen Veränderungen des Namens nur noch glaubwürdiger.

Bei den Guanchen der Kanarischen Inseln hatte sich über Jahrtausende eine mündliche und schriftliche Überlieferung erhalten, die wie eine Bestätigung von Platos Geschichte von Atlantis anmutet. Als die ersten spanischen Seefahrer im vierzehnten Jahrhundert die Kanarischen Inseln erreichten, fanden sie dort Überreste einer gut entwickelten und organisierten Steinzeitkultur. Sie hatte typisch atlantische Elemente wie Steinbauten, eine Schrift, Sonnenverehrung, Mumien, Stierkämpfe und sogar zehn erwähl-

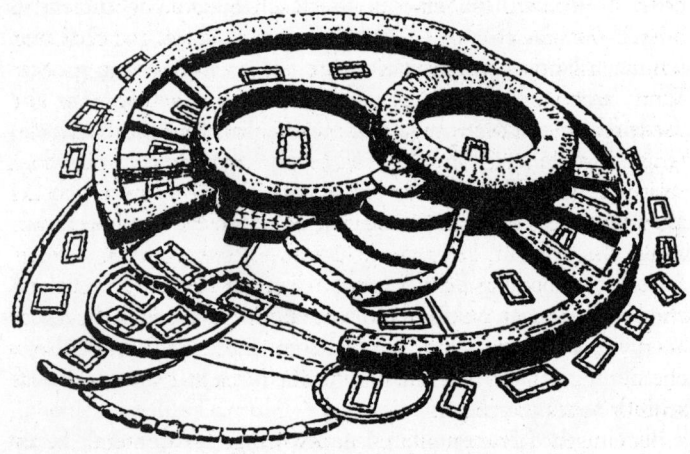

Steinbauten der Guanchen auf den Kanarischen Inseln. Sie wurden als Bauten des Atlantis-Zeitalters gedeutet. Rundbauten dieser Siedlungsformen finden sich auch im steinzeitlichen Jericho.

te Könige, die an die bei Plato erwähnten zehn Könige von Atlantis und an die zehn Könige der Mayas erinnerten. Als es den Guanchen gelang, sich den Spaniern verständlich zu machen, gaben sie ihrer Verwunderung Ausdruck, daß außer ihnen selbst noch andere Menschen die Katastrophe überlebt hatten, von der einstmals ihr früheres, viel größeres Heimatland vernichtet worden war. Dann brach mit den Spaniern die endgültige Katastrophe über die Guanchen herein. Als der Rauch der Zerstörung sich verzogen hatte, waren mit dem größten Teil der Bevölkerung Schriften und Sprache der Guanchen verschwunden. Unter den erhaltenen Worten haben einige Grundworte wie die für »Gott«, »Sonne« und »Mond« eine auffallende Ähnlichkeit mit Namen aus der griechischen Mythologie. Das Wort der Guanchen für »Gott« — *coron* — erinnert an *Chronos*, den Titanenherrscher des Universums, der auch in der Atlantissage eine Rolle spielt. Das Wort für »Sonne« war *alio* und das für »Mond« *sel*; das erste ähnelt dem Namen des griechischen Sonnengottes *Aelios* oder *Helios*, das zweite dem der Mondgöttin *Selene*. Für die Erforschung atlantischer Kulturen wäre es zweifellos von großem Wert, wenn noch mehr Elemente der Guanchen-Sprache entdeckt und mit anderen verglichen werden könnten. Ein paar Hirtengemeinden in den Bergen von Gran Canaria sollen sich noch relativ unvermischt erhalten haben und auch noch etwas von der alten Sprache wissen. Aber wie viele primitive Restgruppen schätzen sie es gar nicht, daß man sie über ihre Vergangenheit ausfragt. Eine Untersuchung der Guanchen-Sprache und ihrer vermutlichen Beziehungen zum Baskischen, zur Sprache der Berber, zum alten Ägyptisch und zum geheimnisvollen Temanagh, der Sprache der Tuaregs in der Sahara, würde vielleicht mancherlei Aufschlußreiches erbringen.

Bei einigen Tierarten gibt es merkwürdige Phänomene, die auf ererbten Instinken beruhen. Man kann auch, wie es verschiedentlich geschehen ist, ein Langzeitgedächtnis der Art in Erwägung ziehen und die Erscheinungen als Hinweise auf eine früher vorhandene Landmasse oder einen versunkenen Kontinent im Atlantik deuten. In diese Gruppe gehört der rätselhafte Selbstmord der Lemminge von Norwegen. Zuweilen begeben sich ganze Horden dieser kleinen Nagetiere auf die Wanderschaft, stürzen sich ins Meer und schwimmen nach Westen, als suchten sie dort ein Land, an das sie eine ererbte Erinnerung haben. Sie schwimmen so lange, bis sie ertrinken.

Ein anderes Phänomen dieser Art tritt bei den jahreszeitlichen Flügen der Zugvögel von Europa nach Südamerika auf. Man hat beobachtet, daß dabei manche Vogelscharen ziellos über bestimmten Stellen im Atlantik kreisen, als hielten sie nach Land Ausschau. Nachdem einige aus der Schar ins Meer gefallen sind, fliegen die anderen weiter.

Am erstaunlichsten ist wohl die Wanderung europäischer Aale zu weit entfernten Laichplätzen im Atlantik, ein geheimnisvoller Brauch, den Aristoteles als erster in der Antike erwähnt hat. Die Aale laichen nicht in europäischen Gewässern, sondern durchqueren in einem großen geschlossenen Zug den Atlantik bis zur Sargasso-See, und hier findet dann das Laichen statt. Die Sargasso-See ist ein Gebiet im mittleren Atlantik, das durch seinen auffällig verdichteten Seetang gekennzeichnet ist. Ihren Namen »Meer der verlorenen Schiffe« hat sie nach Meinung der Seeleute sich reichlich verdient, denn seit undenklichen Zeiten — so geht die Mär — sollen dort immer wieder Schiffe im Tang hängengeblieben sein. Sie liegt westlich vom maritimen Antlantikrücken, der Golfstrom umkreist sie in einem weiten Bogen. Das einzige Land in diesem Seegebiet sind die Bermuda-Inseln. Für Atlantisforscher ist natürlich das ständige Vorhandensein von solch großen Massen Seetang ebenso interessant wie das »Artgedächtnis« der Aale, denn der Tang läßt darauf schließen, daß hier einst Wälder plötzlich überflutet wurden, und daß Reste dieser Vegetation in der Tiefe des Wassers noch immer vorhanden sind.

Im Westen von Südamerika gibt es einen seltsamen Fall von Nostophilie — so nennt man das Beharren am Wohnort der Vorfahren. Das Plateau der Anden ist die einzige Gegend auf Erden, wo Flamingos im Hochgebirge leben. Zur Nahrungssuche fliegen sie an die Küste des Pazifik hinunter. Vielleicht haben die Flamingos eine ererbte Erinnerung an das Andenplateau, ehe es die gegenwärtige Höhe erreichte. In den Salzseen und Sümpfen der hohen Anden von Peru bis nach Chile finden sich deutliche Anzeichen, daß Meeresboden bei der Gebirgsbildung plötzlich emporgehoben wurde. Jedenfalls leben die Flamingos weiter in einem Gebiet, das ihnen nur ein ungnädiges Klima und keinerlei Nahrung bietet. Wenn es also denkbar ist, daß Tiere Erinnerungen erben können, wieviel wahrscheinlicher ist es, daß ein so hoch entwickeltes Wesen wie der Mensch außer physischen und psychischen Eigenschaften auch Erinnerungsmuster erben könnte. Die Speicherfähigkeit des menschlichen Gehirns und der Umfang des bereits Gespeicherten sind für uns noch weitgehend ein Geheimnis. Es gibt große »schweigende« Partien im Gehirn — manche Forscher sprechen sogar von neunzig Prozent —, von denen man bisher nicht weiß, wozu sie dienen. Noch unbekannte Nervenbahnen führen zu dem, was wir Gedächtnis nennen, einem Erinnerungsspeicher, an den der komplizierteste Computer nicht entfernt heranreicht. Das Gedächtnis eines Individuums nennt man anthrogenetisch, es enthält die Erinnerung an seine eigenen Erfahrungen. Ein philogenetisches Gedächtnis hingegen würde Erinnerungen enthalten, die von Vorfahren stammen, in anderen Worten, es wäre ein Artgedächtnis. Das Studium dessen, was das Gehirn an Erinnerungsmustern enthält, steht noch ganz am Anfang. Aber aus manchen Legenden und Aufzeichnungen scheint hervorzugehen, daß man in anderen und älteren Kulturen auf diesem Gebiet weiter entwickelte Kenntnisse besaß. Wenn es gelänge, bei ausgewählten Individuen den von vergangenen Generationen ererbten Erinnerungsstrom gleichsam anzuzapfen, so daß man individuelle Erfahrungen vergangener Zeitalter erschließen könnte, ergäbe sich dadurch vermutlich ein neuer Weg historischer Forschung. Das wäre auch eine plausible Erklärung für einige aufsehenerregende Fälle sogenannter Reinkarnation: Kinder sprachen eine Sprache, die sie niemals gelernt haben konnten, und Erwachsene erinnerten sich im Traum oder unter Hypnose an Ereignisse und biographische Einzelheiten aus einer vergangenen Zeit, von der sie in wachem Zustand überhaupt nichts wußten.

Es hat sich oft genug herausgestellt, daß die scheinbaren Phantasiegebilde und theoretischen Spekulationen von heute die wissenschaftlichen Fakten von morgen waren. Und vielleicht erweist sich am Ende, daß das Langzeitgedächtnis des Menschen beträchtlich mehr enthält, als was an Urerinnerungen durch Sprache, Gebräuche und poetische Legenden überliefert wird.

Abgesehen vom Hinduismus und Buddhismus gibt es kaum je die Vorstellung, daß Tiere in Menschen wiedergeboren werden könnten. Bei den neueren mysteriösen Fällen sogenannter Reinkarnationen handelte es sich immer um Menschen, die in Menschen wiedererscheinen, allerdings zuweilen mit verändertem Geschlecht. Einem unbeteiligten Beobachter erscheint das verständlich, insofern als wir alle im weiteren Sinne des Wortes »Reinkarnationen« unserer Eltern und Vorfahren sind. Und solange unsere Kinder und Kindeskinder bestimmte physische und psychische Eigenschaften, Neigungen, Instinkte und vielleicht sogar eingekapselte Erinnerungen bewahren, existieren unsere Vorfahren und auch wir in einer langen Reihe von Wiedergeburten weiter, selbst wenn Nationen und Kulturen sich verändern oder verschwinden sollten.

XI
Als die Welt erschüttert wurde

Veränderung oder Katastrophen, ein erbitterter Streit — Der plötzliche Tod der Tiere — Ruinen, wo Bauen undenkbar ist — Katastrophenberichte der Frühzeit — Planetare Zusammenstöße, eine heiß umstrittene Theorie — Überschlug sich die Erde? — Sonnenaufgang im Westen — Als die Polriesen ihre Plätze verließen — Wie entstanden die Eiszeiten? — Verlagerung der Pole — Verschiebung der Erdrinde — Das »weiße Wasser« der Bahamas — Wenn die Magnetnadel kreist — Schiffe und Flugzeuge, die spurlos verschwanden

Auf unserem Planeten haben einst gewaltige Umwälzungen stattgefunden! Sie veränderten die Oberfläche der Erde, dezimierten die menschliche Bevölkerung und vernichteten unzählige Tiere, verschoben die Klimazonen, warfen Gebirge auf, trieben Landmassen vom Meeresboden in die Höhe und ließen andere im Ozean versinken. Wie ist das vor sich gegangen? War es eine schrittweise Veränderung, oder brach es herein wie ein Weltuntergang, der Menschen und Tiere zu Millionen tötete und ganze Zivilisationen auslöschte? Gegenwärtig wissen wir nicht, wie es sich abgespielt hat. Wir haben nur Theorien darüber. Die Theorien der schrittweisen Veränderung und der Umwälzung durch Katastrophen sind samt den damit verbundenen Folgerungen Gegenstand von heftigen Debatten zwischen Geologen, Paläontologen, Vorgeschichtlern und Astronomen gewesen. Der Meinungsstreit dauert immer noch an, mit einer Überzeugung und Erbitterung, würdig der Religionskriege des sechzehnten und siebzehnten Jahrhunderts, von denen er in gewisser Weise ein modernes Gegenstück sein mag.

Wie immer man den Wert der Modifikations- und der Katastrophentheorie einschätzen mag, für die letztere sprechen zahlreiche merkwürdige Funde. Als die Russen mit der Erforschung Nordsibiriens begannen, fanden sie dort unerklärliche Knochenmassen von Elefanten, Rhinozerossen und anderen nicht arktischen Säugetieren so dicht zusammengedrängt, daß sie auf dem Gelände und den unter Wasser liegenden Randzonen der nördlichen Inseln ganze Hügel bildeten. Tiefgefrorene Mammute wurden in Sibirien seit dem neunzehnten Jahrhundert immer wieder entdeckt (eines wurde noch im Mai 1971 in der Nähe des Flusses Indigirka gefunden). Bei manchen waren die Augen erhalten, sie hatten Pflanzenfutter im Magen, und zwar Pflanzen, die in Sibirien, seit es ein arktisches oder subarktisches Klima hat, nicht mehr vorkommen. Einige Mammute hatten auch noch halbgekautes Gras auf der Zunge. (Niemals wurden immergrüne Pflanzen im Magen der Tiere gefunden, nur Gräser gemäßigter Zonen.) Andere Mammute waren so plötzlich eingefroren, daß ihr Fleisch nach dem Auftauen noch für Menschen genießbar war, man probierte es zunächst an Schlittenhunden aus. In Eisblöcken sind Mammute manchmal so völlig erhalten, daß das Gerücht entstand, wahrscheinlich durch Jäger, die sie zu Gesicht bekommen hatten, in Sibirien gebe es noch lebende Exemplare. Als es aber in Sibirien und Alaska tatsächlich lebende Mammute gab, war das Klima dort beträchtlich wärmer. Die Katastrophe, die sie ereilte und zu Eis erstarren ließ, muß plötzlich gekommen sein. Ein Mammut wurde in Sibirien nicht weit vom Polarkreis bei 66 Grad nördlicher Breite entdeckt, als ein Erdrutsch seinen Kopf freigab. Man fand halbgekaute Nahrung in seinem Maul, aber seine Knochen waren gebrochen; offenbar ist das unmittelbar vor seinem Tod geschehen. Ein anderes Exemplar hatte noch Butterblumen im Maul (die es in der Gegend längst nicht mehr gibt), ein rührender, aber überzeugender Beweis für eine plötzliche Klimaveränderung.

Zusammen mit den Mammuten und Mastodonten gingen noch viele andere Tiere offensichtlich in kürzester Frist zugrunde. In

Kalifornien wurden in den Asphaltgruben von La Brea bei Los Angeles Hunderte von Säbelzahntigern, Pferden, Kamelen, Mammuten, Bisons und Pfauen gefunden, die augenscheinlich alle einer plötzlichen Katastrophe zum Opfer gefallen waren. Auf Erscheinungen gleicher Art ist man in den verschiedensten Teilen der Welt gestoßen. Ein Hügel bei Chalon-sur-Saône in Frankreich enthielt ein ungewöhnliches Gemisch zahlreicher Säugetierknochen; sie stammten von Rhinozerossen, Pferden, Bären, Löwen, von Wild und kleineren Tieren. Professor Albert Gaudry bemerkt dazu: »Man kann unmöglich annehmen, daß Tiere so verschiedener Art und mit derartig verschiedenem Verhalten sich im Leben jemals zusammengefunden hätten.« Daher kann man vermuten, daß die gemeinsame Gefahr während eines katastrophalen Geschehens die Grenzen zwischen Jägern und Gejagten zeitweise aufgehoben hatte.

Eine Bestätigung für die rasche und massenhafte Vernichtung tierischen Lebens ergibt sich auch aus der ostasiatischen Kunst der Elfenbeinschnitzerei, die in China eine uralte Tradition hat. Für feine Schnitzereien muß Elfenbein relativ frisch sein; wenn es der Witterung eine Zeitlang ausgesetzt ist, wird es spröde und bricht. Die alten Chinesen benutzten für ihre Schnitzereien meist Elfenbein aus den sogenannten »Elfenbeinlagern« in Asien und Sibirien, wo der gefrorene Boden oder der Schlamm, der die Mammute verschlungen hatte, ihre Stoßzähne tadellos erhalten hatte.

Die Gewalt solcher Katastrophen kommt in einer Beschreibung zum Ausdruck, die Professor Frank Hibber von den Überresten unzähliger, in Alaska umgekommener Tiere gibt:

». . . Tausende von Tieren, die im kraftvollsten Alter getötet wurden . . . auseinandergerissen und weit über das Gelände verstreut, obwohl sie mehrere Tonnen gewogen haben mögen . . . Gewaltige Stürme könnten die seltsame Tatsache erklären, daß man so viele Tiere geradezu in Höhlen und Spalten verschiedener geologischer Schichten hineingezwängt findet . . .«

Hibber weist außerdem auf die Lagen vulkanischer Asche zwischen den Knochen und Fangzähnen der Tiere hin, die auf extreme Hitze und erstickende vulkanische Gase schließen lassen.

Auch der Historiker und Astronom Professor Immanuel Velikovsky, dessen kosmische Katastrophentheorie in den fünfziger Jahren einen wahren wissenschaftlichen Aufstand verursachte, spricht vom gemeinsamen Tod der Tiere:

»In den Hügeln von Montreal und New Hampshire und in Michigan sind 150 bis 200 Meter über dem Meeresspiegel Walfischknochen gefunden worden. An vielen Stellen der Erde — in allen Kontinenten — hat man Knochen von Meeres- und Landtieren der polaren und der tropischen Zone entdeckt, die in großen Mengen beieinanderlagen, unter anderem in der Cumberland-Höhle in Maryland, in der Chou Kou Tien-Spalte in China, in Deutschland und in Dänemark. Flußpferde und Strauße wurden zusammen mit Seehunden und Rentieren gefunden . . . von der Arktis bis zur Antarktis . . . im Hochgebirge und tief im Meer . . . überall stoßen wir auf unzählige Anzeichen großer Umwälzungen, älterer und neuerer . . .«

In seinem Buch *Earth in Upheavel* (Erde im Aufruhr) weist Velikovsky auf eine Bemerkung von Charles Darwin hin, die sich in der Beschreibung seiner Reisen in Südamerika zu Anfang des neunzehnten Jahrhunderts findet. Darwin stellte fest, daß die meisten ausgestorbenen Tiere von Südamerika derselben Zeit angehörten wie die an Land gefundenen Muscheln. Im Hinblick auf die Vernichtung ganzer Tierarten in dieser Periode schrieb er: ». . . Zunächst drängt sich dem Geist unweigerlich die Vorstellung einer großen Katastrophe auf; aber für eine solche Vernichtung großer sowohl wie kleiner Tiere in Südpatagonien, in Brasilien, in den Kordilleren von Peru, in Nordamerika bis hinauf zur Beringstraße müßten wir den ganzen Erdkreis in seinen Grundfesten erschüttern.«

Wir wissen, daß die Zonen der Arktis und der Antarktis einstmals warm gewesen sind, daß die Sahara ein Meer war, daß sich Rückstände ehemaliger Wälder in der Nordsee und vor der Küste von Peru finden, und daß das höchste Gebirge der Welt, der Himalaja, sich einst unter Wasser befunden hat, wie Spuren von Muscheln und Mollusken beweisen.

Wenn von den Katastrophen, die Tiere und Wälder vernichteten und den Wasserstand und die Höhenlage ganzer Landmassen veränderten, auch eine von Menschen geschaffene Zivilisation betoffen wurde, sollte es möglich sein, erkennbare Reste solcher Vorkatastrophen-Kulturen zu finden. Einiges Erhaltene ist uns vielleicht längst bekannt und müßte nur in seiner wahren Bedeutung erkannt werden.

Es ist möglich, daß wir in den Ruinen von Tiahuanaco solche Relikte vor uns haben. Sie sind so hoch gelegen, daß man sich nicht vorstellen kann, wie die für den Bau einer solchen Stadt erforderliche Anzahl von Menschen jemals dort oben hätte leben können. Tiahuanaco selbst liegt fast 4000 Meter hoch, während die für den Anbau von Pflanzen geschaffenen Steinterrassen an den Hängen der umliegenden Berge bis zu einer unglaublichen Höhe von mehr als 5000 Metern hinaufklettern, wo die Grenze des ewigen Schnees verläuft. Auch an anderen Orten gibt es undatierbare Ruinen, die denen von Tiahuanaco auffallend ähneln, einige liegen tief im Meer. Als sie erbaut wurden, wann immer das auch geschah, kann das Baugelände sich nicht in seiner heutigen Lage zum Meeresspiegel befunden haben.

Wie wir wissen, ist der Mensch nicht wie manche Tierarten durch die prähistorischen Katastrophen von der Erde verschwunden. Er ging sozusagen zeitweise in den »Untergrund«, nahm Zuflucht in Höhlen oder auf Bergen, oder überstand die Überflutung in Schiffen oder Archen. Die Überlebenden der weltweiten Zerstörung waren danach imstande, etwas von den Erfahrungen, die sie durchgemacht hatten, an spätere Generationen weiterzugeben. Das geschah zunächst mündlich und später in schriftlichen Aufzeichnungen.

Die meisten dieser Legenden berichten zwar ziemlich übereinstimmend von einer weltweiten Überflutung oder von Erdbeben, Feuer und großen Fluten zugleich, mischen aber konkrete Beobachtungen mit wilden Phantasien. Andere hingegen enthalten

Einzelheiten, die wir mit unseren modernen Begriffen von den Vorgängen der Eiszeit und den eruptiven Veränderungen der Erdoberfläche in Einklang bringen können.

Zum Beispiel gibt es im ersten Buch Moses eine seltsame Beschreibung der Sintflut. Dort heißt es (7,19): ».. . am selben Tag wurden alle Brunnen der Tiefe aufgebrochen und die Fenster des Himmels geöffnet .. .« Die Wendung »Brunnen der Tiefe« läßt darauf schließen, daß die Wasser nicht nur durch die diluvialen Regenmassen, sondern auch von unten her aus den Quellen anstiegen. Wenn der Rückgang der letzten Vereisung — nach heutiger Schätzung vor etwa 11 000 bis 12 000 Jahren — von Stürmen und Eruptionen begleitet und beschleunigt wurde, erscheint die Bemerkung der Bibel von einem Ansteigen des Wassers von unten und oben zugleich mitnichten als religiöses Phantasiebild, sondern als eine zutreffende Beschreibung von Vorgängen, die Menschen gesehen und in Erinnerung behalten haben. Auch der Koran berichtet, entweder nach derselben Quelle oder nach einer anderen: »Die Erdoberfläche wallte empor . . . die Arche bewegte sich . . . zwischen Wellen wie Berge . . .«

Außer der von vielen Völkern und Stämmen bewahrten Erinnerung an die Große Flut gibt es in der ganzen Welt Legenden, die von Zerstörung und Tod durch Feuer, Erdbeben und Eruptionen, zuweilen auch durch Eis, erzählen. Die Einzelheiten stimmen oft überraschend überein. Der *Codex Chimalpopoca* der Azteken schildert eine der wiederkehrenden Katastrophen folgendermaßen:

».. . Die dritte Sonne wird *Quia-Tonatiuh,* Sonne des Regens, genannt, weil damals ein Feuerregen fiel; alles, was existierte, verbrannte. Damals fiel auch ein Kiesregen. Außerdem wird berichtet, während der Sandstein, den wir nun überall verstreut finden, und der *tetzontli* (Basalt) mit großem Getöse kochten, hätten sich Felsen von roter Farbe emporgehoben . . . Das geschah im Jahr *Ce-Tecpatl,* Ein Stein, und es war der Tag *Nahui-Quiahuitl,* Vierter Regen. An diesem Tag nun, an dem die Menschen in einem Feuerregen verloren waren und vernichtet wurden, stand die

Sonne selbst in Flammen, und alles, zusammen mit den Häusern, wurde zerstört . . .«

In einem aztekischen Gebet an den Gott Tezcatlipoca, das zur Zeit der spanischen Eroberung übersetzt wurde, finden sich deutliche Anspielungen auf Vulkanausbrüche und Feuer vom Himmel. Das Gebet ist eine lange Bitte an den Gott, mit der Bestrafung des Menschengeschlechts, das »niedergeschmettert und zugrunde gerichtet ist«, ein Ende zu machen. Es fragt verzweifelt: ». . . Ist es möglich, daß uns diese Geißel und Züchtigung nicht um unserer Besserung willen zuteil wird, sondern um uns gänzlich zu vernichten und auszulöschen, daß die Sonne niemals mehr über uns scheinen soll und wir in ewiger Finsternis und ewigem Schweigen verbleiben müssen?«

Nach einer ausführlichen Schilderung der Erschütterung der Erde und des Brandes endet das Gebet: »Herr der Welt, laß es mit der Lust und Befriedigung, die du in der bisherigen Bestrafung gefunden hast, genug sein; mach ein Ende mit diesem Rauch und Dunst deines Unwillens, ersticke auch das brennende und vernichtende Feuer deines Zorns, laß Heiterkeit und Klarheit wiederkommen, laß die kleinen Vögel deines Volkes wieder singen und zur Sonne aufsteigen, gib ihnen ruhiges Wetter . . .«

Das *Popul Vuh* der Mayas erzählt, daß »die Götter Berge bewegten . . . kleine und große Berge wankten . . .« In einem anderen erhaltenen Maya-Dokument, dem Buch des Priesters Chilam Balam, gibt es einen Abschnitt, der bei der Beschreibung einer solchen Katastrophe auch das Versinken von Ländern im Meer erwähnt:

»Während des Elften Ahau Catoun geschah es . . ., daß die Erde zu wanken begann. Und es fiel ein feuriger Regen und Asche, und Felsen und Bäume stürzten um. Und ihre Große Schlange wurde aus den Himmeln entführt. Und dann, in einem gewaltigen Schlag kamen die Wasser . . . Der Himmel fiel herunter, und das trockene Land versank. Und in einem Augenblick war die große Vernichtung vollzogen. Und die Große Mutter Seiba erhob sich zwischen den Überresten von der Zerstörung der Erde.«

Ovid erwähnt in seinen *Metamorphosen* bei der Schilderung des von Phaëton verursachten Brandes einige bemerkenswerte Einzelheiten. (Die Phaëton-Sage selbst ist wahrscheinlich eine Erinnerung an eine Katastrophe.) Bei Ovid heißt es: »Große Städte gehen mit ihren Befestigungen zugrunde, und die Flammen verwandeln ganze Völker in Asche; Wälder und Berge stehen in Brand . . . Der Ätna brennt heftig mit verdoppelten Flammen, und der Parnaß mit seinen zwei Gipfeln und der Eryx . . . Der Kaukasus steht in Flammen und der Ossa mit dem Pelion und der Olymp, der größer ist als die beiden, und die hohen Alpen und der wolkentragende Apennin . . . Damals wurde Lybien durch die Hitze ausgetrocknet, da die Feuchtigkeit aufgezehrt wurde . . .«

Das erinnert an die Bemerkung, die in Platos *Timaos* die ägyptischen Priester von Saîs im Gespräch mit Solon machten. Sie sagten im Hinblick auf die Geschichte von Phaëton: »Nun, das ist eine Sage, aber sie bedeutet in Wirklichkeit eine Abweichung der die Erde umkreisenden Himmelskörper und ein großes, alles vernichtendes Feuer auf Erden, das sich nach langen Zeiträumen wiederholt. Wenn das geschieht, sind die Bewohner der Gebirge und hochgelegener, trockener Gebiete mehr von der Vernichtung betroffen als diejenigen, die an Flüssen oder am Meer wohnen . . .«

Professor Immanuel Velikovski hat in seinem Buch *Worlds in Collision* (Welten im Zusammenstoß) und in weiteren Veröffentlichungen eine interessante, aber heftig umstrittene Theorie vorgetragen. Seiner Meinung nach beziehen sich die zahlreichen alten Erzählungen von Feuer, Zerstörung, Finsternis, Erdbeben und von Gestirnen, die von ihrer Bahn abweichen, auf kosmische Katastrophen zwischen dem fünfzehnten und achten Jahrhundert v. Chr. In dieser Zeit habe eine Überschneidung von Planetenbahnen planetare Zusammenstöße verursacht. Dadurch seien Kometen entstanden, und nach einem Zusammmnstoß mit dem Mars sei aus einem dieser Kometen der Planet Venus geworden. Die Erde hat nach Belikovskys Theorie zweimal den Schweif eines Kometen passiert, was enorme Flutwellen, Erdbeben, Ausbrüche von glühendem Gestein und von Lava verursachte und Teile der Erdoberfläche hob und senkte. Sir Harold Spencer Jones, der ehemalige Königlich Britische Astronom schrieb darüber:

». . . Diese verschiedenen Zusammentreffen sollen für wiederholte Veränderungen der Bahn der Erde und der Neigung ihrer Achse verantwortlich sein, und damit für eine Veränderung der Länge der Tage, der Jahreszeiten und des Jahres. Bei einer dieser Gelegenheiten soll sich die Erde überschlagen haben, so daß die Sonne im Westen auf- und im Osten unterging. Dr. Velikovsky argumentiert, daß zwischen dem fünfzehnten und achten Jahrhundert v. Chr. das Jahr 360 Tage hatte, und daß es im Jahr 687 v. Chr. plötzlich auf 365,24 Tage zunahm. Auch die Bahn des Mondes und die Länge der Monate habe sich geändert . . .«

Professor Velikovskis Theorie stimmt mit einer ganzen Reihe von Ereignissen überein, von denen im Altertum berichtet wurde. Sie könnte auch die relativ späte Entstehung des Planeten Venus und die Kalenderveränderung auf beiden Seiten des Atlantiks erklären. Eine Revision des assyrisch-babylonischen Kalenders wie auch des Jahres bei den Mayas begann übereinstimmend mit einem Datum, das nach unserer Berechnung dem 26. Februar entspricht.

Der griechische Historiker Herodot hat alte Berichte von Erdstößen, längerer Finsternis und sogar von einem — auch bei Josua erwähnten — »Stillstand« der Sonne aufgezeichnet. Er sagt, in Ägypten hätten ihm die Priester von Memphis als Beweis für das Alter der Ägypter etwas Merkwürdiges erzählt: In 11 000 Jahren habe es bei ihnen 341 Generationen gegeben, und während der Regierungszeit ihrer alten Könige »sei die Sonne mehrmals dort aufgegangen, wo sie sonst untergeht, und sei untergegangen, wo sie hätte aufgehen sollen«. Auf einen Überschlag der Erde unter dem Einfluß eines gefährlich nahen Kometen weist vielleicht ein ägyptisches Deckengemälde hin. Es befindet sich in dem Grab Senmuts, eines Architekten der XVIII. Dynastie zur Zeit Hatschepsuts (15. Jahrhundert), und zeigt das Sternbild Orion in entgegengesetzter Richtung zu seiner normalen Bahn.

In der *Edda*, einer Sammlung nordischer Sagen, wird eine kosmische Katastrophe geschildert, in welcher der riesige Fenriswolf die Gestirne verschlingt. Vielleicht gibt das mythische Bild eine Erinnerung an den Kometen wieder, von dem Velikovsky spricht: Es heißt dort: ».. . Der Wolf verschlingt die Sonne . . . Der andere Wolf raubt den Mond . . . Die Sterne stürzen im Bogen vom Himmel . . . Die Erde erbebt . . ., daß die Berge hinstürzen, wenn der Fenriswolf loskommt . . . Und der Fenriswolf rennt mit klaffendem Maul, den Unterkiefer an der Erde, den oberen am Himmel . . . Feuer glüht in seinen Augen und Nüstern . . . Der Himmel klafft auseinander . . .« Die Bilder der Sage werden leichter verständlich, wenn man sie als primitive Beobachtungen erderschütternder Ereignisse im Weltraum ansieht.

Auf Grund seiner Studien glaubt Velikovsky, daß sich solche Katastrophen mehrmals ereignet haben, vor allem für das fünfzehnte und achte Jahrhundert v. Chr. gebe es Anhaltspunkte. Er beschreibt die Ereignisse mit folgenden Worten: »Orkane von weltweitem Ausmaß, Wälder brannten und wurden hinweggefegt, Sand, Steine, Feuer und Asche fielen vom Himmel, Berge schmolzen wie Wachs, Lava floß aus dem aufgerissenen Boden, die Meere kochten, es regnete Pech, die Erde bebte und Städte wurden restlos zerstört, die Menschen suchten Zuflucht in Höhlen und Felsspalten der Berge, die Ozeane schwollen an und überschwemmten das Land, Flutwellen wogten auf die Pole zu und wieder zurück, Länder versanken im Meer und andere wurden zu Wüsten, Inseln wurden geboren und andere verschwanden . . . die Klimazonen änderten sich, die magnetischen Pole und die Breiten wurden verschoben, die Kalender stimmten nicht mehr, die Sonnenuhren zeigten eine andere Länge der Tage, Monate und Jahre an, es gab einen neuen Polarstern . . .«

Das erste Buch von Velikovsky, *World in Collision,* verursachte einen beispiellosen Aufruhr und Protest seitens der Wissenschaft, vor allem der Astronomen, sogar schon ehe es 1950 erschienen war. Nachdem es veröffentlicht war, schwankten die Besprechungen zwischen zwei Extremen. Einerseits hieß es: »Das erstaunlichste Beispiel der Erschütterung überkommener Vorstellungen, das es gibt«, und andererseits: »Das verheerendste Buch seit der Erfindung des Buchdrucks.« Ein ausgezeichneter Astronom, der feststellte, das Buch enthielte nichts als Lügen, fügte paradoxerweise hinzu, daß er es nicht gelesen habe und auch niemals lesen würde. Universitätsprofessoren drohten dem Verlag Macmillan, der *Worlds in Collision* herausgebracht hatte, sie würden seine anderen Erscheinungen boykottieren. Nachdem Wissenschaftler mehrfach verlangt hatten, von weiteren Ausgaben abzusehen, gab Macmillan schließlich das Buch an den Verlag Doubleday ab, der sich von solchen Drohungen weniger beeindrucken ließ.

Der Meinungsstreit über Velikovskys Theorie hat mehr als zwanzig Jahre lang angehalten. Seltsamerweise sind einige seiner Hypothesen durch die moderne Weltraumforschung bestätigt worden, vor allem seine bemerkenswerte Voraussage, auf der Venus herrsche eine Temperatur von etwa 800 Grad Fahrenheit (400 Grad Celsius) — Einstein hatte sie auf minus 25 Grad geschätzt. — Auch Velikovskys Angaben, daß die Venus sich in entgegengesetzter Richtung zu den anderen Planeten dreht, daß ihre Atmosphäre Kohlehydrate enthält, und daß der Mars wie der Mond von Kratern bedeckt ist, haben sich als richtig erwiesen. Inzwischen findet auch seine Theorie von der positiven und negativen elektrischen Ladung der Sonne und der Planeten mehr und mehr Zustimmung.

Eine Theorie wiederholter Katastrophen vertritt auch Professor Hugh Auchincloss Brown. Er sieht ihre Ursache darin, daß die magnetischen Pole sich von den axialen entfernten, wodurch die Erde ins Torkeln geriet, bis sie ihre Achse neu ausgerichtet hatte und wieder wie ein riesiger Kreisel rotierte. Seiner Ansicht nach dreht sich die Erde seit etwa 7000 Jahren um ihre gegenwärtige Achse. Dadurch sei die südliche Eiskappe auf ihr heutiges Gewicht von neunzehn Quadrillionen Tonnen angewachsen. Wir stehen nun vor zwei Möglichkeiten: Entweder wird das Eis am Südpol immer dicker und schwerer und bringt schließlich die Erdachse aus dem Gleichgewicht, oder es schmilzt und überflutet die Welt mit einem Wasserspiegel, der annähernd 100 Meter höher ist als der jetzige. Dann würden die Häfen und tiefliegenden Gebiete unserer Welt ebenso untergehen wie die einer früheren bei einem ähnlichen Ansteigen der Gewässer.

Professor Browns Theorie hat eine seltsame Parallele in einer Legende der Hopi-Indianer. Sie schildert, wie Sotuknung, der Ersterschaffene und Abgesandte des Schöpfers, die Zweite Welt zerstörte. Er befahl den beiden Riesen, die am Nord- und Südpol die Erde in ihrer Kreisbewegung hielten, ihre Posten zu verlassen. Als die Riesenzwillinge das taten, verlor die Erde das Gleichgewicht, wankte und überschlug sich zweimal. In der Nacherzählung von Frank Waters (*Book of the Hopis*) heißt es:

»Berge fielen ins Meer mit großem Platschen, Seen und Ozeane ergossen sich über das Land; und als die Welt durch den leblosen Raum wirbelte, gefror sie zu festem Eis. Das war das Ende der Zweiten Welt . . . Alle Elemente, aus denen die Zweite Welt bestand, waren zu Eis gefroren . . . leblos, bis auf die Menschen im Untergrund . . .«

Die Erinnerungen an die Eiszeit, die sich bei vielen Völkern finden, vermitteln den Eindruck, daß die Eiszeiten irgendwie mit den periodischen Erdkatastrophen in Verbindung standen oder womöglich durch sie verursacht wurden. Hugh Auchincloos Brown schreibt: »Die gegenwärtige Eiskappe der Antarktis ist nur die letzte von vielen . . ., die es früher gegeben hat . . . Sie ist das Ende einer langen Reihe glitzernder Mörder, denen frühere Zivilisationen auf diesem Planeten zum Opfer fielen.«

Wenn das zutrifft, wäre der Kontinent der Antarktis wahrscheinlich ein ergiebiger Boden für die archäologische Forschung. Gegenwärtig ist jedoch ein solches Vorhaben ganz unmöglich nicht nur wegen der Tiefe der Eisschicht, sondern weil sie immer noch zunimmt — eine unheilschwangere Tatsache für die Zukunft. Der Schnee und das Eis wachsen dort mit solcher Geschwindigkeit, daß dreißig Meter hohe Türme, die von der Byrd-Expedition vor relativ wenigen Jahren in der Antarktis errichtet wurden, jetzt fast bis obenhin zugedeckt sind.

Obwohl die Wissenschaft sich einig ist, daß es drei oder, noch wahrscheinlicher, vier Eiszeiten in der letzten Million Jahre gegeben hat, deren letzte vor etwa 11 500 Jahren endete, sind ihre Ursachen noch immer völlig unbekannt. Hier stehen wir vor einem Geheimnis, über das es nur Mutmaßungen gibt. Selbst eine Autorität auf dem Gebiet der Glaziologie wie J.K. Charlesworth von der Queen's Universität in Belfast kommt zu dem Schluß: »Die Ursache all dieser Veränderungen, eines der größten Rätsel der Geologiegeschichte, bleibt unerklärlich . . . Die Ursache entzieht sich uns noch . . .«

Professor Charles Hapgood geht in seiner Theorie von einer Verschiebung der Erdrinde aus, die in ihrer äußeren Schicht nur etwa 50 bis 60 Kilometer dick ist und unter starkem Druck, zum Beispiel von Eismassen, ausweiche. Das bewirke eine Verlagerung der Pole, die nach Hapgoods Ansicht die Ursache der Eiszeiten ist. Er glaubt, daß die großen Erdkatastrophen auf solchen Erd-rinden- und Polverschiebungen beruhten, die mit langen Perioden intensiver vulkanischer Ausbrüche einhergingen. Die Vereisungen sind nach seiner Theorie sowohl die Folge wie auch teilweise die Ursache dieser Vorgänge. So ließe sich vielleicht auch erklären, daß hierfür unwahrscheinliche Gebiete, wie Afrika und Indien, zeitweise vereist waren, während Gegenden, wo man es vermutet, wie Sibirien, freigeblieben sind.

Ein Zentralbegriff von Hapgoods Theorie ist »Isostasie«, ein Wort, das etwa Gleichgewichtstendenz oder Druckausgleich bedeutet. Wenn auf der Erde mit ihrer relativ weichen Kruste sich an einer Stelle wie dem Pol mit seinen wachsenden Eismassen zuviel Materie ansammelt, gibt die Kruste dem Druck nach, weicht aus und sucht in einer Art Rückschlag einen neuen Gleichgewichtszustand. Außerdem ist die kreisende Erde keine vollkommene Kugel, sie ist am Äquator ausgebaucht und an den Polen etwas abgeflacht. Ihre wahre Gestalt kann man am besten als ein

»triaxales Ellipsoid« bezeichnen. Ihre Tendenz zu weiterer Abfla-
chung in den höheren Breiten übt einen Druck aus, der Teile der
Erdkruste aufwirft oder umkippt. Dadurch können Küsten, Berge, Inseln emporgehoben werden, wie andererseits Küsten, Inseln
und ganze Landmassen versinken können. Mit anderen Worten,
Veränderungen der Erdoberfläche, schwere Erdbeben und Vulkanausbrüche, wie sie auch gegenwärtig auftreten, und die dau-
ernde Auf- und Abbewegung des Meeresbodens wären völlig nor-
male Vorgänge auf Erden, wenn das auch keine sehr angenehme
Vorstellung für ihre Bewohner ist.

Auf Grund seiner archäologischen Forschungen ist auch Dr.
Manson Valentine davon überzeugt, daß sich in der Geschichte
der Erde und der Menschheit wiederholt Katastrophen ereignet
haben. Er zieht als Ursache elektromagnetische Störungen in Erwägung. Bei seinen Expeditionen nach Mittel- und Südamerika
und auf die Pazifischen Inseln hat er die Resultate dieser Katastrophen selbst aufgefunden und untersucht: die zeitweise Überflutung von Höhlen und das Absinken von Landstrichen, die Auf-
faltung von Gebirgen und die Anhebung von Küstengebieten.
Zwischen Lagen von Muscheln hoch über dem Meer fand er
Überreste menschlicher Erzeugnisse. »Eingebettet in ein Gemisch aus Sand und Meeresflora lagen Fetzen von Baumwollge-
webe, Reste von Fischnetzen und Tongefäßen in Schichten Hunderte von Metern über dem Meer in Paracas in Peru und ebenfalls
zwischen Überbleibseln des Meers in Ancon in Peru. Dies ist nur
eines der vielen Beispiele von Meeresküsten in der ganzen Welt,
die heute hoch über dem Meeresspiegel liegen; Grönland und
Nordkalifornien sind weitere.«

Dr. Valentines Theorie von den elektromagnetischen Ursachen
der Kataklysmen liegt noch nicht als Veröffentlichung vor. Wir
geben sie hier in seinen eigenen Worten wieder: »Eine der möglichen Ursachen für die Katastrophen auf diesem Planeten hat
noch nicht die ernsthafte Beachtung gefunden, die sie wahrscheinlich verdient. Es handelt sich dabei nicht um die Begegnung
mit anderen Weltkörpern oder um die mechanische Auswirkung

von Materie irgendwelcher Art, sondern um eine periodische Angleichung der Polarität der Erde, die ihrerseits ihre Rotation oder ihre Bahn um die Sonne oder beides beeinflußt.

Anomalien im magnetischen Feld unseres Sonnensystems, ob sie nun zyklisch oder sporadisch auftreten, erzeugen höchstwahrscheinlich die Voraussetzungen für Katastrophen auf der Erde. Es ist anzunehmen, daß die Reaktion auf solche kosmischen Vorgänge sich in einem immer größeren Abstand zwischen den axialen und den magnetischen Polen der Erde zeigt. Wenn die Diskrepanz sich vergrößert (wie es auch heute der Fall ist), könnten sich elektromagnetische Spannungen bis zu einem Kulminationspunkt aufbauen, an dem eine plötzliche Angleichung der Pole erfolgt. Solche Verlagerungen würden zweifellos Veränderungen der Erdkruste durch Katastrophen hervorrufen. Die vier Eiszeiten in regelmäßig kleineren Abständen während des Pleistozäns könnten eine Art Periodizität solcher gewaltsamen Ereignisse anzeigen.«

Der uns allen vertrauten und unentbehrlichen Elektrizität schreibt Valentine einen wesentlichen Einfluß auf die Vergangenheit und die Zukunft der Erde zu. Er vermutet, daß die Verschiebung der Pole auf elektromagnetischen Spannungen beruhen kann, die innerhalb der Erde selbst als einem gitantischen Generator auf gebaut werden.

Im Zusammenhang mit einer Reihe unerklärlicher Phänomene der Gegenwart weist Valentine darauf hin, daß das seltsame »weiße Wasser« der Bahama-Bänke das letzte war, was die Astronauten von Apollo 12 noch auf der Erde erkennen konnten. Er sagt darüber: »Die weißen Schwaden dieses stark lichtbrechenden Materials hat man abgetan mit der Theorie, sie seien dadurch entstanden, daß Fische oder Meeresströmungen den Mergelgrund aufgewühlt hätten. Aber damit kann man nicht erklären, daß die Partikel dauernd am selben Ort vorhanden sind, und erst recht nicht, daß sie leuchten und von einer Art Lichthof umgeben sind, der auf ein elektrisches Phänomen oder ein magnetisches Feld schließen läßt.«

Valentine ist der Ansicht, daß elektromagnetische Anomalien in diesem Seegebiet die unheimlichen Vorkommnisse im Bermuda-Dreieck erklären könnten. Dieses sogenannte Dreieck ist ein berüchtigtes Seegebiet zwischen Bermuda, Puerto Rico und den Bahamas, das ungefähr das westliche Drittel der Saragossa-See umfaßt. Dort sind im Lauf der Jahre Hunderte von Schiffen und Flugzeugen spurlos verschwunden, von der USS Cyclops mit einer Besatzung von dreihundert Mann im Jahr 1918 bis zu dem gut dokumentierten Vorfall vom 5. Dezember 1945. Damals gab ein Pulk von fünf Flugzeugen der U.S. Navy per Funk durch, sie hätten Kompaß- und Orientierungsschwierigkeiten, woraufhin sie spurlos verschwanden, zusammen mit dem großen Flugboot, das man ihnen zu Hilfe geschickt hatte.

Von solchen elektromagnetischen Abweichungen berichtet Dr. Valentine aus eigener Erfahrung: »Zu gewissen Zeiten und über bestimmten Stellen drehen sich die Kompaßnadeln völlig unerklärlich wie Kreisel. Ich habe diesen seltsamen Vorgang mit eigenen Augen beobachtet, nicht weit von der Moselle Bank in tiefem Wasser. Manchmal, wenn sowohl der magnetische wie der Gyro-Kompaß versagen, bekommt man eine Ahnung von der geisterhaften Erfahrung eines »weißen Nichts«, in dem ein Schiff bei völliger Windstille, ohne daß Nebel oder sonst eine außergewöhnliche Witterungserscheinung es erklären könnten, plötzlich die Sicht auf den Horizont, die Sonne oder ein anderes Schiff in der Nähe verliert. Es ist bekannt, daß Flugzeuge und Schiffe, zuweilen von beträchtlicher Größe, einfach verschwunden sind . . . Vielleicht ist die Bemerkung nicht zu gewagt, daß solche widrigen Ereignisse mit einer gewissen magnetischen Unbeständigkeit in dieser Gegend in Verbindung stehen könnten. Ein Zusammenhang mit der seismischen Aktivität im Bereich der Bahamas wäre dann auch wahrscheinlich . . .«

Was auch immer die Ursache vergangener Katastrophen gewesen sein mag, wir haben heute einen Stand der Entwicklung erreicht, an dem es der Mensch — vielleicht nicht zum ersten Mal in seiner Geschichte — in der Hand hat, seine Umwelt entscheidend zum Guten oder zum Schlimmen zu verändern. In den alten Legenden, die davon erzählen, daß Gott oder die Götter die Menschen vernichteten, weil sie böse geworden waren, ist zuweilen auch davon die Rede, daß sie Macht und Fähigkeiten erlangt hatten, die den Zorn des Himmels erregten.

Eine Parallele dazu findet sich in den Aussagen von Edgar Cayce, der in Trance von einer hochstehenden Wissenschaft sprach, die sich anders als die unsere entwickelt hätte, aber auch zu Mitteln der Zerstörung gelangt sei. Er sagte, sie habe sich der Macht von »Kristallen« mit zerstörerischen Kräften bedient. Und ähnliches erzählen auch alte Legenden. (Die Bemerkung von Cayce gibt manchen Leuten zu denken, die nach Gründen für die elektromagnetischen Störungen und Kompaßabweichungen im Bermuda-Dreieck suchen.) Es ist kaum anzunehmen, daß Cayce von all dem etwas wußte, obwohl er in Trance die »Kristalle« und den Ort, wo sie sich angeblich befinden sollen, eingehend beschrieben hat.

Legenden, seltsame Spuren alten Wissens, historische Anachronismen, unerklärliche Kunstwerke und Ruinen, Übereinstimmungen in nicht miteinander verwandten Sprachen, vorgeschichtliche Katastrophen, die weltweite Vernichtung tierischen Lebens, das bisher ungeahnte Alter des Menschen und der Anfänge der Zivilisation, dazu ESP (außersinnliche Wahrnehmung) und ein Artgedächtnis, die Existenz von Atlantis oder anderen versunkenen Ländern, das alles sind Dinge, die bei der heutigen wissenschaftlichen Einstellung wohl kaum von der Wissenschaft allgemein anerkannt werden. Die Schwierigkeit liegt nicht nur darin, daß manche Lehrbücher umgeschrieben werden müßten, sondern in der weit verbreiteten Neigung, die Geschichte des Menschen und der Welt nach einem wohlgeordneten, voraussehbaren Schema zu betrachten — dem die Wirklichkeit freilich nicht entspricht.

Je weiter wir in die Welt der Vergangenheit zurücktauchen, desto mehr Dinge finden wir verständlicherweise, deren Vorhandensein wir nicht vermutet haben. Mit unseren neuen wirksameren Methoden mögen uns noch mancherlei überraschende Entdeckungen bevorstehen, die vielleicht nicht alle in unser Denksystem passen oder für unser Ich schmeichelhaft sind. Einiges dieser Art ist augenscheinlich schon recht greifbar, aber wir sind noch nicht so weit, es auch anzuerkennen.

Was Atlantis betrifft — um das Wort für eine oder mehrere Hochkulturen vor unserer eigenen zu gebrauchen —: Wenn eine herrliche versunkene Stadt auf dem Grund des Atlantik gefunden würde, oder wenn sie durch ein submarines Beben an die Oberfläche gelangte, wäre es der wissenschaftlichen Skepsis wohl noch immer unmöglich, sie als Atlantis anzuerkennen. Wahrscheinlich würde man sie, wie Charles Boland vermutet, als eine untergegangene Schiffsladung von griechischem Baumaterial bezeichnen.

Die erfolgreiche Unterwasserforschung, die Möglichkeit, daß weitere alte Aufzeichnungen gefunden werden, daß man die vorhandenen überprüft und vielleicht bisher unlesbare Schriften entziffert, wie auch neue Verfahren der Datierung werden gewiß Material für eine Neubewertung der prähistorischen Frühzeit erbringen.

Funde, die Licht auf die Vergangenheit vor der Vergangenheit werfen, sind vor allem von Untersuchungen unter dem Eis und auf dem Grund der Meere zu erhoffen. In einem so riesigen Gebiet wie dem Meeresgrund sind archäologische Expeditionen jedoch sehr kostspielig und mit großen Schwierigkeiten verbunden. Einigen Gewinn kann die Archäologie vielleicht von den ausgezeichneten Forschungen der ozeanographischen Institute erwarten, auch durch zufällige Funde bei Unterwassermanövern und vor allem von der Suche nach Öl im Meer. Im Mittelatlantikrücken hat man bereits, außer Anzeichen, daß Teile davon sich einst über Wasser befanden, Salzdome entdeckt, die auf das Vorhandensein von Öl und Erdgas hinweisen. Allerdings kann der Ölbedarf unter Umständen auch eine Katastrophe heraufbeschwören. Für den Fall, daß ein Supertanker von 450 000 Tonnen auf der Polarroute zerschellen sollte, würde die polare Eiskappe in beträchtlichem Umfang auftauen. Man hat berechnet, daß das Schmelzwasser weite Küstengebiete überfluten würde, wie es vor etwa 11 000 Jahren am Ende der letzten Eiszeit geschah. Es wäre so, als spielten sich schon einmal erlebte Katastrophen von neuem ab.

Man kann natürlich darauf hinweisen, daß unsere heutige Kultur und Zivilisation durch den Menschen selbst und seine gefährliche und bedenkenlose Aktivität bedroht ist, während der Untergang früher Kulturen von Naturkatastrophen verursacht wurde. Und doch, wenn man einige sehr alte Quellen liest, erscheint auch diese Annahme zweifelhaft.

XII
Warnungen aus einer fernen
Vergangenheit

Ein indianischer Übersetzer schüttelt den Kopf — Ein Donnerkeil
mit der Kraft des Universums — Sie versenkten die Reste der Waffe
im Meer — Eine Sage, die uns seltsam bekannt vorkommt — Bilder
vom Weltuntergang — Prophezeiungen oder Erinnerungen? —
Was uns die Geschichte zu sagen hat

Die zerstörerischen Möglichkeiten der modernen Technik und Wissenschaft sind heute für niemanden ein Geheimnis. Wir leben auf einem Planeten, der nicht nur durch die Gefahren eines unstabilen Kosmos bedroht ist, sondern paradoxerweise von den unheilvollen Auswirkungen unserer eigenen hochentwickelten Technik. Sogar ein völliger Weltuntergang ist nicht ausgeschlossen. Wenn man bedenkt, daß vor unserer eigenen Zivilisation die hochstehende und — nach den Schädelmessungen zu urteilen — uns geistig ebenbürtige oder gar überlegene Cromagnon-Rasse die Erde viel länger bewohnt hat als wir, liegt eine gewisse Vermutung sehr nahe. Diese Menschen oder ihre Abkömmlinge könnten durchaus eine Wissenschaft entwickelt haben, die zwar der unsrigen nicht ähnlich war und die in anderen Bahnen verlief, jedoch in dieselbe Sackgasse geriet.

Einige Funde machen in dieser Hinsicht sehr nachdenklich, obwohl sich endgültig nichts beweisen läßt. Im Jahr 1947 wurde im südlichen Irak im Tal des Euphrat eine Grabung durchgeführt, die wie ein archäologischer Bergwerksschacht die Kulturschichten nacheinander freilegte. Von der gegenwärtigen Schicht ausgehend führte die Grabung durch die Schichten der alten Stadtkulturen der Babylonier, Chaldäer und Sumerer, fand Ablagerungen von Überflutungen zwischen diesen Schichten und gelangte dann zu einer Schicht von Dorfbewohnern. Darunter lag eine etwa 8000 Jahre alte Schicht primitiver Feldbesteller, unter ihr eine Hirtenkultur, und schließlich gelangte man zu einer Periode, die dem Magdalénien oder der Höhlenkultur entsprach. Auf dem Grund all dieser Schichten aber stieß man auf eine Sohle aus geschmolzenem Glas, die nichts sonst ähnelte außer dem Boden der Wüste in Neu-Mexiko nach den Atomversuchen. Auch in der Wüste Gobi hat man zu Glas geschmolzenen Boden gefunden, wie er bei Atomexplosionen entsteht.

In dem Buch von Ostrander und Schroeder *Psychic Discoveries Behind the Iron Curtain* (Psychische Entdeckungen hinter dem Eisernen Vorhang) findet sich eine interessante Bemerkung von Dr. Wlacheslaw Zaitser, einem Philologen der Weißrussischen Akademie der Wissenschaften, über ein uns allen aus der Bibel vertrautes Ereignis. Er sagt: »Der biblische Bericht von der Zerstörung von Sodom und Gomorra klingt wie die Beschreibung einer Atomexplosion durch einen laienhaften Zeugen.«

Das alles ist natürlich kein Beweis dafür, daß es schon einmal auf Erden Atomkriege gegeben hätte. Es kann ganz einfach bedeuten, daß die Erde von Zeit zu Zeit von sehr viel größeren Meteoren oder Gestirnsplittern getroffen wurde, als sie gewöhnlich in unsere Atmosphäre eindringen. Durch eine solche »Himmelsbombe« könnte der Kratersee in Colorado entstanden sein, und so ist wohl auch das sogenannte »Hiroshima von 1908« zu erklären. Damals wurde Sibirien von einer Explosion erschüttert, die wahrscheinlich durch einen Meteoreinschlag nordöstlich des Baikalsees verursacht wurde. Ganze Wälder wurden umgelegt, eine Herde von 1500 Rentieren getötet, und rund um den Krater sind noch heute Spuren von Radioaktivität vorhanden.

Andererseits gibt es einen legendären Bericht von einer von Menschen oder menschenähnlichen Göttern verursachten Zerstörung durch eine Art von Bombe in dem alten indischen *Mahabharata*. Man hat es zuweilen die indische *Ilias* genannt, obwohl es achtmal so lang ist und viel mehr umfaßt als ein Heldenepos. Das *Mahabharata* ist ein riesiges Kompendium, das religiöse und philosophische Unterweisung, Belehrung über Sitten und Gesetze, Fabeln, Parabeln und Götter- und Heldengeschichten enthält. Man nimmt an, daß sich in einigen Elementen des zentralen Heldenepos die Eroberung Indiens durch die Arier spiegelt, die im zweiten Jahrtausend v. Chr. vom Nordwesten her eindrangen und wahrscheinlich unter anderen Städten auch Harappa und Mohenjo-Daro im Industal zerstörten. In das *Mahabharata* haben Texte und Überlieferungen Aufnahme gefunden, die zum Teil sehr viel älter sind als das fünfte Jahrhundert v. Chr., in dem man mit der Zusammenstellung der Bücher begann. Es ist in Sanskrit, der alten Sprache Indiens, geschrieben und eines der ältesten Bücher, das heute noch in Gebrauch ist. Wie die Bibel enthält dieses klassische Buch der Hindus wahrscheinlich auch Bruchstücke sehr alter historischer Überlieferung. Manche Erzählungen aus einer fernen, älteren Welt klingen ebenso phantastisch wie beunruhigend.

Als man sich in der Zeit der britischen Herrschaft in Indien mit dem *Mahabharata* zu beschäftigen begann, stießen die europäischen Leser beim Studium der Texte auf Passagen, die ihnen höchst sonderbar vorkamen. Da wurden Luftschiffe (vimanas) beschrieben und im einzelnen mitgeteilt, wie man sie bauen müsse und wie sie angetrieben würden; da war von gesteuerter Feuerkraft im Krieg, von Raketen und sogar von einem »Pfeil der Bewußtlosigkeit« (*mohanastra*) die Rede, der ganze Heere außer Kraft setzte. Jahrzehnte vor der Erfindung von Flugzeugen oder Giftgas hielten die Gelehrten diese Stellen für poetische Phantastereien und waren, wie V. Ramachandra Dikschitar bemerkt, »schnell bei der Hand, alles, was sie vorfanden, als pure Einbildung zu bezeichnen und es in Bausch und Bogen als unreal abzutun . . .«

Menschen der viktorianischen Ära konnten in der Tat kaum Verständnis oder ein Gefühl der Vertrautheit haben, wenn ihnen »zweistöckige Wagen mit vielen Fenstern« bildhaft beschrieben wurden, die mit einem Schweif von roten Flammen »in den Himmel hinaufrasten, bis sie wie Kometen aussahen«, oder Schiffe,

»die in die Luft emporstiegen bis zur Region der Sonne und der Sterne«.

Ende des neunzehnten Jahrhunderts schuf der indische Gelehrte P. Chandra, finanziell unterstützt von der Regierung, mehreren Maharadschas und anderen Gönnern, eine gigantische englische Prosaübersetzung des *Mahabharata*. Der Übersetzer war von den Schilderungen früherer Kriegführung sichtlich betroffen. Er schreibt in seiner Einleitung, daß er als Brahmane (Angehöriger der Priesterkaste) und nicht Kschatriya (Angehöriger der Kriegerkaste) die Beschreibungen totaler Vernichtung in seiner Übersetzung nicht billigen könne; er habe sie aber als unumgänglichen Bestandteil des Meisterwerks aufgenommen, vor allem weil es sich um Taten der Götter handele.

Was dem vorigen Jahrhundert daran rätselhaft vorkommen mußte, erscheint uns heute nicht besonders mysteriös oder schwer zu verstehen. Die folgenden Stellen aus dem *Mahabharata* und dem *Ramanyana* muten uns trotz des Abstands von einigen tausend Jahren seltsam vertraut an. Sie sprechen von ». . . einem einzigen Geschoß, das die ganze Kraft des Universums in sich trug. Eine weißglühende Säule aus Rauch und Flammen, heller als zehntausend Sonnen, erhob sich in all ihrem Glanz . . . Es war eine unbekannte Waffe, ein eiserner Donnerkeil, ein gigantischer Todesbringer, der das ganze Volk der Vrischnis und der Andhakas zu Asche verbrannte . . . Die Körper waren so verbrannt, daß sie unkenntlich waren. Ihre Haare und Nägel fielen aus. Tongefäße zerbrachen ohne sichtbaren Grund, und die Vögel waren weiß geworden. Nach ein paar Stunden waren alle Nahrungsmittel vergiftet.«

Und besonders das Folgende: »Um diesem Feuer zu entgehen, warfen sich die Soldaten in die Flüsse und versuchten, sich und ihre Ausrüstung abzuwaschen . . .«

Eine Stelle im *Samsaptaka-Badha Parva* des *Drona Parva* beschreibt poetisch und eindrucksvoll die Vernichtung eines feindlichen Heeres durch den »eisernen Donnerkeil«. (Der Name ist sicher passender als die Bezeichnung »Fetter Mann« für die Bombe auf Nagasaki.) »Dann trug Vayu, die Gottheit dieser mächtigen Waffe, Scharen von Samsaptakas mit Rossen, Elefanten, Wagen und Waffen davon wie trockene Blätter von Bäumen . . . Vom Wind davongetragen, o König, sahen sie wunderschön aus wie fliegende Vögel . . . als flögen sie von Bäumen davon . . .«

Auch im *Naryanastra Mokschana Parva* des *Drona Parva* berichtet ein Abschnitt von der »Agneya Waffe«, der selbst die Götter keinen Widerstand leisten konnten:

»Meteore zuckten blitzend vom Firmament herab . . . Eine dichte Finsternis verhüllte plötzlich die Menge des Heeres. Die Dunkelheit verbarg alle Himmelsrichtungen . . . Widrige Winde begannen zu blasen . . . Die Sonne schien sich herumzudrehen, das Weltall glühte vor Hitze wie im Fieber. Die Elefanten und andere Tiere auf dem Land rannten, von der Kraft dieser Waffe versengt, in wilder Flucht davon . . . Sogar die Gewässer wurden so heiß, daß die darin lebenden Kreaturen zu brennen anfingen . . . Feindliche Krieger fielen um wie Bäume, die ein wütendes Feuer niederbrennt . . . Mächtige Elefanten sanken, von dieser Waffe verbrannt, auf die Erde nieder und stießen wilde Schreie aus . . . Andere rannten, vom Feuer versengt, hierhin und dorthin wie mitten in einem großen Waldbrand . . . Rosse und auch die Wagen, die die Kraft dieser Waffe verbrannt hatte, sahen aus wie Baumwipfel nach einem Waldbrand . . .«

Die Nachwirkungen auf der Erde werden im *Mausala Parva* fast so beschrieben, als hätte ein prähistorischer Ökologe sie aufgezeichnet: »Trockene und harte Winde und Schauer von grobem Sand bliesen von allen Seiten . . . Vögel drehten sich dauernd im Kreis . . . Der ganze Horizont war ringsum von einem Nebel bedeckt. Meteore fielen mit Schauern glühender Kohlen vom Himmel auf die Erde herab . . . Die Sonnenscheibe war immer mit Dunst bedeckt . . . Grelle Lichtkreise wurden jeden Tag rund um die Sonne und um den Mond gesehen . . . Eine Weile danach hörte der Kuru König Yudhischschira von der vollständigen blutigen Vernichtung der Vrischnis durch den eisernen Donnerkeil.«

Im *Abhimanyu Badha Parva* ist ein Gebet an den Schöpfer

überliefert, das den Himmel anfleht, den Wirkungen der »letzten« Waffe ein Ende zu setzen:

»O Erhabener, laß das dreifaltige Universum — die Zukunft, die Vergangenheit und die Gegenwart — weiterbestehen. Aus deinem Zorn ist eine Substanz wie Feuer hervorgegangen; jetzt noch sind liebliche Hügel, Bäume und Flüsse und alle Arten von Kräutern und Gras in der beweglichen und unbeweglichen Welt in Asche verwandelt . . .«

Besonders merkwürdig ist ein Abschnitt im *Mausala Parva,* der eigenartig an die moderne Beseitigung tödlicher Raketen erinnert:

». . . Ein eiserner Bolzen, durch den die Völker der Vrischnis und Andhakas bis auf den letzten Mann zu Asche verzehrt wurden . . . ein schrecklicher eiserner Bolzen, der wie ein gigantischer Bote des Todes aussah . . . In großer Betrübnis ließ der König diesen eisernen Bolzen in feines Pulver zerlegen. Männer wurden beauftragt, o König, dieses Pulver ins Meer zu werfen . . .«

Wir müssen diese Berichte, die uns mit ihren seltsamen Einzelheiten verständlicher erscheinen als dem alten Übersetzer, im Zusammenhang mit der Zeit und der Vorstellungswelt derer sehen, die sie geschrieben haben. Die alten Völker lebten in einem Zeitalter mit einem magischen und mythischen Weltbild und hielten alle Arten wunderbarer Ereignisse für selbstverständlich. Vor allem glaubten sie eher an ein Werden und Vergehen von Kulturen als an einen dauernden Fortschritt. Sie schrieben die Überlieferung aus alten Zeiten so auf, wie sie sie vorfanden, als Sagen oder Prophezeiungen, die keine wissenschaftliche Bestätigung brauchten, und der Gedanke lag ihnen fern, daß eine spätere Zeit sie im Hinblick auf wirkliche Ereignisse untersuchen könnte.

Was mögen diese eigenartigen Berichte bedeuten? Wir sind uns bewußt, daß die alte Literatur überall in der Welt viel Phantastisches und Unglaubliches enthält. Allerdings scheinen sich manche der poetischen und mythischen Bilder auf wirkliche Ereignisse zu beziehen. Wenn dann besonders ausgefallene Erzählungen Parallelen zu wissenschaftlichen Tatsachen enthalten, die uns höchst beunruhigend vertraut sind, überkommt einen ein Gefühl des *déjà vu,* als sei die Menschheit schon einmal unseren Weg gegangen.

Die Geschichte und auch das, was wir von der Vorgeschichte rekonstruieren können, scheint uns ein Muster von Wiederholungen und zugleich eine Warnung zu zeigen; denn, wie ein französischer Ausspruch sagt: »Wer von der Geschichte nichts wissen will, ist dazu verdammt, sie zu wiederholen.«

Kriege sind eine Grundtatsache der Geschichte, und man hat sie zuweilen als die Geschichte der Sieger bezeichnet, da die Verlierer, besonders in früher Zeit, vollständig verschwunden sind. Die Sieger haben sie entweder aufgesogen oder vernichtet. Das Kriegführen scheint ein ererbter Instinkt zu sein; er ist nicht lediglich auf Besitz gerichtet, wie die Wirtschaftswissenschaftler gern annehmen, eher handelt es sich um den Wunsch, im Kampf als Mitglied einer Gruppe, eines Stammes oder einer Nation über eine andere Gruppe, einen Stamm oder eine Nation zu triumphieren. Bis auf die letzten Jahrzehnte verliefen die Kriege, die man aus der Geschichte kennt, in Bahnen, die diesen Instinkt mit seinen Beimischungen von Romantik und Erregung mehr oder weniger frei dulden konnten. Zuweilen, wie bei den Stadtstaaten im alten Mexiko, wurden Kriege sinnreich geplant und zur Zufriedenheit und Erhaltung der kämpfenden Parteien ausgetragen. In Mexiko hatte eine solche Begegnung den poetischen Namen »Blumenkrieg« (*Xochiyaoyotl*). Nach gegenseitiger Verabredung kämpften zwei kleine, gleich starke Heere miteinander, bis eines der beiden siegte und die Überwältigten davontrug, um sie den Göttern zu opfern. Damit wurde das heikle Gleichgewicht zwischen der Gunst der Götter und dem ihnen geschuldeten Tribut wiederhergestellt. (Einer der Gründe für den Sieg der Spanier über die Azteken lag darin, daß die aztekischen Krieger die Spanier gefangenzunehmen versuchten, während die Spanier darauf aus waren, so viele Azteken wie möglich zu töten.)

Bis zur Gegenwart haben die Kriege oder die Auswirkungen der Technik nie die Erde als Ganzes bedroht; wie groß auch immer das Blutvergießen gewesen ist, der Fortbestand der Menschheit war nicht gefährdet. Das gilt sogar für die Verwüstungen der Mongolen, die ganze Völker vernichteten und die Kanalsysteme zerstörten, ohne die Innerasien und Mesopotamien niemals mehr ihre frühere Bevölkerungsdichte erreichten. Wo die Mongolen am Horizont erschienen, mögen die Völker geglaubt haben, das Ende aller Tage sei angebrochen, aber die Welt als Ganzes war nicht in Gefahr. Nach allem, was wir von der Geschichte wissen, kann man sich kaum vorstellen, daß eine frühere Zivilisation so weit gelangt sein soll, Vernichtungswaffen herzustellen und damit den eigenen Untergang herbeizuführen. Aber es ist nicht ausgeschlossen, daß Wissenschaftler und Magier anderer Zeitalter solche Möglichkeiten entdeckt haben. Die eigenartigen Erzählungen im *Mahabharata* stammen wahrscheinlich aus so fernen Quellen, daß wir ihren Ursprung nicht mehr wahrnehmen können. Das Besondere an ihnen ist, daß wir sie erst verstehen können, seit unsere eigene Technik nukleare Vernichtungswaffen entwickelt hat.

Das Schicksal, das uns vielleicht erwarten mag, schildert eine Prophezeiung aus den Tagen der alten Römer. Der Dichter Seneca hat sie in feierlich tönende Verse gefaßt. (Die deutsche Übersetzung kann nur den Sinn der lateinischen Sätze, aber nicht ihren Klang und Rhythmus wiedergeben.)

»Ein einziger Tag wird der Menschheit das Grab bereiten.
Alles, was ein lange geneigtes Geschick hat entstehen lassen,
Alles, was sich zu hervorragender Bedeutung erhob,
Alles Berühmte und alles Schöne,
Große Throne, große Völker,
Alles wird in einen Abgrund versinken,
In einer Stunde stürzt alles hinab . . .«

Rauher und unmittelbarer klingen die Verse der *Älteren Edda*. In der Sprache Altislands, die zur nordgermanischen Sprachfamilie gehört, verkündet eine sagenhafte Seherin einen künftigen Weltuntergang:

»Brüder kämpfen
und bringen sich Tod,
Brudersöhne
brechen die Sippe;
arg ist die Welt,
Ehbruch furchtbar,
Schwertzeit, Beilzeit,
Schilde bersten,
Windzeit, Wolfzeit,
bis die Welt vergeht —
Schwarz wird die Sonne
. . .
Wetter wüten
. . .
Felsen brechen . . .
der Himmel birst
Die Sonne verlischt,
Das Land sinkt ins Meer,
vom Himmel stürzen
die heiteren Sterne.
Lohe umtost
den Lebensnährer;
hohe Hitze
steigt himmelan.«

Wir mögen uns fragen, ob diese Unheilsbotschaften Prophezeiungen oder Erinnerungen sind, ob die uralten Erzählungen der
Völker von Zerstörung und Tod nur Sagen sind oder ausge-
schmückte und ins Mythische verwandelte Wiedergaben von etwas, das ihre Vorfahren einst erlebten. Und wenn wir in einer
Zeit, weit vor unserer Geschichte und Zivilisation, die Wirkungen unserer modernsten Waffen seltsam genau beschrieben finden, mögen wir uns fragen, ob die Geschichte sich nicht in unendlichen Kreisen wiederholt, wie man es im Orient glaubte.
Nehmen wir aber an, daß die Geschichte sich nicht in unendli-

lichen Kreisen wiederholt, wie man es im Orient glaubte. Nehmen wir aber an, daß die Geschichte, statt geradlinig fortzuschreiten, in wiederkehrenden Zyklen verläuft, warum studieren wir sie überhaupt? Warum versuchen wir verschwundene Kulturen zu erforschen, die nur noch wie das Flackern ferner Sterne wahrnehmbar sind? Doch, wer spürte nicht das Faszinierende der Geschichte, ihrer großartigen Ausblicke, ihrer unentdeckten Geheimnisse und ihrer unerforschten Epochen, die sich immer weiter und weiter zurückerstrecken? Und vielleicht kann das Studium verschwundener Zivilisationen und der Gründe ihres Untergangs uns etwas lehren: es kann uns vor Augen führen, was wir *nicht* tun dürfen — damit wir selbst überleben können.

Nächste Seite:
Skizze einer angeblichen Steinfigur aus einer geheimnisvollen Stadt im nördlichen Amazonas-Gebiet, die — nach Angaben seiner Freunde — Oberst Fawcett zu einer Expedition in den brasilianischen Urwald angeregt haben soll, von der er nicht mehr zurückkehrte.

Literaturverzeichnis

Auchincloss Brown, Hugh, Cataclysms of the Earth. New York 1967

Berlitz, Charles, The Mystery of Atlantis. New York 1969

Blom, Franz, La Vida de los Mayas. Mexiko 1944

Blomberg, Rolf, Ecuador-Andean Mosaic. Stockholm 1952

Boland, Charles, Michael, They All Discovered America. New York 1961

Borhegyi, Suzanne de, Die Schätze der toten Schiffe (Ships, Shoals and Amphoras). Balve/Westf. 1965

Casson, Lionel, The Ancient Mariners. New York 1959

Cayce, Edgar Evans, Edgar Cayce on Atlantis. New York 1968

Charroux, Robert, Phantastische Vergangenheit (Histoire Inconnue des Hommes Depuis Cent Mille Ans) Berlin 1966, München/Frankfurt/M. 1970 — Unbekannt, geheimnisvoll, phantastisch — Auf den Spuren des Unerklärlichen (Le Livre du Mysterieux Inconnu) Düsseldorf/Wien 1970

Cleater, P.E., Lost Languages. New York 1959

Cooper, Gordon, Dead Cities and Forgotten Tribes. New York 1952 — Länder, die noch keiner kennt (Forbidden Lands) — Vorstöße in unerforschte Gebiete der Erde. Rüschlikon-Zürich 1956

Cordero, Luis, Diccionario Quichua. Quito 1955

Crampton, Patrick, Stonehenge of the Kings. New York 1968

Da Silva Ramos, Bernardo, Inscripcões e Tradicões do América Pré-Historica, Especialmente do Brasil. Rio de Janeiro 1930-39

Deuel, Leo, Flug ins Gestern (Flights into Yesterday) — Geschichte der Luftarchäologie. Zürich/Stuttgart/Wien 1972

Doblhofer, Ernst, Zeichen und Wunder — Die Entzifferung verschollener Schriften und Sprachen. Wien/Berlin/Stuttgart 1957

Dos Passos, John, Easter Island. New York 1971

Dyott, O.M., Man Hunting in the Jungle. New York 1929

The Edgar Cayce Foundation, Earth Changes. Virginia 1959

Englert, S., Island at the Center of the World. New York 1970

Farbridge, Rhodes, The Encyclopedia of Oceanography. New York 1966

Fawcett, Percy Harrison, Geheimnisse im brasilianischen Urwald (Exploration Fawcett) — zusammengest. aus seinen Manuskripten, Briefen, Logbüchern u. Aufzeichnungen durch Bryan Fawcett. Zürich/Stuttgart 1953 — Lost Trails Cities. New York 1953

Flemming, Nicholas C., Cities in the Sea. New York 1971

Foncerrada de Molina, Marta, La Escultura Arquitectónica de Uxmal. Mexiko 1965

Gaudio, Attilo, Les Empires de la Mer. Paris 1962

Gladwin, Harold Sterling, Men out of Asia. New York 1947

Gordon, Cyrus H., Before Columbus. New York 1971

Grazia, Alfred de, The Velikovsky Affair. New York 1966

Hagen, Victor W., von, Die Kultur der Maya (World of the Maya) Hamburg/Wien 1960 — Das Reich der Inka (Realm of the Incas). Hamburg/Wien 1958 — Sonnenkönigreiche (The Ancient Sunkingdoms of the Americas-Aztec, Maya, Inca). München 1960

Hapgood, Charles, Maps of the Ancient Sea Kings. Philadelphia 1966 — The Path of the Pole. New York 1970

Heyerdahl, Thor, Aku-Aku — Das Geheimnis der Osterinsel. Berlin 1957

Hibben, Frank C., The Lost Americans. New York 1946

Hodges, Henry, Technology in the Ancient World. New York 1970

Homet, Marcel F., Die Söhne der Sonne (Sons of the Sun) — Auf den Spuren vorzeitlicher Kultur in Amazonas. Olten/Freiburg/ Br. 1958

Howell, F. Clark, Der Mensch der Vorzeit (Early Man). Frankfurt a.M. 1969

Irwin, Constance, Kolumbus kam 2000 Jahre zu spät — Amerika vor 1942 (Fair Gods and Stone Faces). München 1968

Kosok, Paul, Life, Land and Water in Ancient Peru. New York 1965

Kühn, Herbert, Die Felsbilder Europas. Stuttgart 1952

Léon-Portilla, Miguel u. Heuer, Renate, hrsg., Rückkehr der Götter — Die Aufzeichnungen der Azteken über den Untergang ihres Reiches (The Broken Spears). Köln/Opladen 1962

Libby, Willdard F., Altersbestimmung mit der C-14-Methode (Radio Carbon Dating). Mannheim/Zürich 1969

Lissner, Ivar, Aber Gott war da — So lebt der Mensch seit 600 000 Jahren. Olten/Freiburg/Br. 1958 — Rätselhafte Kulturen. Olten/Freiburg/Br. 1961

Mavor jr., James W., Reise nach Atlantis (Voyage to Atlantis) — Wissenschaftler lösen das Rätsel einer Weltkatastrophe. Wien/ München/Zürich 1969

Morill, Sibley S., Ponape. San Francisco 1970

Ostrander, Sheila u. Schroeder, Lynn, PSI — Die wissenschaftliche Erforschung und praktische Nutzung übersinnlicher Kräfte des Geistes u. d. Seele im Ostblock (Psychic Discoveries Behind the Iron Curtain). Bern/München/Wien 1971

Pauwels, Louis u. Bergier, Jacques, Aufbruch ins dritte Jahrtausend (Le Matin des Magiciens) — Von der Zukunft der phantastischen Vernunft. Bern/Stuttgart 1962

Rackl, Hanns-Wolf, Tauchfahrt in die Vergangenheit — Archäologie unter Wasser. Wien/Heidelberg 1964

Reiche, Maria, Geheimnis der Wüste — Vorbericht für eine wiss. Deutung der vorgeschichtl. Bodenzeichnungen v. Nazca, Peru. Stuttgart/Vaihingen 1968

Robelo, C.A., Diccionario de Aztequismos. Mexiko 1932

267

Roy, Potrap Chandra, The Mahabharata (englisch). Calcutta 1884-1896

Sahagun, Fray Bernardino de, Historia General de las Cosas de Nueva España. Mexico 1938

Sanderson, Ivan, Invisible Residents. New York 1970

Schreiber, Hermann u. Georg, Versunkene Städte — Ein Buch von Glanz und Untergang. Wien/Berlin/Stuttgart 1955

Scott, W. B., A History of Land Mammals in the Western Hemisphere. New York 1937

Silverberg, Robert, Der große Anfang — Der vorgeschichtliche Mensch in Europa (The Morning of Mankind). Stuttgart 1969 — Mound Builders of Ancient America. Connecticut 1968

Solis, Ermilo, Diccionario Español-Maya. Alcala Mexiko 1949

Talbot, Laurence, Les Paladins du Monde Occidental. Tangiers 1965

Thorne, Jim, The Underwater World. New York 1969

Tupac Yupanqui, Demetrio, Runa Simita Yaxhay. Lima 1961

Vaillant, George C., Die Azteken — Ursprung, Aufstieg u. Untergang eines mexikanischen Volkes (The Aztecs of Mexico). Köln 1957

Velikovsky, Immanuel, Earth in Upheaval. New York 1955 — Welten im Zusammenstoß (Worlds in Collision). Stuttgart 1952 — Zeitalter im Chaos (Ages in Chaos). Zürich 1962

Vivante, Armando u. Imbelloni, J., Libro de las Atlantidas. Buenos Aires 1939

Verrill, A. Hyatt, Old Civilisations of the New World. New York 1943

Waters, Frank, Book of the Hopi. New York 1969

Wellard, James, Lost World of Africa. New York 1967

Woolley, Charles Leonhard, Ausgrabungen — Lebendige Geschichte (History Unearthed). Köln 1960

Yogananda, Paramhansa, Autobiographie eines Yogi. München-Planegg 1957

Band 64135

Peter France
**Keine Angst
vor der Antike**

Mit den grenzenlosen Tücken der griechischen Grammatik und ihren endlosen unregelmäßigen Verben müssen sich heute nur noch wenige Schüler plagen. Eine humanistische Erziehung - noch bis vor 50 Jahren unverzichtbar für jeden, der es zu etwas bringen wollte - ist heute kein Bildungsideal mehr. Grund genug für Peter France, seine Leser auf eine spannende, vergnügliche Reise in die Welt der alten Griechen mitzunehmen, wo es so vieles zu entdecken gibt. In Kunst, Wissenschaft, Medizin, Politik, Philosophie, Sport und Literatur haben diese Menschen Entdeckungen gemacht und Maßstäbe gesetzt, die unser tägliches Leben noch heute bestimmen.
Peter France ist ein renommierter britischer Radio- und TV-Journalist, der seine ansteckende Begeisterung für die Antike erst im reiferen Alter entdeckt hat.
Mit zahlreichen Abbildungen

Band 64132

Arnold C. Brackman

**Sie fanden den
goldenen Gott**

Das Grab des Tutanchamun und seine Entdeckung

Im November 1922 glückt Howard Carter die sensationell-
ste archäologische Entdeckung des Jahrhunderts: Er findet
das einzigartige, unbeschädigte Grab Tutanchamuns, dessen Grabbeigaben später in einer großangelegten Wander-
ausstellung die ganze Welt in Erstaunen versetzen werden.
Eines der spannendsten Kapitel der Archäologiegeschichte
wird geschrieben.
Der amerikanische Journalist und Auslandskorrespondent
Arnold C. Brackman ist auf den Spuren des glücklichen Ent-
deckers gereist und stellt in diesem Buch die gesamte Vorgeschichte des Forschungsabenteuers dar: Probleme, Auseinandersetzungen und Intrigen, die Reaktion der Öffentlichkeit und die Bedeutung des Fundes für die Wissenschaft.

Band 64129

Sibylle von Reden
Ugarit und seine Welt

Ugarit war einst die wichtigste Handelsmetropole im östlichen Mittelmeer. Im 7. Jahrtausend v. Chr. gegründet, entwickelte es sich zur Hauptstadt eines mächtigen Königreiches, wurde zu einer reichen Seehandelsstadt mit mächtiger Flotte und war ethnischer Schmelztiegel im Kreuzpunkt der wichtigsten Handelsrouten der altkanaäischen Zeit.

Die Entdeckung dieser verschollenen Stadt im syrischen Ras Schamra ist eines der wichtigsten archäologischen Ereignisse unseres Jahrhunderts. Der Fund imposanter Sakral- und Profanbauten sowie tausender Tontafeln mit dem ersten Alphabet der Welt gewähren Einblick in die Lebensgewohnheiten, den Totenkult und die Götterwelt einer Kultur, in der die Wurzeln unserer Zivilisation liegen.